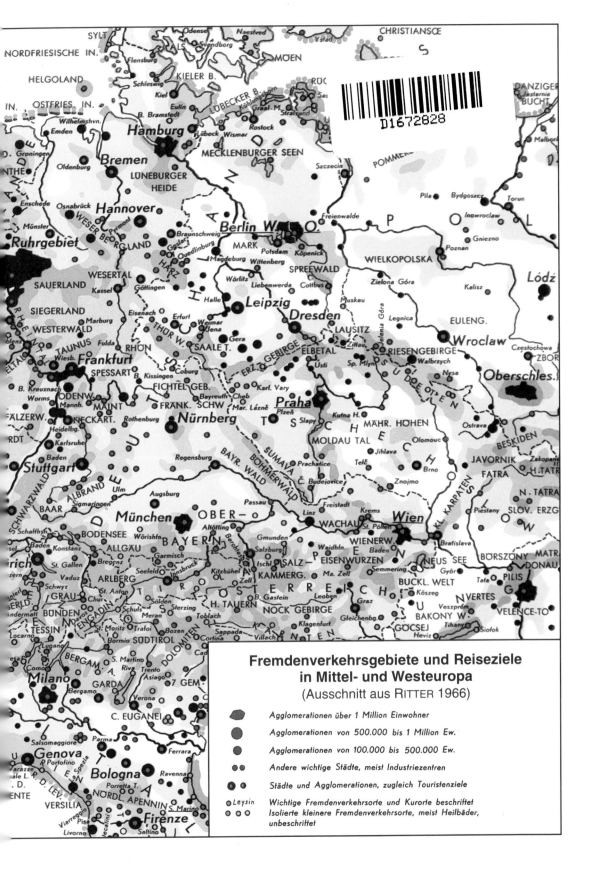

**Fremdenverkehrsgebiete und Reiseziele
in Mittel- und Westeuropa**

(Ausschnitt aus RITTER 1966)

Agglomerationen über 1 Million Einwohner

Agglomerationen von 500.000 bis 1 Million Ew.

Agglomerationen von 100.000 bis 500.000 Ew.

Andere wichtige Städte, meist Industriezentren

Städte und Agglomerationen, zugleich Touristenziele

Leysin   Wichtige Fremdenverkehrsorte und Kurorte beschriftet
Isolierte kleinere Fremdenverkehrsorte, meist Heilbäder,
unbeschriftet

# Geographie der Erholung und des Tourismus

# PERTHES GEOGRAPHIEKOLLEG

# Geographie der Erholung und des Tourismus

Bruno Benthien

*38 Abbildungen
und 9 Tabellen*

Justus Perthes Verlag Gotha

Die Deutsche Bibliothek – CIP-Einheitsaufnahme

**Benthien, Bruno:**
Geographie der Erholung und des Tourismus : 9 Tabellen / Bruno Benthien. –
1. Aufl. – Gotha : Perthes, 1997
  (Perthes GeographieKolleg)
  ISBN 3-623-00845-1

Anschrift des Autors:
Prof. Dr. BRUNO BENTHIEN, Gerdingstraße 18, D-17489 Greifswald

Umschlagfoto:
Centerparks Bispinger Heide
(Deutsche Luftbild GmbH Hamburg)

ISBN 3-623-00845-1
1. Auflage
© Justus Perthes Verlag Gotha GmbH, Gotha 1997
Lektoren: Dr. Klaus-Peter Herr, Gotha, Dipl.-Geol. Ulrich Wutzke, Berlin
Einband und Schutzumschlag: KLAUS MARTIN, Arnstadt, und UWE VOIGT, Erfurt
Herstellung: Dipl.-Geol. Ulrich Wutzke, Berlin
Druck und buchbinderische Verarbeitung: Druckhaus „Thomas Müntzer" GmbH, Bad Langensalza

Gedruckt auf Papier aus chlorfrei gebleichtem Zellstoff.

# Inhaltsverzeichnis

6

# Vorwort

Erholung ist ein grundlegendes Bedürfnis des menschlichen Daseins, und Tourismus macht heute für viele Menschen einen erheblichen Teil ihrer Aktivitäten in der Freizeit aus. Weltweit und zum Teil auch regional stellt die Tourismuswirtschaft einen der wichtigsten Wirtschaftszweige dar. Das ist für Geographen wegen der damit verbundenen räumlichen Probleme Anlaß genug, sich aus der Sicht ihres Faches mit Erholung und Tourismus zu beschäftigen. In der Tat existiert dazu unter den Bezeichnungen Geographie des Fremdenverkehrs, der Freizeit, des Freizeitverhaltens, des Freizeitverkehrs, des Tourismus oder der Rekreation eine kaum noch zu überschauende Fülle von Studien.

Für Geographen in Deutschland kommen noch weitere Überlegungen hinzu: Wieweit haben sich die „Geographien" in beiden deutschen Staaten im Laufe der jahrzehntelangen staatlichen und ideologischen Trennung eigenständig entwickelt und wo findet man den gemeinsamen Nenner, um wieder zusammenzukommen? Münden zeitweilig getrennte Pfade nicht letztlich wieder in einen gemeinsamen Weg ein? Welche Forschungsansätze und Lehrmeinungen aus der vom „gesellschaftlichen Sein" in einer sozialistischen Gesellschaft geprägten wissenschaftlichen Arbeit sind dauerhaft von Bestand und finden sich in der Theoriediskussion der modernen Geographie mit einer bleibenden Spur wieder?

Somit geht es auch um einen Beitrag zum Zusammenwachsen der Wissenschaften im wieder vereinigten Deutschland auf dem Hintergrund allgemeiner Trends. Angesichts der Überfülle an nationaler und internationaler Literatur zum Thema Erholung und Tourismus war es nur möglich, auf eine Auswahl überwiegend deutschsprachiger Veröffentlichungen Bezug zu nehmen. Diese Auswahl ist so getroffen worden, daß vor allem der Studierende die für ihn als Einführung wichtigen Werke und deren Autoren mit ihren wesentlichen Aussagen kennenlernt. Wenn mein „Mut zur Lücke" in dem einen oder anderen Falle zu groß gewesen sein sollte, möge man es rügen!

Dem Justus Perthes Verlag Gotha GmbH danke ich dafür, daß er den Titel in seine Reihe „Perthes Geographie-Kolleg" aufnahm. Zu besonderem Dank verpflichtet bin ich meinen langjährigen Greifswalder Mitarbeitern, die in freundschaftlicher Weise kritisch Beteiligte gewesen und geblieben sind: Gertrud Albrecht, Wolfgang Albrecht und Martin Bütow. Ihre Namen stehen zugleich für die vielen anderen, mit denen es im Laufe der Jahre zur Zusammenarbeit oder zum Gedankenaustausch gekommen ist.

Greifswald, im Herbst 1996

Bruno Benthien

# 1.
# Einführung

Dieses Buch wendet sich in erster Linie an die Studierenden der Geographie, die sich in unterschiedlichen Studiengängen mit den räumlichen Problemen der Erholung und des Tourismus beschäftigen. Es wendet sich darüber hinaus auch an Studierende anderer Fächer, die sich mit dem Blick auf eine spätere Tätigkeit im zukunftsträchtigen Spektrum der „Berufe im Tourismus" (vgl. KLEMM u. STEINECKE 1991) mit dem geographischen Teil der Tourismuswissenschaft befassen müssen.

Die vielfältigen Einsatzmöglichkeiten und Berufschancen wurden von NAHRSTEDT u a. (1994) umfassend dokumentiert. „Die freie Zeit anderer Menschen zu gestalten" ist in der modernen Gesellschaft für eine Vielzahl von Berufen zur Hauptaufgabe geworden. Angesichts eines bevorstehenden Generationswechsels im Wirtschaftszweig Tourismus gilt es, Nachwuchsführungskräfte heranzubilden, um einer drohenden Akademisierungslücke in der Tourismusbranche entgegenzuwirken. So gibt es gute Chancen für eine bestimmte Zahl von Universitätsabsolventen in Spitzenpositionen und noch bessere Chancen für eine größere Anzahl von Fachhochschulabsolventen, die im mittleren Management ihren Platz finden können.

Wie sich die akademische Ausbildung für den Tourismus in Deutschland entwickelt hat und heute gestaltet, haben HAEDRICH, KLEMM u. KREILKAMP (1993) beschrieben. Erst nach dem Zweiten Weltkrieg wurde der Tourismus vor allem innerhalb der Fächer Betriebs- und Volkswirtschaftslehre sowie in der Geographie als Studienrichtung entwickelt. Diskutiert wird unter Fachleuten, ob nicht sinnvollerweise ein „integrierter Studiengang Tourismus" durch die Fächer Geographie, Pädagogik, Wirtschafts- und Sozialwissenschaften angeboten werden müßte. Auf jeden Fall bedarf der Geograph der ständigen engen Tuchfühlung mit diesen Nachbarwissenschaften und den in ihnen entwickelten Auffassungen, z. B. *Tourismusökonomie* (FREYER 1993) und *Tourismussoziologie* (HAHN u. KAGELMANN 1993).

Dieses Buch richtet sich auch an die Geographielehrer, die im Unterricht das Interesse ihrer Schüler für unser Fach wecken wollen, und an die Praktiker, die in der Tourismuswirtschaft, Tourismuspolitik und -verwaltung sowie in der Raumordnung und Landesplanung „angewandte Geographie" betreiben und dazu notwendige theoretische Positionen nachlesen möchten. Es wird hoffentlich auch auf das Interesse der Wissenschaftler stoßen, die sich forschend und lehrend mit der Problematik von Erholung und Tourismus befassen. Es ist auf dem Hintergrund langjähriger Erfahrungen entstanden, die der Verfasser als Hochschullehrer an der Ernst-Moritz-Arndt-Universität Greifswald, unterstützt von seinen jeweiligen Mitarbeitern, sowohl in der Wirtschafts- und Sozialgeographie, speziell in der Geographie der Rekreation und des Tourismus, als auch in einigen anderen Bereichen der Tourismuswissenschaft und in der Tourismuspolitik gewinnen konnte.

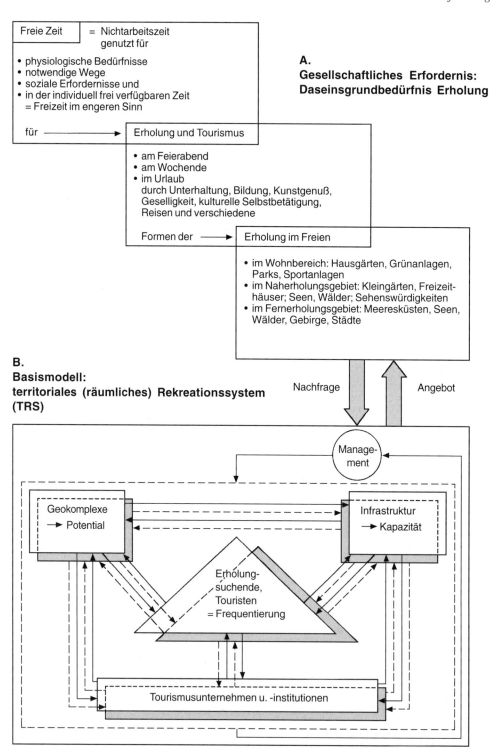

Freie Zeit = Nichtarbeitszeit
genutzt für

• physiologische Bedürfnisse
• notwendige Wege
• soziale Erfordernisse und
• in der individuell frei verfügbaren Zeit
  = Freizeit im engeren Sinn

**A.**
**Gesellschaftliches Erfordernis:**
**Daseinsgrundbedürfnis Erholung**

für ⟶ Erholung und Tourismus

• am Feierabend
• am Wochende
• im Urlaub
  durch Unterhaltung, Bildung, Kunstgenuß,
  Geselligkeit, kulturelle Selbstbetätigung,
  Reisen und verschiedene

Formen der ⟶ Erholung im Freien

• im Wohnbereich: Hausgärten, Grünanlagen,
  Parks, Sportanlagen
• im Naherholungsgebiet: Kleingärten, Freizeithäuser; Seen, Wälder; Sehenswürdigkeiten
• im Fernerholungsgebiet: Meeresküsten, Seen,
  Wälder, Gebirge, Städte

**B.**
**Basismodell:**
**territoriales (räumliches) Rekreationssystem**
**(TRS)**

Nachfrage          Angebot

Manage-
ment

Geokomplexe
⟶ Potential

Infrastruktur
⟶ Kapazität

Erholung-
suchende,
Touristen
= Frequentierung

Tourismusunternehmen u. -institutionen

# C.
# Forschungsfelder

## 1. Inhalte

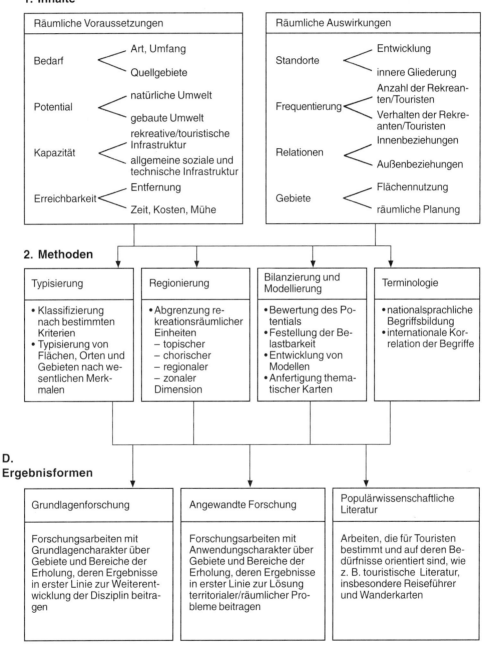

Abbildung 1
Modell Rekreationsgeographie (BENTHIEN)

Im Mittelpunkt dieses Buches stehen die mit der Erholung als Daseinsgrundbedürfnis (neben Wohnung, Arbeit, Ernährung, Bildung und Verkehr) verbundenen räumlichen Zusammenhänge und Probleme. Die für den Menschen lebensnotwendige Befriedigung seiner Erholungsbedürfnisse hat in Verbindung mit zunehmender Industrialisierung und Urbanisierung, wachsender Freizeit und steigender Mobilität weltweit für den einzelnen an Bedeutung gewonnen und in der Gesellschaft zur Herausbildung des global und regional prosperierenden Wirtschaftszweiges „Tourismus" geführt. Dessen auf dem Markt in Abhängigkeit von der Nachfrage angebotenen Produkte stellen stets eine *Kombination von Erholung und Erlebnis* dar (RITTER 1991, S. 313). Aus der Bedürfnisbefriedigung resultieren eine Reihe von Problemen räumlicher Art, die der Geographie als Wissenschaft nicht nur zugänglich sind, sondern zu deren Lösung von ihr ein Beitrag erwartet wird.

Seit den ersten Jahrzehnten unseres Jahrhunderts versuchen Geographen, für diesen Teilbereich ihrer Wissenschaft eine Methodenlehre zu entwickeln und das Phänomen Rekreation und Tourismus in das Gebäude der Geographie einzufügen. Dabei sind im Laufe der Zeit unterschiedliche Blickwinkel aufgetreten. Das ist nicht verwunderlich, und jede Herangehensweise hat ohne Zweifel ihre Berechtigung, soweit sie in sich eine logische Abfolge darstellt. Unterschiedliche Begriffe wie Fremdenverkehr, Reiseverkehr, Tourismus, Freizeitverkehr und Freizeitaktivitäten, Erholung und Rekreation stehen für die theoretischen Leitlinien, die in den letzten Jahrzehnten von den jeweiligen Autoren in den Vordergrund gerückt wurden.

Die Entwicklung in der deutschen Geographie ist zudem durch Anstöße von außen beeinflußt und befruchtet worden, vornehmlich aus Westeuropa und Nordamerika, aber – wie gezeigt werden wird – auch aus Osteuropa, insbesondere durch die Hypothese der Existenz „territorialer Rekreationssysteme". Die „Wege der Forschung" bis Anfang der achtziger Jahre sind von HOFMEISTER u. STEINECKE (1984) an Hand einer Auswahl von Originalarbeiten wichtiger Autoren dargestellt worden. Jedem, der tiefer in die wissenschaftliche Problematik eindringen möchte, ist diese Sammlung zu empfehlen. Eine kurzgefaßte instruktive Darstellung der Entwicklung, des Standes und der Aufgaben geographischer Tourismusforschung in der damaligen BRD hat UTHOFF (1988) gegeben.

Das Entscheidende in der jüngeren Entwicklung der Geographie war sicher die Hinwendung zu systemtheoretischem Denken. Das begann mit der Einführung mathematischer Methoden und führte über kybernetische Modelle und räumliche Wirkungsnetze zu den modernen computergestützten geographischen Informationssystemen. Der geographische Raum wird heute allgemein als ein System verstanden, das im Interesse der Menschen gesteuert werden kann und muß. Voraussetzung dafür ist jedoch die Kenntnis der in diesem System zwischen den einzelnen Elementen wirkenden Zusammenhänge und Wechselbeziehungen. Ein räumliches oder Geosystem muß demzufolge auch in den Mittelpunkt unserer Auseinandersetzung mit den Problemen der Erholung und des Tourismus treten.

Diese gedankliche Linie bestimmt das vorliegende Buch. Sie berücksichtigt sowohl das „System Tourismus" als auch das „System Umwelt" jeweils mit ihren räumlich relevanten Bezügen. Das „Modell Rekreationsgeographie" (Abb. 1) ist ein Denkmodell des räumlichen Wirkungszusammenhanges von Erholung und Tourismus und schließt Inhalte und Methoden sowie Ergebnisformen dieser geographischen Teildisziplin ein. Es stellt eine der methodischen Varianten dar, wie man sich als Geograph mit Erholung und Tourismus auseinandersetzen kann. Da es von der Greifswalder Forschungsgruppe Rekreationsgeographie entwickelt wurde, wird es als „Greifswalder Modell" bezeichnet.

# 2.
# Das Daseinsgrundbedürfnis Erholung und die Geographie

## 2.1.
## Erholung im Wandel von der „Arbeits-" zur „Freizeit-" und „Erlebnisgesellschaft"

*Was heißt eigentlich Erholung?* Es ist ja kein neuer Begriff. Trotzdem ist „schon der alltagssprachliche Begriff der Erholung ... nicht eindeutig bestimmt. Seine Verwendung in der wissenschaftlichen Diskussion kann deswegen verwirrend sein", mahnt LOHMANN (1993, S. 253). Dennoch kann bei aller Unklarheit „auf den Begriff der Erholung in der soziologischen, psychologischen und medizinischen Forschung allerdings nicht verzichtet werden. ‚Erholung' muß als hypothetisches Konstrukt aufgefaßt werden, das einer Operationalisierung bedarf" (ebenda). Das gilt umso mehr, wenn man sich für einen Zweig der geographischen Wissenschaft auf „Erholung" als Basisbegriff stützen und von einer „Geographie der Erholung und des Tourismus" sprechen will.

In seiner Schrift „Über naive und sentimentalische Dichtung" bezeichnete FRIEDRICH SCHILLER im Jahre 1795 Erholung als „den Übergang von einem gewaltsamen Zustand zu demjenigen, der uns natürlich ist". Er sah ihr Ideal einerseits in „Geistesruhe, mit sinnvoller Bewegung verbunden, sowie andererseits in der Wiederherstellung unseres Naturganzen nach einseitigen Spannungen". Noch heute wird von medizinischer Seite der Begriff Erholung in diesem Sinne verstanden: *Entmüdung des Organismus, insbesondere durch bestimmte Aktivitäten, weniger durch völlig passive Ruhezustände, obwohl auch diese erforderlich sind.* „Erholung kann nur sinnvoll definiert werden über die Analyse *vorausgegangener Anforderungen und Beanspruchungen*", meint zu Recht auch LOHMANN (1993, S. 255).

In diesem Sinne diente schon für JOHANN SEBASTIAN BACH (1685–1750) die Musik „zum Lobe Gottes und zur Recreation des Gemüths". Er bediente sich, seiner Zeit gemäß, des vom lateinischen *recreatio* bzw. *se recreare* (sich wiederherstellen, kräftigen) abgeleiteten Wortes, meinte damit aber genau das, was den medizinischen Inhalt der Erholung ausmacht. Auf diesen Wortstamm gehen auch das französische „récréation" und das englische „recreation" zurück, ebenso das russische „рекреация". Es ist also nicht abwegig, wenn wir im Interesse der internationalen Verständlichkeit beide Formen, Erholung und Rekreation, gleichsinnig verwenden. Auch der Duden, Fremdwörterbuch (1966) und Rechtschreibung (1996), begreift „Rekreation" lediglich als veraltete Form für „Erholung". Die Geographie der Erholung ist demzufolge gleichsinnig mit einer Geographie der Rekreation, géographie de la récréation, geography of recreation, рекреационная география usw.

Mit der industriellen Revolution im 19. Jh. wurde „Erholung" stärker als eine sozial-ökonomische Kategorie – was sie in jeder Klassengesellschaft ist – wahrgenommen. Für KARL MARX (1818 – 1883) und die Industriearbeiter seiner Zeit bedeutete Erholung in erster Linie die Möglichkeit zur *Reproduktion der Arbeitskraft*, zugleich aber auch zur Entfaltung der Persönlichkeit. Gebunden war sie an die „free time", die „Freizeit", wie wir heute sagen, genauer betrachtet an die „disposable time", die „frei verfügbare" oder „ver-haltensbeliebige Zeit". In seinem „Arbeiter-Katechismus" von 1889 setzte sich auch FRIED-RICH NAUMANN (1860 – 1919) nachdrücklich für mehr Erholung für die Industriearbeiter ein: „Außer der Gesundheit gehört zum irdischen Glück des Menschen, daß er die nötige Erholungszeit hat. .. Der Mensch braucht Ruhezeit für Leib und Seele". Damals ging es um den arbeitsfreien Sonntag für die Arbeiter. „Unter allen Zielen der Arbeiterbewegung ist keins wichtiger als die Sonntagsruhe", so NAUMANN.

Der Zusammenhang zwischen Arbeit, Freizeit und Erholung ist heute unbestritten. Deshalb ist es auch berechtigt, von einem Daseinsgrundbedürfnis „Erholung" zu sprechen. „Erst mit der Industrialisierung und der rigiden Trennung von (langer) Arbeitszeit und (sehr kurzer) Freizeit wird Erholung zu einem artikulierten Bedürfnis ... Die Notwendigkeit eines zumindest jährlichen Urlaubs ist entweder so sinnfällig, daß sie keinerlei weiterer Begründung mehr bedarf, oder aber Urlaub ist eine Art ‚sozialer Besitzstand' geworden, der jenseits aller möglichen Begründungen über notwendige Erholung seine Legitimation in sich selbst findet ... Es gibt also nicht so etwas wie einen ‚natürlichen' Erholungsbedarf i. S. von Urlaub. Sondern das, was als notwendig anerkannt wird, ist das Produkt gesell-schaftlicher Rahmenbedingungen, Interpretation und Vereinbarungen" (LOHMANN 1993, S. 253/254).

Die Arbeitspausen, der Feierabend, das zumeist zweitägige Wochenende und der bezahlte Urlaub stellen die Zeiträume dar, in denen der arbeitende Mensch sich erholen kann. In ihnen möchte er ganz unterschiedliche Erholungsbedürfnisse befriedigen, für sie hält die „Tourismusindustrie" sehr verschiedenartige Erlebnisangebote bereit. So wird in den hoch-entwickelten Industrieländern mit ihrer „Dienstleistungsgesellschaft" auch bereits von einer „Erlebnisgesellschaft" anstelle einer „Freizeitgesellschaft" gesprochen. Ähnlich gela-gert, aber flexibler sind die Zeiträume der Kinder und Senioren. Übersehen werden darf jedoch nicht, daß auch heute noch die Mehrzahl der Weltbevölkerung, besonders in der sog. Dritten Welt, nicht die finanziellen Mittel besitzt, um am nationalen oder gar internationa-len Tourismus teilnehmen zu können. Der „bezahlte Urlaub" als Voraussetzung für die Teilnahme am Tourismus war deshalb auch neben der Forderung nach ungehindertem und sicherem grenzüberschreitendem Reisen eine der wichtigsten tourismuspolitischen Forde-rungen auf der Welttourismuskonferenz im April 1989 in Den Haag.

Wie sich im einzelnen der Inhalt der „Freizeit" entwickelte, haben vor allem die Freizeit-pädagogen WOLFGANG NAHRSTEDT und HORST W. OPASCHOWSKI zu Beginn der siebziger Jahre ergründet. Folgt man NAHRSTEDT (1988, S. 26 ff.), so ist die Freizeit eine Kategorie der „Wirtschaftsgesellschaft" und kommt in erster Linie im Gegensatz des Begriffspaares Freizeit und Arbeitszeit zum Ausdruck. Das Wort „Freizeit" indessen geht auf die mittelal-terlichen Bezeichnungen „vritag" und „freye zeyt" für rechtlich besonders geschützte Tage, z. B. Markttage, zurück. Es wird von den späteren Humanisten als „tempus liberum" oder „otium" für den einzelnen empfunden.

Von den protestantisch-pietistischen Pädagogen des 18. Jh. werden „Freistunden" zur „Recreation vom Unterricht" eingesetzt. In der uns geläufigen Form „Freizeit" erscheint das

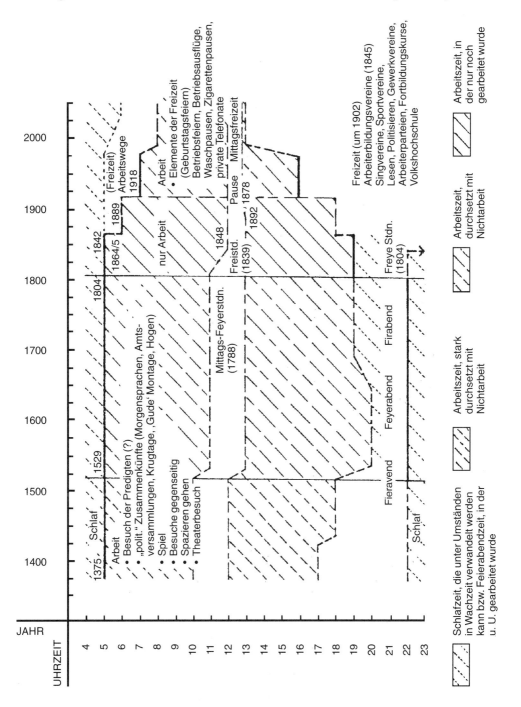

Abbildung 2
Entwicklung der Freizeit in der Tagesstruktur der Handwerker und Arbeiter
(NAHRSTEDT 1988, Abb. 25)

Wort erstmals um 1808 im Kreise der „aufgeklärten" Pädagogen um PESTALOZZI und FRÖBEL im schweizerischen Iferten. Aus dem Bereich der Erziehung wechselte die Kategorie Freizeit dann mit der Veränderung der Arbeitsprozesse durch die Industrialisierung des 19. Jh. in die Wirtschaft hinüber. Die Entstehung der Freizeit in der Tagesstruktur der Handwerker und Arbeiter seit dem 19. Jh. zeigt Abb. 2.

Darüber zu streiten, ob wir es heute nicht mehr mit einer „Arbeitsgesellschaft", sondern mit einer „Freizeitgesellschaft" oder gar schon einer „Erlebnisgesellschaft" zu tun haben, ist müßig und aus geographischer Sicht überflüssig. Wichtig ist vor allem eine Lebenshaltung, „wobei Freizeit nicht als Gegenüber von Arbeit, sondern in einem umfassenden, ganzheitlichen Sinn verstanden wird ... Nur wer einen weiten Horizont gewinnt, hat die Freiheit, mit seiner Zeit und mit seiner Freiheit verantwortlich umzugehen ... Unterwerfen wir uns nicht den von außen auferlegten Zwängen der Erlebnisgesellschaft, die uns von einem Erlebnis zum anderen jagen läßt, sondern genießen wir unsere Freizeit in Freiheit", so fordert es KAISER (1995).

Übertragen auf Erholungsbedürfnisse und dementsprechende Angebote bedeutet es „intelligenten" Umgang mit dem vorhandenen geographischen Raum und seinen Ressourcen. Darüber wird noch zu sprechen sein, denn die gegenwärtige Entwicklung des auf Erlebnisse und Erholung (oder Erholung und Erlebnisse) orientierten Tourismus führt zur immer stärkeren Vermarktung aller in einer Region vorhandenen Erholungspotentiale. Weil ein großer Teil der Erholung nicht in einer gebauten Umgebung, sondern als sehr verschieden-

Abbildung 3
Häusliche und außerhäusliche Freizeitaktivitäten mit ihren wichtigsten Ansprüchen an raumrelevante Ausstattung
(DEGENHARDT 1977, zit. nach WOLF u. JURCZEK 1986, Abb. 6)

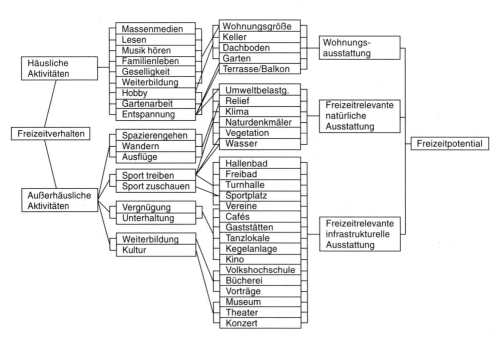

artige Freizeitaktivitäten im Freien, in der freien oder gestalteten Landschaft verwirklicht wird – die amerikanische geographische Literatur erfand dafür den Begriff der „outdoor recreation" im Unterschied zur „indoor recreation" –, ist auch eine unmittelbare Wechselbeziehung zwischen Erholung und Umwelt gegeben. Die Vielfalt der häuslichen und außerhäuslichen Freizeitaktivitäten mit ihren unterschiedlichen Ansprüchen an den „Raum" veranschaulicht Abb. 3.

„Für die weitere Erforschung von Erholungsfragestellungen ist vorerst von einem eindimensionalen Erholungsgeschehen auszugehen. Es handelt sich um ein prinzipiell unter einem Oberbegriff, nämlich Erholung, zusammenfaßbares Geschehen, dem allerdings individualspezifische Reaktionsmuster zugrundeliegen" (LOHMANN 1993, S. 256). Für GRÖTZBACH (1981, S. 20) bildet „moderne Erholung ..., die sich im Rahmen klar definierter Freizeit abspielt, ... einen gesonderten Lebensbereich, in dem die Beziehungen zwischen den Beteiligten stark versachlicht und kommerzialisiert sind. Die Vielfalt moderner Erholungsformen reflektiert die unterschiedlichen Motive, Präferenzen und organisatorisch-technischen Möglichkeiten einer pluralistischen urbanisierten Industriegesellschaft".

Erholung, so kann man zusammenfassend formulieren, ist ein integraler Prozeß der Persönlichkeitsentwicklung und Wiederherstellung der Arbeitskraft des einzelnen durch eine bewußte Freizeitgestaltung, für die neben häuslichen Aktivitäten („indoor recreation") in größerem Ausmaß außerhäusliche Aktivitäten in dafür geeigneten geographischen Räumen eine Rolle spielen („outdoor recreation"). In Verbindung mit einem Ortswechsel sind es Formen des Tourismus, für den unter erholsamen und erlebnisreichen Natur- und Kulturraumbedingungen entsprechende rekreative infrastrukturelle Einrichtungen genutzt werden.

## 2.2.
## Erholung im Blickfeld der Geographen von der beschreibenden bis zur systemorientierten Geographie

*Im Vordergrund der geographischen Betrachtung stehen die für Erholungszwecke genutzten oder geeigneten Örtlichkeiten oder Gebiete, ebenso die räumlichen Beziehungen zwischen Quell- und Zielgebieten der Erholungsuchenden sowie innerhalb der für Erholungszwecke genutzten Standorte und Regionen.* Die Erholung erweist sich als siedlungs- und gebietsbildende Funktion in den räumlichen Strukturen, und zwar sowohl in der Mikro-, Meso- und Makrostruktur wirtschaftsräumlicher Systeme. Im Prozeß der wissenschaftlichen Durchdringung dieser Erscheinungen muß auch anderen als nur den räumlichen Aspekten des Bedürfniskomplexes Erholung Aufmerksamkeit geschenkt werden, neben den ökonomischen auch den ökologischen, sozialen, soziologischen, kulturellen, medizinischen, hygienischen, technologischen und weiteren Auswirkungen.

Die vielfältigen Wechselbeziehungen zwischen Rekreation und Raum rückten seit dem Beginn unseres Jahrhunderts in das Blickfeld der Geographie. Basisbegriff der älteren deutschsprachigen Literatur ist der „Fremdenverkehr", d. h. der in einzelnen Orten und Gebieten gehäuft auftretende zeitweilige Aufenthalt von Ortsfremden, die dorthin reisen, ohne damit eine Erwerbstätigkeit zu verbinden oder dadurch eine ständige Niederlassung zu begründen. Der Begriff „Fremdenverkehr" selbst tauchte (nach HARTSCH 1968, S. 33) erstmals in dem 1866 in Hamburg erschienenen Buch „Recht der Frauen auf Erwerb" von LOUISE OTTO-PETERS, der bürgerlichen Vorkämpferin für die Gleichberechtigung der Frauen, in Verbindung mit Dresden als einer der „Städte mit starkem Fremdenverkehr" auf.

Die Geschichte des erholungsorientierten Fremdenverkehrs, von CHRISTALLER (1955) und anderen beschrieben, reicht freilich weit in die Vergangenheit zurück. Schon im alten Griechenland boten die olympischen Spiele Gelegenheiten für Erlebnisse und Erholung. In der römischen Antike existierten für die Angehörigen der herrschenden Schichten vielfältige Möglichkeiten für die Naherholung im Umland der Städte – dort besaßen sie ihre „villae" – und für die Fernerholung in den Badeorten, die sich an Thermalquellen entwickelten und sich zum Teil bis in die Gegenwart hinein erhalten haben. Im Mittelalter erlebte der Fremdenverkehr – zumindest im christlich bestimmten Teil Europas, aber auch im islamischen Südwestasien und Nordafrika – eine starke einseitige Ausrichtung auf religiös motivierte Wallfahrten, nach Rom, ins „Heilige Land", nach Mekka, aber auch zu vielen regional bedeutungsvollen Wallfahrtsorten. Längs der Pilgerwege und in den Zielorten entstand die erforderliche Infrastruktur: Herbergen und Hospize.

Für die Angehörigen des europäischen Adels traten nach und nach andere als religiöse Motive für Reisen in den Vordergrund: das Kennenlernen anderer Länder und Kulturen auf Bildungsreisen, der Besuch gesundheitserhaltender Bäder, schließlich auch Mode und Sozialprestige. So wurde im 18. Jh. die „grand tour" zum unbedingten Bestandteil der Ausbildung und Erziehung junger Adliger. Damit war auch der „Tourist" geboren, der nur im persönlichen Interesse Reisende, auch wenn das Wort erst im 19. Jh. für Bergsteiger und Wanderer Anwendung fand. Im Zuge der Aufklärung gingen verstärkt auch „Bürgerliche" auf eine Bildungs- oder Bäderreise. Ihre Verhaltensweisen führten dazu, daß im 19. Jh. neben Gasthöfen und Herbergen auch Privatquartiere gegen Entgelt als Unterkünfte in Anspruch genommen wurden. Für die Reise wurden die damals aufkommenden Massenverkehrsmittel (Dampfschiff, Eisenbahn) benutzt. Die Routen wurden durch gedruckte Reiseführer („Baedeker") wertend erläutert. In den „Sommerfrischen" entwickelte sich ein saisonal und nebenberuflich betriebenes Beherbergungsgewerbe.

Zwischen 1870 und der Jahrhundertwende erfolgte auf dem Hintergrund der Entstehung und danach Einbeziehung breiterer wohlhabender Bevölkerungskreise in den Fremdenverkehr der Bau großer Hotels und Pensionen an den damals als attraktiv geltenden Standorten, z. B. an den Küsten der Ost- und Nordsee, in den Schweizer Alpen und an den Seen in Kärnten, in der Hohen Tatra. Bis zum Ersten Weltkrieg hielt diese (erste) Periode der Fremdenverkehrskonjunktur an. Sie war bereits durch eine soziale Segregation der Gäste – der „Fremden" – auf jeweils bestimmte Orte gekennzeichnet. An der deutschen Ostseeküste, wo durch den mecklenburgischen Herzog 1793 in Heiligendamm das erste deutsche Seebad gegründet worden war, entstand vor dem Ersten Weltkrieg die in Mecklenburg und Vorpommern bis heute erhaltene, nostalgisch anmutende und deshalb jetzt als besonders attraktiv empfundene „Bäderarchitektur".

Mit dem Beginn des 20. Jh. setzte allgemein eine stärkere Hinwendung zur Natur ein. Zu dieser Zeit kam der Wintersport in den Alpen und den Mittelgebirgen auf. Auch außerhalb der geschlossenen Siedlungen entstanden Gasthöfe, Touristenheime und Wanderhütten. In den zwanziger Jahren verstärkte sich die Teilnahme von Angestellten am Fremdenverkehr. Sie konnten jetzt einen gesetzlich garantierten bezahlten Urlaub in Anspruch nehmen, denn nachdem in Deutschland das Reichsbeamtengesetz von 1873 lediglich für Beamte im Staatsdienst und Angestellte in kaufmännischen Berufen die Möglichkeit einer unbezahlten

Urlaubsfreizeit eingeräumt hatte, wurde durch das Tarifvertragsgesetz von 1918 der allgemeine Anspruch der Arbeitnehmer auf den Achtstundentag und einen jährlichen Erholungsurlaub festgeschrieben.

Damit wurde der Urlaub zu jener bereits erwähnten Art „sozialem Besitzstand, der jenseits aller möglichen Begründungen über notwendige Erholung seine Legitimation in sich selbst findet" (LOHMANN 1993, S. 254). Jugendliche Touristen organisierten sich in der Wander- und Radwanderbewegung, mit der älteren Generation gemeinsam bei den „Naturfreunden", die ihrerseits ein Netz von Wanderstützpunkten mit Übernachtungsmöglichkeiten aufbauten.

Die Durchsetzung des bezahlten Urlaubs ließ jedoch noch auf sich warten. Sie erfolgte für die breite Masse der Arbeitnehmer erst in den dreißiger Jahren und führte unter ideologischem Vorzeichen zur Gründung der NS-Organisation „Kraft durch Freude". Diese organisierte für einige Jahre – bis zum Kriegsausbruch 1939 – ungeachtet der Widerstände aus der freien Wirtschaft einen staatlich subventionierten Sozialtourismus, der seinerseits zur Entwicklung einzelner Fremdenverkehrsgemeinden beitrug. Auf der Insel Rügen hinterließ dieser Sozialtourismus in Prora nördlich von Binz auf mehr als 4,5 km Küstenlänge das niemals fertiggestellte „Bad der 20 000", dessen übriggebliebene, in der Zwischenzeit unterschiedlich ge- und vernutzte Bauwerke zu betreiben unter marktwirtschaftlichen Bedingungen unmöglich erscheint.

Ein Sozialtourismus, getragen vom Feriendienst der Gewerkschaften und den volkseigenen Betrieben und wiederum staatlich hoch subventioniert, beherrschte dann auch in der DDR die Entwicklung des Erholungswesens (vgl. ALBRECHT u. a. 1991), während sich in der BRD eine breite Palette von Anbietern auf dem Reisemarkt besonders mit Pauschalreiseangeboten in alle Welt versuchte, von denen einige zu marktbeherrschenden Unternehmen aufstiegen.

Die Entwicklung des erholungs- und erlebnisorientierten Reiseverkehrs ist in Wirklichkeit selbstverständlich wesentlich vielschichtiger verlaufen, als sie hier skizziert werden kann. Aber schon auf diesem Hintergrund werden die Ansätze von Geographen verständlich, dem Fremdenverkehr wissenschaftlich mehr Aufmerksamkeit zu schenken, als ihn in länderkundlichen bzw. regionalgeographischen Arbeiten lediglich zu erwähnen. *Die Geographen „entdecken" nach dem Ersten Weltkrieg das Phänomen Fremdenverkehr und beginnen Fragen zu stellen: nach seinen natürlichen Grundlagen und seiner räumlichen Verteilung, nach entstehenden räumlichen Beziehungen, etwa den Verkehrsströmen, nach seinen örtlichen und regionalen Voraussetzungen und Auswirkungen* (vgl. SAMOLEWITZ 1957, 1960).

So bemerkt ENGELMANN (1924, S.49/50), daß der Fremdenverkehr in Österreich im Vergleich zu seinem Umfang vor dem Ersten Weltkrieg gewaltig zugenommen habe, und nennt als Grund: „Mit dem Erwachsen zahlreicher Groß- und Millionenstädte und der Verdichtung der Beziehungen entfernter Länder zu einander hat die Entwicklung des Reiseverkehrs gleichen Schritt gehalten, eine absolut und relativ immer mehr wachsende Zahl von Menschen verläßt gleichzeitig aus verschiedenen Gründen den ständigen Aufenthaltsort, wobei die durchschnittliche Ausdehnung der Reisen immer größer wird ... Die österreichischen Alpenlandschaften sind das Ziel immer zahlreicher werdender Touristenscharen und Erholung suchender Städter ... Ein namhafter Teil des Fremdenverkehrs entfällt auf die Heilbäder ... und auf den großen Wallfahrtsort Mariazell ... Der Fremdenverkehr drängt sich in eine verhältnismäßig geringe Zahl von Orten zusammen". In diesen Sätzen kommen wesentliche Aspekte der damaligen geographischen Betrachtung des Phänomens „Fremdenverkehr" zum Ausdruck: seine wirtschaftliche Bedeutung, die Relationen zwischen Quell- und Zielgebieten, seine Konzentration auf bestimmte Standorte usw.

In Deutschland und Österreich nannte man diese damals neue Richtung in der Geographie „Fremdenverkehrsgeographie", ein Begriff, der erstmalig 1905 von STRADNER verwendet wurde. In anderen Ländern wurde (in der jeweiligen Nationalsprache) die Bezeichnung „Geographie des Tourismus" vorherrschend. Damit begann, zumindest in Europa, ein terminologischer Dualismus, der lange Zeit die Verständigung erschwerte, weil man nach Unterschieden in den Begriffsinhalten suchte, und erst in der jüngeren Vergangenheit durch die synonyme Verwendung der beiden Begriffe im Deutschen überwunden werden konnte (vgl. MATZNETTER 1975, S. 662). Hinzu kam (besonders im anglo- und frankophonen Raum) als dritter Begriff „Geography of recreation" – „Géographie de la récréation" – „Rekreationsgeographie". Damit war die Terminologie vollends durcheinander. Dem half auch nicht ab, daß der Begriff „Fremdenverkehr" zunehmend durch „Reiseverkehr" (so in der amtlichen Statistik) oder „Freizeitverkehr" ersetzt wurde.

Dennoch wurde in der Zeit zwischen den beiden Weltkriegen durch zahlreiche Arbeiten, die bei SAMOLEWITZ (1957) kritisch referiert sind, ein methodologischer Rahmen für fremdenverkehrsgeographische Untersuchungen entwickelt. Insbesondere für die deutsche Geographie war charakteristisch, daß die Probleme des Fremdenverkehrs zunächst der Verkehrsgeographie zugeordnet wurden (z. B. GRÜNTHAL 1934). Zu einem Schlüsselbegriff wurden die „Fremdenverkehrsströme", untersucht nach den Zielen, den Mitteln der Fortbewegung, der Anzahl der beteiligten Personen. Dabei geriet der ökonomische Aspekt des Fremdenverkehrs in den Hintergrund, ein Sachverhalt, auf welchen der polnische Geograph LESZCZYCKI (1937, S. 86) nachdrücklich aufmerksam machte: „Unter ökonomischem Blickwinkel stellt der Fremdenverkehrsstrom den Austausch und die Inwertsetzung des Kapitals dar, das die Natur, das Klima und gewisse Werke der menschlichen Kultur verkörpern".

Von dieser Auffassung ausgehend kritisiert LESZCZYCKI, der sich damals in Polen sehr für eine „géographie touristique" einsetzte und mit den Grund für die polnische Geographie des Tourismus der Zeit nach dem Zweiten Weltkrieg legte, die in der deutschen Geographie vorherrschende Meinung. Er schlug seinerseits vor, die Probleme des Tourismus als getrennte Gruppe zu behandeln und sie der Wirtschaftsgeographie als besondere Teildisziplin zuzuordnen, vergleichbar der Agrar- und Industriegeographie. Seine Auffassung von der relativen Eigenständigkeit derjenigen geographischen Disziplin, die sich mit den räumlichen Problemen des Tourismus, des Fremdenverkehrs, der Erholung oder der Freizeitaktivitäten (wie immer man sie nennen mag) befaßt, ist heute unbestritten. Gewandelt haben sich allerdings die Ansichten über ihren Inhalt, und erheblich erweitert und vertieft wurden ihre Arbeitsmethoden.

Lehrreich für heute ist es, die Problemkreise zu betrachten, die LESZCZYCKI damals (1937, S. 86/87) für wesentlich erachtete:

1. *die mit dem Menschen verknüpften Probleme*: die saisonalen Wanderungen, ihre Intensität, Dauer, Richtungen, die demographische Zusammensetzung der Reisenden u. a. m.;

2. *die mit dem geographischen Milieu verknüpften Probleme*: die Gegenden und Orte, in die sich die Touristen begeben, deren Beschreibung, Klassifikation, Lage, Beziehung zum geographischen Milieu, ihre Funktionen usw.;

3. *die mit der wirtschaftlichen Nutzung verknüpften Probleme*: die Fremdenverkehrs-
industrie, Bäder, Gaststätten, Hotels usw. Diese Industrie gehöre zur Geographie des
Tourismus. Die wirtschaftliche Nutzung sei außerdem bedingt durch das geographische
Milieu, klimatische und andere Faktoren, sie gründe sich auf eine rationelle Nutzung der
Natur. Die Geographie des Tourismus schließe den Schutz der Natur ebenso ein wie die
Planung von Regionen;

4. *die mit der Kultur und den Werken des Menschen verknüpften Probleme*: Kulturelle
Zeugnisse und andere Werke des Menschen lösen einen Touristenstrom aus. Dieser habe
enorme kulturelle und politische Wirkungen.

Aus der Sicht von heute sind in diesen Gedanken wesentliche Teile dessen enthalten, was
auf Dauer in der Geographie des Fremdenverkehrs von Bestand blieb. Damit gehört auch
dieser Forscher zu jenen, auf dessen Werk der heutige Stand aufbaut.

Seine deutlichste Ausprägung erfuhr der methodologische Rahmen der Fremdenverkehrsgeographie der Zwischenkriegszeit im deutschsprachigen Bereich durch POSER
(1939), den bei der Fragestellung seiner Arbeit „das Riesengebirge als solches eigentlich
gar nicht" interessierte, „auch nicht einmal der Riesengebirgsfremdenverkehr, sondern
vielmehr nur der Fremdenverkehr schlechthin" (S. 1/2). POSER wollte in erster Linie „die
geographische Fragestellung gegenüber dem Fremdenverkehr erproben", feststellen, „vor
welche Art Probleme und Aufgaben der Fremdenverkehr die Geographie stellt und wie
diese Probleme erkannt und gelöst werden können", zumal „von den Wechselwirkungen
und Wechselbeziehungen zwischen dem Fremdenverkehr und den natürlichen und anthro-
pogeographischen Erscheinungen auf der Erdoberfläche" noch kaum die Rede wäre (S. 2/3).

Die wichtigsten Thesen POSERs lassen sich so zusammenfassen: In einem Gebiet mit
einer besonderen Häufung von Fremden und Fremdenübernachtungen vollziehen sich
wichtige Veränderungen der Kulturlandschaft, zumal der Siedlungen, der Wirtschaft und
des Verkehrs. Im Fremdenverkehrsgebiet entwickelt sich neben der Land- und Forstwirtschaft und der Industrie ein weiterer Wirtschaftskomplex, den man wegen seiner gleicharti-
gen Ausrichtung auf den Fremden als Kunden am besten als Fremdenverkehrswirtschaft
bezeichnet. In einer solchen Raumeinheit müssen Kräfte vorhanden sein, die es immer
wieder vermögen, einen großen Fremdenstrom herbeizulenken und zur Stauung zu bringen,
so daß man von einer *Fremdenverkehrslandschaft als Sondertyp einer Kulturlandschaft*
sprechen könne.

Als „treibende Kräfte", die die Entwicklung des Fremdenverkehrs beeinflussen, zählt
POSER (S.48/49) folgende Faktorengruppen auf:

a) *Grundfaktoren*: natürliche Faktoren wie die landschaftlichen und klimatischen Gegebenheiten für die verschiedenen Fremdenverkehrsarten im Fremdenverkehrsgebiet (Heil-
bäderverkehr, Sommerfrischenverkehr, Wintersportverkehr und Wanderverkehr sowie
den Durchgangsfremdenverkehr) und den bevölkerungsgeographischen Faktor, d. h. die
Bevölkerungsstruktur im Herkunftsgebiet der Fremden;

b) *Fördernde Faktoren*: Bevölkerungszunahme im Einzugsgebiet; stimmungs- und bedürf-
nismäßige Erweiterung des Fremdenverkehrsinteresses; verkehrsgeographische, ver-
kehrstechnische, verkehrspolitische Faktoren wie Verkehrserschlossenheit, Erhöhung
der Reisegeschwindigkeit, Fahrpreisermäßigung usw.; Werbung und Propaganda; wirtschaftliche und finanzielle Faktoren wie die Einkommens- und Vermögenslage der

Bevölkerung, sicherer Arbeitsplatz usw.; schließlich die Fremden-Aufnahmebereitschaft der Einwohner des Fremdenverkehrsgebietes;

c) *Hemmende Faktoren*: Kriege und Revolutionen, Wirtschaftskrisen und Faktoren klimatischer Art (Schlechtwetterfaktor).

Diese Systematisierung der Faktorengruppen bedeutete für die damalige Zeit einen erheblichen Erkenntnisfortschritt. POSER vertritt den Standpunkt, daß der „Fremdenverkehr aus einem Bedürfnis des Menschen hervorgeht, für das sein eigener Wohnort keine Befriedigung gewährt. Der Ursachenkomplex des Fremdenverkehrs gliedert sich daher in die Komponente des menschlichen Bedürfnisses und in die Komponente des landschaftlichen Gegensatzes; letztere ist die geographische Komponente, die uns vor allem angeht" (a. a. O., S. 84). Am Schluß seiner Untersuchung definiert POSER den Fremdenverkehr als „die lokale oder gebietliche Häufung von Fremden mit einem jeweils vorübergehenden Aufenthalt, der die Summe von Wechselbeziehungen zwischen den Fremden einerseits und der ortsansässigen Bevölkerung, dem Orte und der Landschaft andererseits zum Inhalt hat" (a. a. O., S.170).

Für eine fremdenverkehrsgeographische Raumeinheit wie das Riesengebirge, charakterisiert durch eine Häufung des Fremdenverkehrs, eine vom Fremdenverkehr geprägte Physiognomie und eine ebenfalls vom Fremdenverkehr bestimmte Struktur der Wirtschaft und des Verkehrs schlägt POSER die Bezeichnung „Fremdenverkehrsgebiet" vor (a. a. O., S. 172). POSERs fremdenverkehrsgeographisches Konzept hat eine nachhaltige Wirkung gehabt. Bis in die sechziger Jahre prägte es die Fragestellungen der Geographen in den deutschsprachigen Ländern und darüber hinaus. Inzwischen gehört es zum „klassischen" Bestand der Methodenlehre unserer Disziplin und verdient auch heute noch große Beachtung. Nach dem Urteil von UTHOFF (1988, S. 5) hat POSER „die junge Fremdenverkehrsgeographie um drei spezifisch geographische *Betrachtungsweisen* bereichert:

– den kulturlandschaftsgenetischen Ansatz,
– den strukturräumlichen Ansatz und
– den funktionalen Ansatz,

und hat damit diese Teildisziplin zur *komplexen Raumanalyse* ausgebaut".

Mit der erheblichen Einschränkung des Fremden- bzw. Reiseverkehrs während des Zweiten Weltkrieges hörten auch die wissenschaftlichen Arbeiten auf diesem Gebiet, zumindest in Europa, so gut wie völlig auf. Angesichts der Neubelebung des Reiseverkehrs nach dem Kriege und seiner Ausweitung zu einer Massenerscheinung setzte sich bei den meisten der in den westeuropäischen Ländern arbeitenden Geographen die Auffassung durch, daß der Tourismus nur ein Aspekt eines umfassenderen Phänomens sei, das mit dem Begriff *„Freizeitaktivitäten"* erfaßt werde (vgl. LEIMGRUBBER 1975, S. 5/6). So wurde neben dem „Fremdenverkehr", zum Teil auch an seiner Stelle, die „Freizeit" zum Basisbegriff. Durch das Anwachsen der englisch- und französischsprachigen geographischen Literatur zum Thema Fremdenverkehr trat zudem der Begriff „Tourismus" stärker in den Vordergrund und verdrängte auch in der deutschsprachigen Literatur – mit Ausnahme Österreichs – in größerem Umfang den Ausdruck Fremdenverkehr, obwohl auch für den „Tourismus" keine allgemein anerkannte Definition existierte (UTHOFF 1988, S. 3).

Außerdem wurde in den späten fünfziger Jahren auch deutlich, daß, über den langfristigen urlaubsbedingten Fremdenverkehr oder Tourismus hinausgehend, von geographischer Seite die kürzeren Freizeiten am Wochenende und Feierabend, also die Naherholung und die Freizeitaktivitäten im Wohnumfeld, berücksichtigt werden müßten. Diese wurden z. B. in dem Konzept POSERs nicht erfaßt. So entwickelte sich etwa seit 1960 in einigen westeuropäischen und überseeischen Ländern neben, z. T. auch anstelle der „Geographie des Tourismus" eine „Geographie der Freizeit" („geography of leisure") als ein eigenständiger Zweig der Geographie des Menschen („human geography").

Die sozialgeographisch geprägte „Münchener Schule" RUPPERTs sah in diesem Sinne „das Studium räumlicher Organisationsformen menschlicher Gruppen unter dem Einfluß der Daseinsfunktion ‚Erholung' innerhalb des Prozeßfeldes Landschaft" als Hauptaufgabe bei der Untersuchung der Freizeitphänomene an (RUPPERT u. MAIER 1969, S. 99). In den Mittelpunkt rückte die „Raumwirksamkeit freizeitorientierter Verhaltensweisen menschlicher Gruppen und Gesellschaften" (RUPPERT 1975, S. 1) unter dem Blickwinkel von räumlichem Angebot und räumlicher Nachfrage. Auf dem Hintergrund intensiver Forschung vor allem in Bayern zog RUPPERT dann Mitte der siebziger Jahre die Schlußfolgerung: „In der wissenschaftlichen Geographie aber ist in konsequenter Fortentwicklung an die Stelle der Fremdenverkehrsgeographie die Geographie des Freizeitverhaltens getreten" (a. a. O., S. 5).

Die Münchener Schule hat in der alten Bundesrepublik wesentlich zur theoretischen Vertiefung und praktischen Anwendung der Fremdenverkehrsgeographie in dem oben beschriebenen, erheblich verbreiterten Sinne beigetragen, wenn es auch berechtigte Einwände gab. So verwies JÜLG (1974, S. 19), einer der führenden österreichischen Fremdenverkehrsgeographen, darauf, daß bei einer Definition die räumliche Komponente im Vordergrund stehen müsse, nicht die soziale. Daher könne es auch nie „Geographie des Freizeitverhaltens" heißen. Die Untersuchung des Verhaltens sozialer Gruppen, die jede ihre eigenen Anforderungen an den Raum stellen, berge in der Tat die Gefahr in sich, daß dabei das Wesen der Sache – Erholung im Freien und Nutzung der dafür in der Geosphäre und im Wirtschaftsraum vorhandenen Potentiale und Kapazitäten, die Herausbildung entsprechender Standorte und Gebiete sowie die Untersuchung der Struktur und Wechselwirkungen in ihnen – zu kurz kommen könnte.

Von anderen Kritikern einer „Geographie des Freizeitverhaltens" wird hervorgehoben, daß die „empirisch ermittelten Verhaltensweisen der Bevölkerung, über die bis vor einigen Jahren praktisch keinerlei Daten und Angaben vorlagen,... – in einer Überforderung der Daten – als konkreten Ausdruck der Grunddaseinsfunktionen und auch der Freizeitbedürfnisse genommen" würden (STEINECKE 1980, S. 21). Mit dem Blick auf wirtschaftliche Wechselbeziehungen sollte auch die folgende Feststellung STEINECKEs (a. a. O., S. 22) nicht überlesen werden: Werden politökonomische Kategorien einbezogen, kann das Freizeitverhalten bestimmt werden als „tendenzieller Interessengegensatz zwischen den wirtschaftlichen Interessen der Freizeitunternehmer (als Repräsentanten des Tauschwertinteresses) und den Erholungsbedürfnissen des Einzelnen (als Gebrauchswert-Interessent), die zumindest teilweise nur noch kommerziell realisierbar sind". Mit anderen Worten: Auch auf dem touristischen Markt geht es um den Kauf und Verkauf von Leistungen und Waren, also um „Produkte" und deren Austausch.

Auf jeden Fall hat die Münchener Schule mit ihrem sozialgeographischen Konzept und der von ihr in diesem Sinne praktizierten Öffnung der Anthropogeographie zur Soziologie hin die Forschungsaspekte der Geographie bei der Betrachtung der Freizeitaktivitäten wesentlich bereichert. Im Laufe der Zeit sind Einseitigkeiten abgebaut worden. MAIER (1982) betont in seiner „Geographie der Freizeitstandorte und des Freizeitverhaltens" wieder deutlicher die räumlichen Aspekte.

Auch der Aspekt der Erholung blieb nicht unwidersprochen. NEWIG (1975) lehnt ihn vehement ab: „Der Erholungsbegriff hat ohnehin in der Fremdenverkehrsgeographie viel Unheil angerichtet, weil er als normative Setzung eine Sollensforderung ausdrückt, anstatt neutrale Definition zu liefern. Aus diesem Grunde sollten alle mit „Erholung" zusammenhängenden Wortbildungen aus der Terminologie der Fremdenverkehrsgeographie gestrichen werden ... Der konkrete Änderungsvorschlag in diesem Falle lautet: Ersatz von ‚sich erholen' durch ‚Freizeit verbringen' ".

Dieser Argumentation können wir uns nicht anschließen. NEWIGs Vorschlag, als verbale Form „freizeiten" zu bevorzugen, ist ungehört verklungen. Die Praxis blieb auch die folgenden zwei Jahrzehnte bei Erholung und Tourismus. Unseres Erachtens drängt NEWIG bei seinem an sich begrüßenswerten Versuch, die Terminologie zu bereinigen, den Erholungsuchenden vordergründig und einseitig in die Rolle des „Konsumenten" auf einem marktwirtschaftlichen Hintergrund (was auf der Insel Sylt vielleicht verständlich ist). Er wiederholt damit eine in den 60er Jahren häufiger anzutreffende Meinung, daß die Wurzel des Fremdenverkehrs in einer sich entwickelnden Industriegesellschaft nicht in Erholungsbedürfnissen, sondern in einer zusätzlichen Konsumgelegenheit für überschüssige Kaufkraft zu suchen sei und einem Zuwachs an konsumgebundenem Sozialprestige folge.

Diese Mitte der siebziger Jahre in den westeuropäischen Ländern bestehenden Differenzen in den Auffassungen vom Wesen und den Aufgaben einer Geographie des Tourismus und der Erholung waren für JOSEF MATZNETTER (1975) Anlaß, um eine Klarstellung der Standpunkte bemüht zu sein. Aus der Wiener Schule der Fremdenverkehrsgeographie kommend, läßt er es zunächst offen, ob die Reihenfolge Tourismus – Erholung eine Unterordnung der Erholung unter den Tourismus bedeute (entgegen umgekehrter Auffassungen, die den Tourismus der Erholung unterordnen) oder eine gleichberechtigte Nebenordnung beider.

Von der Tatsache ausgehend, daß eine intensive geographische Untersuchung der Phänomene des Tourismus und des Erholungswesens etwa gleichzeitig, aber unabhängig voneinander, in drei verschiedenen Räumen eingesetzt habe, nämlich in Mittel- und Westeuropa, in den (damaligen) sozialistischen Ländern Europas und in Nordamerika, wären – so MATZNETTER (1975, S. 662) – auch „Fremdenverkehr/Tourismus", „Erholung" und „Freizeit" nebeneinander zu begrifflichen Ausgangsbasen der Forschung geworden. Der ausschlaggebende Umstand liege nun darin, daß „diese drei Termini keine Synonyma darstellen und auch von den einzelnen Autoren durchaus nicht für solche gehalten werden". Grundlage und Art der Untersuchungen würden „entscheidend von den in den einzelnen Ländern und Regionen herrschenden prinzipiellen Voraussetzungen für den Tourismus und das Erholungswesen mitbestimmt".

Diese Feststellung MATZNETTERs als damaliger Chairman der *IGU-Commission of Tourism and Leisure* war sicher zutreffend und zugleich bezeichnend für den Stand der internationalen Zusammenarbeit. Gerade die genannte Kommission hat aber in den Jahren ihres Bestehens, auch unter der Leitung ihres nächsten Chairman, des Franzosen BERNARD BARBIER, nachdrücklich und zugleich nachhaltig für die Verständigung auf methodischem Gebiet gewirkt. MATZNETTER unterschied damals drei Typen von Ländern mit unterschiedlichen Forschungsansätzen:

1. *die Industrieländer westlichen Typs*, in denen „die individuelle Verfügbarkeit von Zeit und Geld das primäre Regulativ des Fremdenverkehrs und Erholungswesens" sei,

2. *die sozialistischen Länder, vor allem Europas,* mit stark entwickeltem Erholungswesen und bemerkenswertem Besuch der Heilbäder und Kurorte, in denen für Tourismus und Erholung grundsätzlich die individuelle wie die kollektive Form gewählt werden könne, Tourismus und Erholungsverkehr jedoch „in merklicher Weise dirigistisch gebunden" seien,

3. *die Entwicklungs- und Tropenländer,* die gegenüber den beiden zuvor genannten Ländergruppen außerordentlich abfallen und wo „die Organisationsträgerschaft ... weitgehend noch in den Händen großer ausländischer und internationaler Unternehmen" liege.

Für die internationale Verständigung und Vereinheitlichung der Begriffe und Arbeitsmethoden war außerordentlich wichtig, daß es der IGU-Kommission gelang, zum 25. Internationalen Geographenkongreß in Paris 1984 unter dem Titel „Geography of Tourism and Leisure" in der Zeitschrift „GeoJournal" einen Sammelband mit 16 englischsprachigen (das hieß auch in der Terminologie korrelierbaren) Beiträgen ausgewiesener Fachleute der verschiedenen Länder bzw. Ländergruppen zu publizieren. Autoren waren für die USA MITCHELL, Kanada LUNDGREN, Großbritannien DUFFIELD, die Bundesrepublik Deutschland BECKER, MAIER, RUPPERT, WEBER und WOLF, Österreich LICHTENBERGER, Frankreich BARBIER und PEARCE, Italien PEDRINI, die DDR BENTHIEN, die Tschechoslowakei MARIOT, Polen WARSZYŃSKA, Bulgarien BAČVAROV, Rumänien JANCU und BARON, Jugoslawien VASOVIĆ, die UdSSR PREOBRAŽENSKIJ, VEDENIN und STUPINA, für Japan TAKEUCHI und die „Antipoden" PEARCE und MINGS.

Diese Beiträge, die hier nicht im einzelnen diskutiert werden können, spiegeln annähernd das damalige weltweite inhaltliche und methodologische Spektrum der Geographie der Rekreation und des Tourismus wider. So konnten KULINAT u. STEINECKE (1984, S.13) die Einschätzung treffen, daß sich „als Konsequenz intensiver methodologischer, definitorischer und methodischer Diskussionen ... die Geographie des Freizeit- und Fremdenverkehrs in jüngster Zeit zu einem Wissenschaftszweig entwickelt (habe), der ein breites und differenziertes Spektrum unterschiedlicher wissenschaftstheoretischer Positionen aufweist". Die Differenzierungen in den Auffassungen konnten damals produktiv genutzt werden, denn zum ersten Mal lag so etwas wie eine weltweite Synopsis der Meinungen vor.

Die Frage, die WOLF TIETZE (1982, S 175) gestellt hatte: „Fremdenverkehrsgeographie – Quo vadis?" ließ sich nunmehr leichter beantworten. Er hatte angesichts der Überfülle von regionalen und sektoralen Fallstudien – ausführlich von UTHOFF (1988, S. 5) dokumentiert – eine *Systematik dieser Teildisziplin* als ein kaum noch zu entbehrendes Hilfsmittel verlangt, wolle man die weiteren Forschungsbemühungen nicht der Zufälligkeit überantworten, soweit es die Nutzanwendung ihrer Ergebnisse betreffe (TIETZE 1982, S. 178).

Damit bestätigte sich auch die Feststellung von KULINAT u. STEINECKE (1984, S. 214), daß sich die Geographie des Freizeit- und Fremdenverkehrs keiner der bestehenden Teildisziplinen der Geographie unterordnen lasse, sondern sie sich zu einem komplexen und eigenständigen Forschungssektor entwickelt habe. Den damals in der BRD erreichten Stand der Forschung fassen die genannten Autoren in einem Schema des „räumlichen Beziehungsgefüges des Fremdenverkehrs" zusammen (Abb. 4). *Dazu gehört auch das Fazit: Es biete sich an, bei der Vielfalt von Wirkungen und Wechselwirkungen auch den Freizeit- und Fremdenverkehr in geographischer Betrachtung als räumliches System zu begreifen. Der derzeitige Forschungsstand erlaube es jedoch noch nicht, den Freizeit- und Fremdenverkehr als integriertes räumliches System darzustellen* (ebenda, S. 218).

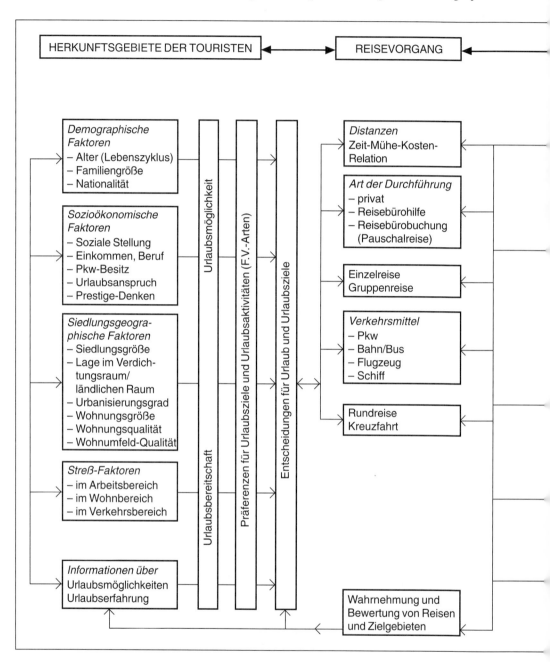

Abbildung 4
Das räumliche Beziehungsgefüge des Fremdenverkehrs (F.V.)
(KULINAT u. STEINECKE 1984, Abb. 32)

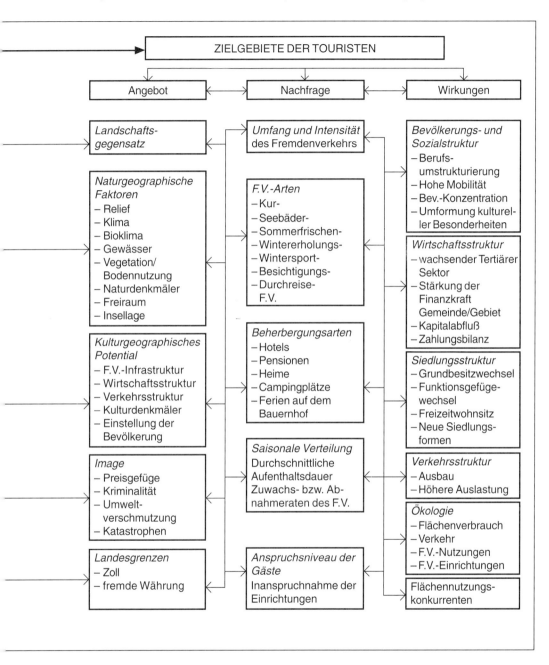

Aber noch eine weitere Schlußfolgerung läßt sich ziehen: Ein übermäßiger Streit um Definitionen hilft in diesem Falle nicht weiter. Mancher Streit hat seine Ursache wohl auch darin, „etwas Neues" bieten zu wollen. Offensichtlich ist aber die Bandbreite der Erscheinungen, die mit den Begriffen Erholung, Fremdenverkehr, Freizeitaktivitäten, Freizeitverkehr, Tourismus usw. beschrieben werden, zu groß, als daß mit nur einer Definition alle Aspekte erfaßt werden könnten. Die Statistik z. B. benötigt einen anderen Begriffsinhalt als die Wirtschaft, die wiederum benutzt eine andere Sprache, als die Wissenschaft sie gern hätte. Immer muß jedoch Konsens erreicht werden. Deshalb ist nach allen Erfahrungen anstelle des unproduktiven Strebens nach einer alle zufriedenstellenden Begriffsbestimmung manchmal auch der „Mut zur definitorischen Lücke" angebracht.

## 2.3.
## Das räumliche System von Rekreation und Tourismus

Die zitierte Einschätzung von KULINAT u. STEINECKE (1984) ließ jedoch außer acht, daß in den damaligen sozialistischen Ländern Osteuropas bereits die These der Existenz *räumlicher Rekreationssysteme* in die Theorie und Praxis der Geographie Eingang gefunden hatte. War es nur die Sprachbarriere, die dazu führte, daß russischsprachige Veröffentlichungen weniger oder überhaupt nicht zur Kenntnis genommen wurden? Die komplexe Untersuchung der Struktur von Ausschnitten der Geosphäre und der in ihnen ablaufenden natürlichen, ökonomischen und sozialen Prozesse war nach dem Selbstverständnis der Geographen in diesen Ländern das Grundanliegen ihrer Wissenschaft und führte sie durch ein an HEGEL geschultes (und nicht nur verordnetes!) dialektisches Denken auch sehr früh zu systemtheoretischem Denken.

SAUSCHKIN (1978, S. 15) definierte „die Geographie (das System der geographischen Wissenschaften) als Wissenschaft von den Entwicklungsgesetzen territorialer (räumlicher) Systeme, die sich an der Erdoberfläche im Prozeß der Wechselwirkungen der Natur und Gesellschaft bilden, und über die Regelung und Steuerung dieser Systeme". Und er fügte erläuternd hinzu: „Das sind physisch-geographische Systeme (die Landschaft als System und das System der Landschaften), ozeanische Systeme, Systeme der Flüsse und Seen, der Reliefformen, von Biogeozönosen, der Siedlungen, der Städte (die Stadt als System im System der Städte), der Produktion (Wirtschaftssysteme), Rekreationssysteme und andere".

Da die 1976 in russischer Sprache veröffentlichten Studien SAUSCHKINs, des wohl bedeutendsten Theoretikers unter den damaligen russischen Geographen, zu Geschichte und Methodologie der geographischen Wissenschaft bereits 1978 in deutscher Sprache vorlagen, kann es nicht die Sprachbarriere gewesen sein, die diese Gedanken unbeachtet bleiben ließ. Es wäre also in den 80er Jahren durchaus möglich gewesen, „den Freizeit- und Fremdenverkehr in geographischer Betrachtung als räumliches System zu begreifen", wenn man denn gewollt hätte. Verstärkt wurde die in den osteuropäischen Ländern zu beobachtende Hinwendung zur Theorie sicher auch dadurch, daß für Fallstudien das notwendige statistische Datenmaterial vielfach nicht vorhanden oder – noch öfter – nicht zugänglich war.

Bereits auf der Europäischen Regionalkonferenz der IGU 1971 in Budapest hatte PREOBRAŽENSKIJ gemeinsam mit VEDENIN und ANTIPOVA erstmals das Konzept des terri-

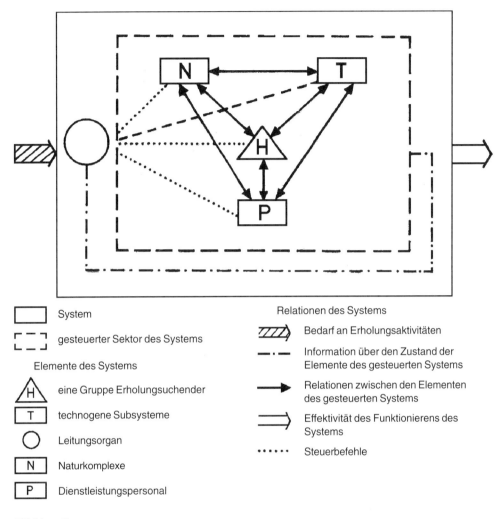

| | System | | Relationen des Systems |
|---|---|---|---|

| | | | Bedarf an Erholungsaktivitäten |
|---|---|---|---|

gesteuerter Sektor des Systems

Information über den Zustand der
Elemente des gesteuerten Systems

Elemente des Systems

H — eine Gruppe Erholungsuchender

Relationen zwischen den Elementen
des gesteuerten Systems

T — technogene Subsysteme

Effektivität des Funktionierens des
Systems

○ — Leitungsorgan

Steuerbefehle

N — Naturkomplexe

P — Dienstleistungspersonal

Abbildung 5
Modell eines Rekreationssystems (PREOBRAŽENSKIJ u. a., 1984)

torialen Rekreationssystems der internationalen Fachwelt vorgestellt. Sie leiteten damit
einen neuen Qualitätssprung („innovativen Sprung") ein. Diesem Konzept liegt der Gedanke zugrunde, daß die Erholungsaktivitäten einen spezifischen Typus von gesellschaftlich-
geographischen Systemen erzeugen, die aus Gruppen von Erholungsuchenden, kulturellen
und natürlichen territorialen Komplexen, technischen Einrichtungen, Dienstleistungspersonal und einer Leitungsinstitution bestehen (Abb. 5). Unter der Überschrift „Anforderungen der Erholung und die Umwelt" ist dieser Gedankengang bei HOFMEISTER u. STEIN-
ECKE (1984, S. 221–231) in deutscher Übersetzung nachzulesen.

Ein solches Rekreationssystem bildet gleichzeitig eine funktionale und räumliche Einheit. Im territorialen Rekreationssystem (TRS) – damals wurden „territorial" und „räum-

lich" noch gleichgesetzt, heute müßte man „räumlich" bevorzugen – erfahren die allgemeinen Eigenschaften des Systems „Erholung" eine räumliche „Brechung" („Refraktion"), d. h., die Gesamtheit der Wechselbeziehungen des Systems Erholung wird in räumliche („territoriale") Teilstrukturen umgeformt. Der grundsätzliche Subjekt-Objekt-bezogene, anthropozentrische Charakter des TRS mit seiner Durchdringung natürlicher und wirtschaftlicher, sozialpsychologischer und medizinisch-biologischer Aspekte führte in der damaligen UdSSR – maßgeblich von PREOBRAŽENSKIJ in seiner Eigenschaft als einer der Direktoren des Geographischen Instituts der Akademie der Wissenschaften beeinflußt – zur Entwicklung und Verbreitung der Rekreationsgeographie (russ. рекреационная география) als eines neuen Zweiges der geographischen Wissenschaften, weil kein bestehender Zweig sich mit dieser Problematik befassen konnte.

Für die theoretische Ausformung der Rekreationsgeographie in der UdSSR erwies es sich als vorteilhaft, daß man erst 1969 begonnen hatte, erstmals ernsthaft über die Möglichkeiten und den Platz der Geographie bei der komplexen Erforschung der territorialen Organisation von Erholung und Tourismus zu sprechen, also frei war von überlieferten Lehrmeinungen und Schulen, und zugleich ein planwirtschaftlich gesteuertes Potential von Wissenschaftlern der Akademie und der Universitäten auf diese Fragen ansetzen konnte. In Verbindung mit dem 23. IGU-Kongreß 1976 in Moskau fand zum ersten Mal in der Geschichte der Internationalen Geographenkongresse ein selbständiges Symposium zur Geographie der Erholung statt, und zwar in Dombai im nördlichen Kaukasus (vgl. ŠRINCOVA 1983, S. 87/88).

Auf diesem Symposium erläuterten PREOBRAŽENSKIJ und seine Mitarbeiter die Grundthesen ihrer Theorie der Rekreationsgeographie, die sie 1971 zunächst noch als *Hypothese* bezeichnet hatten:

– Untersuchungsgegenstand sind die territorialen Rekreationssysteme aller Typen und Ränge als komplex kontrollierbare, sich teilweise selbst regulierende räumliche Systeme,

– Ziel ist dabei die Enthüllung der Gesetzmäßigkeiten der Bildung, Dynamik, Variation und Verbreitung von TRS, ihrer morphologischen Struktur, der räumlichen Differenzierung und Integration ihrer inneren Wechselbeziehungen, der Bindungen zwischen den Subsystemen und ihrer Wechselbeziehungen zu anderen Geosystemen,

– weitere Ziele sind u. a. die Vorhersage spontaner und beabsichtigter zweckvoller Veränderungen, die Erarbeitung eines Systems von Forschungsmethoden, von Vorschlägen für ein optimales Funktionieren der Systeme und zur Gestaltung von Systemen mit vorgegebenen Eigenschaften, das Erkennen von Erholungsbedürfnissen, die Erforschung von Verhaltensweisen, nicht zuletzt die Versorgung der gesellschaftlichen Praxis mit Informationen über die TRS.

Den Inhalt des Erholungssystems und seiner Subsysteme erläutert PREOBRAŽENSKIJ folgendermaßen:

„Das erste der Subsysteme, *die Urlauber*, besteht aus verschiedenen Menschengruppen. Die Eigenschaften dieses Subsystems spiegeln eine soziale und altersmäßige Struktur sowie nationale, regionale und psychische Besonderheiten bestimmter Gruppen von Menschen und Individuen wider. Die Beziehungen zu anderen Subsystemen hängen ab von der Nachfrage der Menschen und der Verschiedenartigkeit der Aktivitäten, die in der Freizeit unternommen werden.

Das zweite Subsystem – *natürliche und kulturelle, terrestrische und aquatische Komplexe* – ist sehr wichtig für das Funktionieren des Systems. Die Eigenschaften dieser Komplexe müssen den individuellen Erholungsansprüchen der Urlauber als auch den Erfordernissen der Organisation des Erholungssystems als Ganzes entsprechen.

Das dritte Subsystem, hier wird *der technische Komplex* angesprochen, soll auf der einen Seite die Befriedigung von spezifischen Erholungsbedürfnissen fördern und auf der anderen Seite für normale Lebensbedingungen von Urlaubern und Dienstpersonal sorgen.

Das vierte Subsystem umfaßt die *Beschäftigten im Dienstleistungs- und Versorgungsbereich*, die einerseits die Aufgabe haben, Konsumgüter für die Urlauber zu besorgen und heranzuschaffen sowie Informationen über die natürlichen und kulturellen Werte zu vermitteln, und andererseits Abfälle zu beseitigen.

*Einen wichtigen Teil des Systems bildet der Management-Apparat.* Er vergleicht erhaltene Informationen über die Befriedigung der Urlauberbedürfnisse mit den Informationen über Bestand und Kapazitäten von natürlichen Komplexen, den Zustand von technischen Systemen und Dienstleistungspersonal. Erst dann trifft er Entscheidungen über Veränderungen von Beziehungen zwischen den Subsystemen" (zitiert nach HOFMEISTER u. STEINECKE 1984, S. 224/225, mit mehreren Korrekturen der Übersetzung und Hervorhebung von mir – B. B.).

Von diesen theoretischen Leitlinien sind verständlicherweise die beiden von PREOBRAŽENSKIJ herausgegebenen Gemeinschaftsveröffentlichungen „Theoretische Grundlagen der Rekreationsgeographie" (1975) und „Geographie der Rekreationssysteme der UdSSR" (1980) bestimmt. Das letztgenannte Buch sollte die wissenschaftlichen Grundlagen für ein Generalschema zur Entwicklung von Erholungs- und Kurorten sowie des Tourismus in der damaligen UdSSR liefern. An beiden Werken kann auch heute, nach den grundlegenden gesellschaftlichen Veränderungen in den Nachfolgestaaten der UdSSR, nicht vorbeigegangen werden, zumal die Leitlinien auch bei vielen regionalen Studien angewandt wurden. Ein Beispiel dafür sind die Arbeiten von STAUSKAS (1984, 1985) für die baltischen Republiken. In ihnen stehen Fragen der städtebaulichen Gestaltung von Gebieten und Zentren der Erholung, speziell die Erholungsarchitektur, im Vordergrund. Räumlich geht es in erster Linie um die Küsten-, Seen- und Flußlandschaften Litauens, auch der Kurischen Nehrung.

Bei den bekannten engen wissenschaftlichen Beziehungen innerhalb der damaligen RGW-Länder ist es nicht überraschend, daß die Vorstellungen über territoriale Rekreationssysteme auch bei den Geographen in den osteuropäischen Ländern, zumal sie keine Sprachbarriere hatten, ein starkes Echo fanden. In den siebziger und achtziger Jahren entstanden so eine Reihe beachtenswerter Publikationen mit weiterführenden Überlegungen. Einen Überblick gab ŠPINCOVA (1978).

In *Bulgarien,* das stark in den internationalen Reiseverkehr eingebunden war, betonten die Forscher dementsprechend auch die daraus resultierenden wirtschaftlichen Fragestellungen, so DINEV (1974, 1975, 1978). Er definierte die „Geographie des Tourismus" als Untersuchung der territorialen Gegebenheiten der touristischen Wirtschaft, der Standorte der relevanten Produktion und Dienstleistungen, der Voraussetzungen, Faktoren und Ressourcen, die die Entwicklung dieses Wirtschaftszweiges in den verschiedenen Ländern und Gebieten bedingen. BAČVAROV (1984) sprach von einer „Geographie des Tourismus und der Rekreation", die die räumlichen Aspekte der rekreativen und touristischen Ressourcen, Ströme und Gegebenheiten, ihre Komplexe und Wechselwirkungen mit der Umwelt untersucht. Für ihn ist die „Erholungsregion" ein wichtiger Begriff.

In der *Tschechoslowakei* hingegen, wo der Inlandstourismus eine große Rolle spielte, dienten viele der vorwiegend regionalen Studien dem Ausbau der Infrastruktur. Auch traten Probleme der Wechselbeziehungen Mensch – Umwelt stärker in den Vordergrund, zumal die Zahl der privaten Ferienhäuser schnell anstieg. An verschiedenen Universitäten befaßten sich Geographen mit rekreationsgeographischen Sachverhalten, in der Regel in Zusammenarbeit mit Planungsbehörden. Als Schwerpunktthemen wurden Ende der siebziger Jahre die Bewertung des Landschaftspotentials ausgewählter Regionen für den Tourismus, das Studium des Einflusses des Tourismus auf die natürliche Umwelt in den am stärksten frequentierten Gebieten sowie auf die sozialökonomische Basis in ausgewählten Regionen betrachtet (ŠRINCOVA 1978, S. 165–171; 1980, S. 109–119).

Um die Zusammenfassung grundlegender methodologischer Erkenntnisse bemühte sich MARIOT (1976, 1983) mit dem Konzept eines *funktional-chorologischen Modells des Tourismus*. Dieses stellt ebenfalls die Wechselwirkungen zwischen Tourismus und Landschaft in den Mittelpunkt geographischer Forschung. Den Tourismus als eine der Aktivitäten einer in ihrer Entwicklung fortgeschrittenen Gesellschaft betrachtet er als Subsystem des Systems Freizeit. Die Landschaft, im allgemeinen – so MARIOT – der Gegenstand geographischer Forschung, bildet für das Subsystem Tourismus dessen Umgebung. Demzufolge werden die Interaktionen zwischen Landschaft und Tourismus zum Forschungsgegenstand.

MARIOT unterscheidet drei Hauptgruppen von Voraussetzungen für den Tourismus:

1. *Lokalisierungsvoraussetzungen*, das sind einerseits natürliche Gegebenheiten wie das Relief, das Klima, die Gewässer sowie die Pflanzen- und Tierwelt, andererseits kulturelle und administrative Gegebenheiten wie Sehenswürdigkeiten und zentralörtliche Einrichtungen;

2. *selektive Voraussetzungen*, das sind solche städtebaulicher Art (Wohndichte, Wohnungsgröße, Bauweise der Wohnungen, Wohnungsbestand), demographischer Art (Bevölkerungsdichte, Alters- und Geschlechtsstruktur) und solche soziologischer Art (wirtschaftliche Betätigung, soziale Gruppen, Besitz eines Autos oder einer Gelegenheit zur individuellen Erholung, Bildungsstand, Einkommen der Haushalte);

3. *Realisierungsvoraussetzungen*, das sind die Gegebenheiten des Verkehrs (Struktur und Textur der Verkehrsnetze, Erreichbarkeit) und der materiell-technischen Basis, d. h. der Infrastruktur (Unterbringungsmöglichkeiten, Versorgungseinrichtungen, Vergnügungsstätten, Transportmittel u. a. m.).

Die Lokalisierungsvoraussetzungen haben den Charakter von Potentialen. Sie bestimmen den Ort, wo Tourismus auftreten kann, denn sie ziehen diesen auf Grund ihrer Möglichkeiten aus der Umgebung an sich. Die selektiven Voraussetzungen bestimmen die Neigung der Bevölkerung, am Tourismus teilzunehmen, sie verteilen diesen über die Umgebung. Die Realisierungsvoraussetzungen schließlich führen zur Verknüpfung der beiden anderen Voraussetzungen, sie lassen Interaktionen zwischen diesen beiden Polen entstehen. Daraus lassen sich in einem Raummodell Tourismusregionen als Nodalregionen abgrenzen (Abb. 6). MARIOT weicht damit von der traditionellen Vorstellung von Fremdenverkehrsregionen als homogenen Arealen ab und definiert sie als nodale Areale, d. h. „als Gebiete, in denen innere Bindungen dominieren, und die sich äußerlich von den benachbarten Regionen unterscheiden" (1976, S. 289/290).

Abbildung 6
Modell der Nodalregion des Tourismus
(MARIOT 1983)

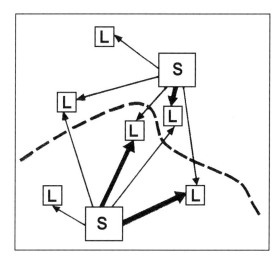

**L**    Pole von Lokalisations-
      voraussetzungen

**S**    Pole von Selektions-
      voraussetzungen

**– –**   Grenze einer
      Tourismusregion

**➤**    Richtung und Intensität der Wech-
      selbeziehungen zwischen Voraus-
      setzungen des Tourismus

Als Beispiel für eine Nodalregion des Tourismus betrachtet MARIOT das Erholungshinterland einer Großstadt. Die Stadt (als Pol selektiver Voraussetzungen) ist mit angrenzenden räumlichen Strukturen ihres Umlandes, die günstige Voraussetzungen für die Erholung aufweisen (Pole der Lokalisierungsvoraussetzungen), durch Beziehungen verbunden, die durch die Realisierungsvoraussetzungen ausgelöst werden. Da die Intensität dieser Relationen (und damit auch deren Reichweite) unterschiedlich ist, können räumliche Einheiten, „Regionen" des Tourismus, abgegrenzt werden. Nicht nur Städte haben somit ihr Rekreationshinterland, sondern solche Strukturen können auch unter anderen räumlichen Dimensionen angenommen werden. So unterscheidet MARIOT Regionen, Subregionen, Distrikte und Areale sowie als territoriale Einheiten niederen Ranges Zentren und Orte (Plätze) des Tourismus. Ihrem Wesen nach stellen die nach der funktional-chorologischen Methode erkannten Nodalregionen des Tourismus ebenfalls territoriale Rekreationssysteme dar.

In *Polen* wurden die in den dreißiger Jahren von LESZCZYCKI in Krakau begonnenen Studien zur Geographie des Tourismus nach dem Zweiten Weltkrieg u. a.durch WRZOSEK und seine Schüler erneut intensiviert. Nach Ansicht von WARSZYŃSKA (1984) bestehen die Aufgaben der Geographie des Tourismus in der Analyse von Faktoren, Formen und räumlichen Beziehungen der touristischen Erscheinungen und der damit verbundenen raumbeeinflussenden Faktoren. Man befaßt sich mit den sozialökonomischen Voraussetzungen der Entwicklung des Tourismus, den Möglichkeiten der Nutzung des geographischen Raumes für Erfordernisse des Tourismus bezüglich seiner Formen und Saisonalität, mit der Struktur und räumlichen Verteilung des Reiseverkehrs, mit den sozialen, wirtschaftlichen und räumlichen Beziehungen zwischen den Gebieten mit touristischem Bedarf und jenen mit touristischer Konsumtion, mit den Prozessen im geographischen Raum, die von den Erscheinungen des Tourismus beeinflußt werden.

Das Forschungsfeld der Geographie des Tourismus enthält drei Begriffskategorien:

1. den Menschen als Subjekt des Tourismus,
2. den Reiseverkehr als gesellschaftliches Phänomen,
3. den touristischen Raum als geographische Einheit von Natur- und Wirtschaftsraum.

Im Blick auf den Menschen werden u. a. Motivationen, Hilfsmittel, Ausdrucksformen und soziale Auswirkungen untersucht, im Hinblick auf den Reiseverkehr dessen unterschiedliche Struktur, Verteilung, Saisongebundenheit und statistische Erfassung. Die Untersuchungen des touristisch genutzten Raumes schließen alle räumlichen Bedingungen des Tourismus ein, sowohl die natürlichen (Werte der Umwelt und deren Einschätzung, touristische Kapazität, touristisches Potential der Umwelt, Tourismus und Schutz der Natur usw.) als auch die anthropogenen (die vom Menschen geschaffenen Werte, die Leitung des Tourismus, die touristische Erreichbarkeit, die touristische Siedlung usw.).

Viele Arbeiten der polnischen Geographen dienten unmittelbar Planungszwecken. Theoretische Studien bezogen sich auch auf Methodologie und Terminologie. So wurden neben den allgemein üblichen geographischen Arbeitsmethoden u. a. Korrelations- und Regressionsrechnungen mittels elektronischer Datenverarbeitung sowie Methoden der Faktorenanalyse, Modellierung und Systemanalyse angewandt (z. B. STACHOWSKI 1978, 1982).

Mit dem Systemansatz bei der Erforschung der Rekreation befaßte sich eingehend KOSTROWICKI (1975). Er stellte Gedanken zur Diskussion, wie man in methodologisch zusammenfassender Weise, gegründet auf die Annahmen der allgemeinen Systemtheorie als theoretische Basis und der Systemanalyse als anzuwendende Forschungsmethode, die Probleme der Rekreation betrachten könne (Abb. 7). „Folgt man diesem Konzept, kann die Summe der mit der Erholung zusammenhängenden Aspekte als eine Art progressives Metasystem erforscht werden, in dem die einzelnen Elemente auf Grund bestimmter Verknüpfungen voneinander abhängig sind. Im räumlichen Sinne würde dieser Systemzusammenhang zu Territorialen Rekreationssystemen unterschiedlichen Ranges und unterschiedlicher Größe führen, die, allgemein gesprochen, aus drei Subsystemen bestehen: den Erholungsressourcen, der Zahl der Erholungsuchenden und den beanspruchten sozialökonomischen technischen und organisatorischen Voraussetzungen.

Jedes einzelne dieser Territorialen Rekreationssysteme ist dem Einfluß bestimmter äußerer Faktoren unterworfen, die von dem System unabhängig sind, aber die Art und Weise seines Funktionierens beträchtlich beeinflussen. Von größter Wichtigkeit unter diesen Eingangsgrößen oder Parametern sind die Nachfrage nach Angeboten von Erholungsmöglichkeiten, die Möglichkeiten anderer Landnutzungsformen, das Vorhandensein oder Fehlen geeigneter Arbeitskräfte und überdies das Niveau der wirtschaftlichen und sozialen Entwicklung des Landes. Hauptsächliche Absicht, um erfolgreiche Territoriale Rekreationssysteme zu erreichen, müßte es sein, die bestmöglichen Voraussetzungen für die Wiederherstellung der physischen und psychischen Kräfte der Erholungsuchenden zu schaffen. Unter dieser Bedingung muß allen ökonomischen Effekten, so richtig sie auch sein mögen, eine untergeordnete Beachtung geschenkt werden" (ebenda, S. 278). Weiter ausgebaut wurden diese systemtheoretischen Gedankengänge durch KRZYMOWSKA-KOSTROWICKA (1980). Darauf wird noch zurückzukommen sein.

Es ist hier nicht möglich, die ganze Breite der polnischen Arbeiten zur Geographie der Rekreation und des Tourismus darzustellen. Aus der großen Zahl seien die Namen und Arbeiten von ROGALEWSKI (1974), WARSZYŃSKA u. JACKOWSKI 1978, BARTKOWSKI (1980) und LIJEWSKI u. a. (1985) genannt. Während ROGALEWSKI aus wirtschaftswissenschaftlicher und räumlicher Sicht die Grundsätze und Richtungen der touristischen Erschließung Polens darlegte, auch auf einer Karte des Polnischen Nationalatlasses, lieferte BARTKOWSKI eine methodisch interessante Studie der Attraktivitätsbewertung aus physisch-geographischer Sicht in unterschiedlichen Dimensionsstufen für Polen, die RGW-Länder, die westeu-

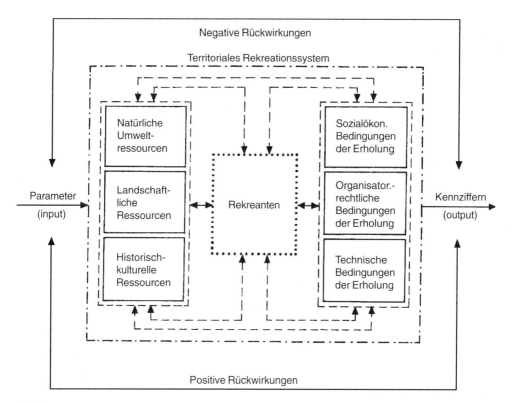

Abbildung 7
Modell des territorialen Rekreationssystems (KOSTROWICKI 1975)

ropäischen Länder und schließlich alle Länder und Kontinente. LIJEWSKI und seine Mitautoren gaben einen ins einzelne gehenden Überblick über den Tourismus in ihrem Heimatland, nachdem vorher WARSZYŃSKA und JACKOWSKI außer Polen auch globale und allgemeine Aspekte einbezogen hatten.

*Wie der Überblick gezeigt hat, sind systemtheoretisch fundierte Methoden und Modelle derartiger räumlicher Wirkungsnetze in den osteuropäischen Ländern sehr früh in der Geographie der Erholung und des Tourismus angewandt worden, früher als in der westeuropäischen Geographie.* Der Begriff „Rekreation" erleichterte die Verständigung zwischen den Forschern der einzelnen Länder. Der Terminus „Rekreationsgeographie" – auf dem 18. IGU-Kongreß 1956 in Rio de Janeiro von den französischen Geographen CHABOT und PRINGAUD in der Form „La géographie de la récréation" verwendet – fand unter ihnen Zustimmung und Akzeptanz. Er entsprach wohl am besten dem Grundgedanken einer „konstruktiven", d. h. auf praktische Nutzanwendung gerichteten Geographie.

## 2.4.
## Das Greifswalder „Modell Rekreationsgeographie"

*Diesem Buch liegt ein eigenständiges Denkmodell des räumlichen Wirkungszusammen-*
*hanges von Erholung und Tourismus und der wissenschaftlichen Auseinandersetzung mit*
*ihm zugrunde (Abb. 1). Es ist in der Greifswalder rekreationsgeographischen Forschungs-*
*gruppe entstanden und wird deshalb als das „Greifswalder Modell" der Rekreationsgeo-*
*graphie bezeichnet.*

An der geschilderten internationalen, insbesondere osteuropäischen Diskussion zu Theorie und Praxis der Rekreationsgeographie hatten auch die Geographen der DDR ihren
Anteil. Ihre Positionen waren nach dem Zweiten Weltkrieg zunächst eindeutig von der
langen deutschen fremdenverkehrsgeographischen Tradition bestimmt. Die von JACOB
1965 in Dresden organisierte „Internationale Informationstagung zur Geographie des
Fremdenverkehrs" bedeutete eine erste Bestandsaufnahme und einen nützlichen Erfah-
rungsaustausch (vgl. Wiss. Abh. der Geogr. Ges. der DDR, Bd. 6, 1968).

Angesichts der zu beobachtenden Zunahme der inländischen Reisen und Erholungsauf-
enthalte und vor allem mit dem Blick auf das in der DDR politisch gewollte, verfassungs-
rechtlich verankerte, staatlich subventionierte und maßgeblich von den Gewerkschaften
und Betrieben getragene Erholungswesen – seine Entwicklung bis zur politischen „Wende"
1989/90 haben G. ALBRECHT u. a. 1991 ausführlich beschrieben – traten neue Problem-
felder auf den Plan. Das „gesellschaftliche Sein" verlangte seinen Tribut und bestimmte
auch in diesem Fall das „gesellschaftliche Bewußtsein", prinzipiell nicht anders als bei den
Geographen in den marktwirtschaftlich orientierten westeuropäischen Ländern.

Es ist hier weder der Platz, die Entwicklungsetappen von Erholungswesen und Tourismus in der DDR nochmals nachzuzeichnen, noch die Leitung und Organisation oder die
Rechtsfragen des Erholungswesens zu erörtern (vgl. dazu die umfassende Darstellung von
OEHLER u. a. 1989). Im Vordergrund sollen vielmehr die Entwicklungslinien der geogra-
phischen Forschung auf diesem Gebiet und deren Ergebnisse stehen. Auf der Dresdener
Tagung von 1965 zeichneten sich bereits einige Forschungsstandorte ab, an denen seitdem
mehr oder weniger konstant gearbeitet worden ist: in erster Linie die Hochschule für
Verkehrswesen und die Pädagogische Hochschule in Dresden, die Humboldt-Universität in
(Ost-)Berlin sowie die Universität Greifswald.

JACOB vertrat 1965 in Dresden die Auffassung, die seinerzeit jüngeren Arbeiten im
deutschsprachigen Bereich hätten mit wenigen Ausnahmen keine neuen Grundgedanken
zum Gegenstand und zur Aufgabenstellung der Geographie des Fremdenverkehrs gebracht,
die nicht schon in früheren Arbeiten einmal geäußert worden wären. Das war disziplin-
geschichtlich zutreffend. Er stellte dort ein *Modell zur regionalen Geographie des Frem-*
*denverkehrs"* vor und definierte: „Die Geographie des Fremdenverkehrs untersucht die
räumliche Verteilung des Fremdenverkehrs, seine natürlichen Grundlagen in den für Erholungszwecke und Tourismus geeigneten Orten und Gebieten und die zwischen dem Fremdenverkehr und den Fremdenverkehrsorten und -gebieten bestehenden Wechselwirkungen
und -beziehungen. Die Geographie des Fremdenverkehrs ist somit in erster Linie eine
Geographie der Fremdenverkehrsorte und -gebiete" (1968 a, S. 19). Damit blieb er im
wesentlichen auf der Position POSERs.

Nach der Dresdener Tagung – das kennzeichnet den damaligen Fluß der Diskussion –
lautete JACOBs „kürzere" Formulierung (1968 b, S. 51): „Die Geographie des Fremdenver-

kehrs untersucht die räumliche *Struktur* des Fremdenverkehrs, die Bedingungen und Besonderheiten seiner Entwicklung in den einzelnen Ländern, Gebieten und Orten" oder, um es noch kürzer zu sagen: „Die Geographie des Fremdenverkehrs untersucht den Fremdenverkehr als Faktor *territorialer Produktionskomplexe* (Wirtschaftsräume bzw. -gebiete)". Mit dem Ersatz des Wortes „Verteilung" durch „Struktur" und der Übernahme des Begriffes „territorialer Produktionskomplex" meinte JACOB, den Ansatz für eine von ihm vertretene marxistische Position und eine Abgrenzung von „bürgerlichen" Auffassungen gefunden zu haben.

Bezeichnend für die damalige Situation war zudem JACOBs Forderung, die fremdenverkehrsgeographischen Arbeiten unmittelbar bis an die Erholungsplanung heranzuführen. Die anstehenden Aufgaben reichten von der Bestandsaufnahme und kartographischen Erfassung des Ist-Zustandes über die Untersuchung der geographischen Faktoren bei der Planung, Erschließung und Rekonstruktion von Erholungsgebieten und -standorten bis zur Grundlagenforschung über die Methodik fremdenverkehrsgeographischer Untersuchungen. Eine große Zahl dieser Aufgaben wurde damals in den sog. Praxisbereichen, z. B. den Büros für Stadt- und Dorfplanung, für Städtebau bzw. für Territorialplanung bei den Bezirksverwaltungen, gelöst. Hier haben tatkräftige Geographen und Landschaftsgestalter interessante Forschungsansätze erarbeitet, z. B. FESTERSEN für den Bezirk Neubrandenburg, GEYER im Bezirk Magdeburg, MAROLD und v. STENGLIN im Bezirk Rostock. MAROLD erarbeitete 1963 die erste Bewertungsmethodik für die Eignung der ostdeutschen Küste und ihres Hinterlandes für die Erholung (s. S. 117/118).

Unter den 1965 formulierten Aufgaben befindet sich auch die, den Fremdenverkehr im geplanten Nationalatlas der DDR kartographisch zu erfassen. Diese Karte erschien dann 1980 als Blatt 47 des „Atlas Deutsche Demokratische Republik" unter der Überschrift „Erholungswesen und Tourismus". NOACK, KUGLER und MÜLLER waren die Autoren, JACOB der Hauptredakteur dieser thematischen Karte, die die Haupttypen des Fremdenverkehrs, das Erholungswesen (d. h. die Rekreationsfunktion) und den Tourismus, mit qualitativen Aussagen der Verkehrserschließung und der natürlichen Bedingungen (Relief, Hydrographie, Wald) verbindet. Unterschieden werden Erholungsgebiete für überwiegend kurzfristigen und überwiegend langfristigen Aufenthalt und Erholungsstandorte in qualitativer und quantitativer Differenzierung. Bei allen Mängeln, die man nennen könnte – z. B. wurde allein der Charakter des Reliefs als Angabe zur Nutzungseignung von Flächen für Erholungszwecke eingesetzt –, stellt diese Karte Aussagen zur Verfügung, die woanders in Deutschland nicht in solcher Zusammenschau für einen Raum von über 100 000 km$^2$ verfügbar sind.

Im Rahmen der rekreationsgeographischen Forschung in der DDR befaßten sich Dresdener Geographen u. a. auch mit der Bestimmung des Erholungswertes von Landschaften (HARTSCH 1968, 1970), mit einem Modell der Naherholung im Raum Dresden (WEHNER u. a. 1968) sowie mit der Bedeutung des Verkehrs für die Erholung (ZSCHECH 1975, 1980).

An der *Berliner Humboldt-Universität* standen die von RUMPF und ZIMM vorgenommenen Untersuchungen (vgl. RUMPF u. ZIMM 1972) unter dem Leitgedanken der räumlichen Beziehungen zwischen Arbeiten, Wohnen und Naherholung im Ballungsgebiet der Hauptstadt (Ost)Berlin und erfaßten in erster Linie das nördliche, östliche und südliche, weniger das westliche Umland der Stadt. Wie insbesondere die Arbeit von STREHZ (1984) darlegte, war es Ziel der Forschungen, zur Optimierung der drei Grundvoraussetzungen eines Erholungsgebietes beizutragen. Ein geeignetes natürliches Dargebot, ein vorhandenes oder ausbaufähiges gesellschaftliches Dargebot und das Verkehrsdargebot, das Wohn- und Erholungsgebiet verklammert, standen dabei im Vordergrund.

Auf der Dresdener Tagung 1965 meldeten sich auch Greifswalder Vertreter zu Wort: BENTHIEN zu „Siedlungsgeographischen Auswirkungen des Fremdenverkehrs an der Ostseeküste der DDR", v. KÄNEL zur „Beschäftigtenstruktur Rügenscher Bädergemeinden", GEHRKE zum „Fremdeneinzugsgebiet des Badeortes Binz" und SCHMIDT zu „Landschaftsschutz und Fremdenverkehr im Mecklenburgischen Binnenland".

Dabei befand sich das nördliche Zentrum rekreationsgeographischer Forschung in der DDR, das Geographische Institut bzw. (von 1968 bis 1990) die Sektion Geographie der Ernst-Moritz-Arndt-Universität Greifswald, damals erst im Anfangsstadium einer dann über fast drei Jahrzehnte hindurch und auch über die „Wende" von 1989/90 hinweg kontinuierlich betriebenen Forschungsrichtung. Die Arbeitsergebnisse der Greifswalder rekreationsgeographischen Forschungsgruppe (und auch deren inhaltliche Weiterentwicklung und internationale Einbindung) lassen sich im Detail in den beiden Veröffentlichungsreihen „Greifswalder Geographische Arbeiten" (Heft 1, 1980; Heft 4, 1987) und „Greifswalder Beiträge zur Rekreationsgeographie/Freizeit- und Tourismusforschung" (Bände 1 bis 7, 1991 bis 1996) verfolgen.

Wichtigstes theoretisches Ergebnis der im Laufe der Zeit mit zahlreichen Fallstudien untersetzten Arbeit war das erstmalig 1991 von BENTHIEN veröffentlichte und später mehrmals vertiefte „Modell Rekreationsgeographie" (Abb. 1). Es faßt den gesellschaftlichen Ausgangspunkt (Erholung und Tourismus als Bedürfniskomplex der Menschen in ihrer Freizeit), die theoretische Grundkonzeption oder das Basismodel (territoriales oder räumliches Rekreationssystem TRS), die wesentlichen Forschungsfelder und Lehrinhalte (die räumlichen Voraussetzungen und Auswirkungen der Erholungsnutzung) und die wichtigsten methodischen Schritte zu theoretisch wie planerisch verwertbaren Synthesen (Klassifizierung, Typisierung, Regionierung, Bilanzierung und Modellierung) mit weiteren Ergebnisformen, z. B. der touristischen Literatur, in *einer* übersichtlichen Darstellung zusammen.

Dieses Denkmodell, zunächst unter planwirtschaftlichen Verhältnissen konzipiert, ist dank seiner weitgehenden Abstraktion von konkreten Räumen eindeutig auch unter marktwirtschaftlichen Bedingungen anwendbar (vgl. HELFER 1993), wenn man die jeweiligen gesellschaftlichen Rahmenbedingungen (vgl. S. 39) berücksichtigt.

Wie die Abb. 1 zeigt, gliedert es sich in vier Teilmodelle. Deshalb sind, bevor auf die rekreationsgeographischen Forschungsfelder im einzelnen eingegangen werden kann, noch einige nähere Erläuterungen zum Aufbau des Modells als Ganzes und zu inhaltlichen Aspekten der vier Teilmodelle notwendig.

*Teilmodell A* erläutert, kurz gesagt, das gesellschaftliche Erfordernis, das Daseinsgrundbedürfnis nach Erholung, aus dem ein individueller Erholungsbedarf resultiert, der innerhalb der verfügbaren verhaltensbeliebigen Freizeit als Nachfrage an eine bestimmte geographische Örtlichkeit oder Region, in erster Linie nach Erholung im Freien, in Erscheinung tritt. Das geographische Interesse richtet sich vorrangig auf zwei Fragen:

1. Wann kann Freizeit überhaupt für die Befriedigung von Erholungsbedürfnissen genutzt werden?

2. Wo können Erholung, speziell Erholung im Freien, und Tourismus stattfinden?

Letzteres ist die entscheidende Frage, denn sie orientiert sich auf die geographischen Örtlichkeiten und Räume, die für Erholungszwecke und touristische Aktivitäten als Zielgebiete relevant sind.

Zur ersten Frage: Nur ein bestimmter Teil der „Nichtarbeitszeit", nämlich die „frei verfügbare" oder „verhaltensbeliebige Zeit" kann für Zwecke der Erholung genutzt werden. JURCZEK (1981, S.45–49) erläutert unter Bezugnahme auf eine umfangreiche Literatur diesen Sachverhalt, insbesondere mit dem Blick auf die Naherholung. Er macht zugleich deutlich, daß es notwendig ist, „Naherholung" und „Fremdenverkehr" durch einen gemeinsamen Oberbegriff zusammenzufassen, was nach unserem Verständnis durch die Begriffe „Erholung" oder synonym „Rekreation" möglich ist.

Die zweite Frage, wo Erholung und speziell Erholung im Freien („outdoor recreation") stattfinden kann, beantwortet sich nach den bisher gewonnenen Erfahrungen folgendermaßen: Während der Tagesfreizeit und insbesondere am Feierabend (die Arbeitspausen als unter Umständen auch verhaltensbeliebige Zeit werden hier wegen geringer Bedeutung ausgeklammert) werden Wohnbereich und Wohnumfeld genutzt, also *intralokale* Möglichkeiten wie Hausgärten, Grünanlagen, Parks und Sportanlagen.

Am Wochenende bzw. für andere mehrtägige Freizeiten kommen die interlokalen bzw. auch die *intraregionalen* Möglichkeiten in Betracht. Das sind u. a. Kleingartenanlagen und Freizeithaussiedlungen des Umlandes von Städten, von diesen aus erreichbare Seen- und Waldgebiete (eindrucksvolle Beispiele sind der Spreewald, die Lüneburger Heide oder das Neue Fränkische Seenland) sowie Örtlichkeiten mit Sehenswürdigkeiten und Freizeitangeboten unterschiedlichster Art.

Für die längerfristige Erholung, den Urlaub oder die Ferien, stehen die Meeresküsten an erster Stelle, dann die Seen- und Waldlandschaften sowie die Gebirge (Mittel- und Hochgebirge), möglichst in Kombination miteinander (so daß Hochgebirge wie die Alpen mit Seen in einer Reihe von Tälern und Wäldern bis in höhere Lagen die höchste Attraktivität aufweisen). Die Urlaubserholung spielt sich demzufolge *interregional und international* ab, um diese von JURCZEK verwendeten Begriffe aufzunehmen.

Es darf jedoch nicht übersehen werden, daß die Realisierbarkeit der Erholungsbedürfnisse von verschiedenen Rahmenbedingungen abhängig ist, z. B. vom Vorhandensein bezahlter Freizeit (fehlt in vielen Entwicklungsländern), vom Umfang und der (jahreszeitlichen) Verteilung der Freizeit (etwa in Abhängigkeit von Tarifabschlüssen, Betriebs- und Schulferien u. ä.) sowie von der einsetzbaren Kaufkraft. Daneben spielen Bildungsstand, persönliche Interessen und individueller Lebensstil eine Rolle, auch die eigene Mobilität (subjektiv und objektiv). Erst aus den realisierbaren Bedürfnissen ergibt sich ein mengen- und qualitätsmäßig bestimmbarer Bedarf, der auf dem Markt als Nachfrage in Erscheinung tritt.

*Teilmodell B* stellt das eigentliche rekreationsgeographische Basismodell dar. Es widerspiegelt die räumlichen Beziehungen, Verflechtungen und Kopplungen („Relationen"), die innerhalb eines bestimmten, als System aufgefaßten Territoriums (als eines nach außen gegen seine „Umgebung" im systemtheoretischen Sinne abgrenzbaren Gebietes) zwischen den verschiedenen erholungsrelevanten „Elementen" bzw. „Subsystemen" wirksam sind, und die Steuerimpulse, die sich, ausgelöst durch Informationen, letzten Endes in einem touristischen Angebot niederschlagen müssen. Die äußere Begrenzung des Teilmodells (ausgezogene Linie) wird somit als Begrenzung eines beliebig dimensionierten Territoriums aufgefaßt, in welchem infolge eines in seiner „Umgebung" vorhandenen Erholungsbedarfs und auf Grund der in diesem Territorium gegebenen Voraussetzungen für die Erholung eine auf die Nachfrage gegründete, mehr oder weniger umfangreiche rekreative oder touristische Nutzung erfolgt.

Über das Wechselspiel von Nachfrage und Angebot ist jedes räumliche oder territoriale Rekreationssystem (TRS) mit seiner Umgebung verbunden. „Umgebung" braucht nicht der dem System unmittelbar benachbarte Bereich zu sein. Das wäre wohl nur bei der Feierabenderholung der Fall. „Umgebung" kann auch jeder entfernter gelegene Raum sein, von dem aus als „Quellgebiet" ein bestimmter Erholungsbedarf auf einen Ort oder eine Region als „Zielgebiet" gerichtet ist. Das TRS verknüpft in Gestalt externer Relationen Quell- und Zielgebiete miteinander. Im kybernetischen Sinne handelt es sich dabei um Inputs, die in das TRS hineinführen. Es gibt aber auch nicht zu unterschätzende Outputs. Das sind vor allem die Informationen, die Besucher nach Beendigung ihrer Freizeitaktivitäten aus ihm hinaustragen. Je nachdem, wie die Besucher das Funktionieren des TRS erlebt haben, fallen solche Informationen positiv oder negativ aus und erweisen sich in beiden Richtungen als höchst werbewirksam oder gar abträglich.

Die innere Struktur des territorialen Rekreationssystems wird aus einer bestimmten Menge von Elementen gebildet, die jeweils zugleich den Charakter von Subsystemen haben: den natürlichen und anthropogenen Geokomplexen, der Infrastruktur, den wirtschaftlichen Unternehmen und ihren Verbänden. Im Mittelpunkt des TRS stehen die Erholungsuchenden, die „Erholer", Besucher, Gäste, Touristen oder Rekreanten, wie immer man sie nennen mag. Sie streben verschiedene Formen der Erholung an, sie können zwischen mehreren Orten und/oder Gebieten eine Entscheidung treffen. Sie sind die Konsumenten der angebotenen touristischen Produkte, in die die natürlichen Gegebenheiten ebenso eingehen wie die Leistungen der verschiedenen Anbieter und die von Staat und Gemeinden oder auch von privaten Unternehmern finanzierte und betriebene Infrastruktur.

Das TRS wird durch vielfältige interne Relationen charakterisiert, die jeweils eine bestimmte Richtung und Intensität aufweisen. Auch das sind in erster Linie Nachfrage- bzw. Angebotsbeziehungen. Als Steuerungsmechanismen der „inneren Struktur" des TRS wirken die Tourismuspolitik auf verschiedenen Ebenen, das Marketing, die Werbung und auch die Medien. Die Angebote werden sowohl durch die individuellen wirtschaftlichen Möglichkeiten der Anbieter als auch von der meistens saisonabhängigen betriebswirtschaftlichen Rentabilität der Unternehmen beeinflußt. Schließlich ist zu betonen, daß sich alle Subsysteme und damit auch das TRS als Ganzes in der Zeit verändern.

*Teilmodell C* befaßt sich mit den Inhalten und Methoden der rekreationsgeographischen Forschung. Hier stehen – wie bereits erwähnt – die räumlichen Voraussetzungen und die räumlichen Auswirkungen der rekreativen bzw. touristischen Nutzung von Örtlichkeiten, Gebieten oder Regionen im Vordergrund. Diese „geographischen Forschungsfelder" bilden zusammen mit der Erläuterung der wichtigsten Arbeitsmethoden das Kernstück der folgenden Ausführungen (Kapitel 3 und 4).

*Teilmodell D* beschreibt die angestrebten Ergebnisformen innerhalb eines Spektrums, das von der auf Theorie oder Praxis orientierten Grundlagenforschung über die angewandte Forschung zu konkreten Aufgaben, etwa der regionalen Planung, bis zur populärwissenschaftlichen Literatur reicht (Kapitel 5).

# 3.
# Die Hauptfelder rekreationsgeographischer Forschung und Lehre

## 3.1
## Die räumlichen Voraussetzungen für Erholung und Tourismus

Unbestritten ist, daß Erholung und Tourismus von den Gegebenheiten des geographischen Raumes abhängen und ihrerseits diesen Raum beeinflussen. „Tourismus ... ist ein *raumgebundenes* und zugleich *raumprägendes Phänomen*, das Strukturen und Funktionen von Räumen verändert und zugleich eigenständige Funktionsgefüge und Interaktionsräume aufbaut" (UTHOFF 1988, S. 3). Die Frage lautet: *Weshalb stehen bestimmte geographische Räume so in der Gunst der Erholungsuchenden und Reisenden, daß sie zu Zielgebieten der touristischen Nachfrage werden? Was zeichnet sie vor anderen Räumen aus?*

Diese Frage wissenschaftlich zu beantworten bedeutet, die spezifischen geographischen Eigenschaften derartiger Räume aufzuspüren, meßbar zu machen und somit qualitativ und quantitativ darzustellen. Sicher spielt bei der Entscheidung des einzelnen für ein bestimmtes Ziel, sei es ein Ort oder eine Region, Subjektives eine große Rolle, und dabei sind auch „gruppenspezifische raumrelevante Verhaltensweisen" (UTHOFF, a. a. O.) im Spiel. In jedem Falle ist eine subjektive Wertung des angebotenen Natur- und Kulturraumpotentials als „erholsam", „erlebnisreich" oder „attraktiv" vorauszusetzen. Wenn jedoch Räume mit bestimmten Eigenschaften von einer großen Zahl von Menschen immer wieder aufgesucht werden, so ist anzunehmen, daß diese auch objektiv über bestimmte rekreative oder touristisch interessante Eigenschaften verfügen.

Diese räumlichen Voraussetzungen für Erholung und Tourismus sind das erste und neben den räumlichen Auswirkungen auch wichtigste Forschungsfeld der Rekreationsgeographie (vgl. Abb. 1, Teil C). Im einzelnen handelt es sich dabei um

– die räumlich differenzierte Verteilung des *Rekreationsbedarfs* als das auslösende Moment der Wechselbeziehungen zwischen Quell- und Zielgebieten, der „Fremdenverkehrsströme";

– das *Rekreationspotential*, das sich in der natürlichen wie auch in der gebauten Umwelt der von Erholern und Touristen aufgesuchten Orte und Gebiete ausdrückt und von ihnen als erholsame oder erlebnismäßige „Attraktivität" empfunden wird;

– die *Rekreationskapazität* oder das Aufnahmevermögen, das sich in den Zielorten im Wechselspiel von Nachfrage und Angebot herausbildet und sich vor allem in der Infrastruktur der Zielgebiete, in erster Linie in den Beherbergungsmöglichkeiten, den gastronomischen und den tourismusspezifischen Dienstleistungseinrichtungen ausdrückt;

– die *Erreichbarkeit* der Zielorte und -gebiete, die sowohl für die Naherholung als auch die Fernerholung unter dem Aspekt der wirtschaftlichen und zeitlichen Möglichkeiten der Besucher eine wesentliche Rolle spielt.

## 3.1.1.
## Die räumlich differenzierte Verteilung des Rekreationsbedarfs und die Quell- und Zielgebiete

Vorausgeschickt sei die Feststellung: Der Bedarf ist eine ökonomische Kategorie. Darunter werden die Bedürfnisse verstanden, die auf Grund der Kaufkraft befriedigt werden können. Der Bedarf wird zur Nachfrage, wenn er auf dem Markt tatsächlich wirksam wird. Die Nachfrage kann erst dann befriedigt werden, wenn auf dem Markt auch das entsprechende Angebot vorhanden ist. Damit wird das Angebot zum Ausdruck der am Markt wirksamen Produkte.

Diese Kurzformel volkswirtschaftlicher Grundzusammenhänge gilt auch für die Rekreation und den Tourismus. Dabei stellen die touristischen Produkte, wie bereits hervorgehoben, immer eine Kombination von Erholung und Erlebnis dar. Art und Umfang des Bedarfs einer Bevölkerung nach Erholungs- und Reisemöglichkeiten im einzelnen zu ergründen, ist eher Aufgabe der Soziologie, Psychologie und Ökonomie als der Geographie. Es genügt uns zu wissen, daß die Bedarfsstruktur sowohl von den unterschiedlichen Bedürfnissen der Menschen als auch ihren verfügbaren Freizeitbereichen, den erstrebten Erholungsformen, den einsetzbaren finanziellen Mitteln und nicht zuletzt auch vom vorhandenen Angebot an Erholungsmöglichkeiten beeinflußt wird. Aus geographischer Sicht ist wichtig, wo dieser Bedarf entsteht, welche Quellgebiete als Ausgangspunkte von Fremdenverkehrsströmen, d. h. rekreationsräumlicher Beziehungen, in Betracht kommen, und auf welche Zielgebiete diese Ströme gerichtet sind.

Das schließt einige Überlegungen zum Zustandekommen des Bedarfs nicht aus. Seine objektive Grundlage hat der Erholungsbedarf, allgemein gesprochen, in den physiologischen Erfordernissen des menschlichen Organismus. Durch die Belastung während der täglichen Arbeit tritt, medizinisch gesehen, eine Ermüdung ein, die teilweise während der Arbeitspausen und am Feierabend aufgehoben wird. Der Organismus kehrt in einen Zustand der Entmüdung zurück. Nach fortgesetzter Anspannung während der Arbeitswoche bedarf es der Freizeit am Wochenende, um den Organismus wieder in einen Zustand der Entspannung zurückzuführen. Nach monatelanger angestrengter Arbeit ist es der Urlaub, der den Organismus aus dem Zustand der Abspannung, d. h. dem Gefühl und dem Zustand des Versagens aus übersteigerter Anspannung, herausbringen und über eine längere Zeit, mindestens ein halbes Jahr lang anhaltende normale Reaktionsabläufe wiederherstellen kann (vgl. WILMES 1979, S. 13).

Von medizinischer Seite wird Erholung somit als Kompensation der Abgespanntheit und Erschöpfung mit dem Ziel der Wiederherstellung der Leistungsfähigkeit oder als „anhaltende Normalisierung gestörter physiologischer Regulationsmechanismen" definiert (HITT-MAIR 1971, S. 226). Ärzte meinen, es sei falsch und gefährlich, in der Tourismusforschung das gesundheitliche Moment gegenüber dem sozialen zu vernachlässigen oder es gar auszuschalten. Damit wird die persönliche Gesunderhaltung des Menschen als ein Ziel individueller Erholungsaktivitäten betont. Sicher gibt es weitere Motive und Ziele.

Wenn hier von Gesundheit gesprochen wird, dann im Sinne der Weltgesundheitsorganisation (WHO), welche „Gesundheit" als einen „Zustand vollkommenen körperlichen, geistigen und sozialen Wohlbefindens, nicht nur der Abwesenheit von Krankheit und Schwäche" definiert. Das erscheint uns eine sehr weit gespannte, wenn nicht gar illusionäre Vorstellung zu sein. Aber Mediziner sehen besonders darin eine Beziehung zwischen Gesundheit und freier Zeit, daß in der freien Zeit Gesundheit durch eigene Leistung und eigenes bewußtes Verhalten „produziert" werden kann. Krankheiten vorzubeugen kann unter anderem ein Ergebnis richtiger Freizeit- und Urlaubsgestaltung sein, unterschiedlich für körperlich und geistig Arbeitende. Hingewiesen wird auch auf die Menschen, die durch eine falsche Freizeitgestaltung oder dadurch, daß sie sich überhaupt keine Freizeit gönnen (was in der „Leistungsgesellschaft" durchaus nichts Ungewöhnliches ist), gefährdet sind.

Die Erhaltung und Wiederherstellung der Gesundheit bildet somit einen Teil der Erholungsbedürfnisse. Daraus resultiert ein ständiger, ubiquitärer Bedarf an Feierabend- und Wochenenderholung unter den gegebenen sozialen und geographischen Bedingungen des Wohnortes der betreffenden Menschen und dessen näheren oder weiteren Umlandes. Dafür wird unter räumlichem Blickwinkel der Begriff „Naherholung" verwandt. Mit Urlaubserholung sind für die Menschen in den entwickelten Ländern in der Regel Reisen über größere Entfernungen und Aufenthalte in einer anderen geographischen Umwelt mit oft ganz andersartigen klimatischen, landschaftlichen und kulturellen Einflüssen verbunden, als sie die Heimat bietet. Das begründet den Begriff „Fernerholung" dafür. Die Erholungsuchenden halten sich im Urlaub außerdem auch viel mehr im Freien und in der freien Natur auf und sind auf diese Weise auch den klimatischen Reizen viel stärker ausgesetzt. So bietet auch der Tourismus als die durch Mobilität und häufige Ortsveränderung gekennzeichnete Art der rekreativen Freizeitgestaltung vielfältige Entspannungsmöglichkeiten für das vegetative Nervensystem, zu dessen Aufgaben u. a. die Bereinigung von Streßsituationen gehört.

Auch zur Dauer eines der Gesunderhaltung zuträglichen Urlaubs gibt es nur eine Meinung: „Ein mindestens dreiwöchiger, besser vierwöchiger Urlaub erweist sich ... bei allen technifizierten, automatisierten und in geschlossenen Räumen ausgeführten Berufen als präventiv und auch therapeutisch notwendig, um die verbreiteten Funktionsstörungen von Kreislauf, Atmung, Stoffwechsel und Tagesrhythmus (Schlafstörungen) nicht manifest werden zu lassen ..." (WILMES 1979, S. 112). Für die sich am Neurovegetativum abspielende Erholung ist der mehrphasige Verlauf der Urlaubsperiode zu beachten: Sofortreaktionen in den ersten Stunden, Anpassungsreaktionen am zweiten bis fünften Tag sowie Umstellungsreaktionen am Ende der zweiten und zu Beginn der dritten Urlaubswoche.

Beachtet man ferner die Hauptprinzipien einer zweckmäßigen Erholung, nämlich neben der Veränderung des Milieus und der Ausnutzung gesundheitsfördernder klimatischer Faktoren aktive Erholung durch Wechsel der gewohnten Tätigkeit, die Anwendung hygienischer Maßnahmen wie Gymnastik, Bäder und zweckmäßige Ernährung sowie Einhaltung eines geregelten 24-Stunden-Rhythmus mit ausreichender Schlafdauer, dann wird auch eine optimale Koordination zwischen sensomotorischen Vorgängen und vegetativen Mechanismen bewirkt. Zunahme und Ausbreitung schädlicher Zivilisationseinwirkungen lassen es als prophylaktisch vorteilhaft erscheinen, auch Entspannungsurlaub und Freizeitgestaltungen nach den Grundsätzen der Erholung auszurichten.

Es sind demnach physiologische Erfordernisse, die primär einen Erholungsbedarf bedingen. Aber sie sind nicht die einzigen auslösenden Momente für touristische Aktivitäten. Es gibt derer eine größere Anzahl. Bei der Erarbeitung von Urlaubertypologien werden die in erster Linie erlebnisorientierten Motive deutlich, wenn auf der Nachfrageseite „eine möglichst zielgruppengenaue Zusammenführung der jeweiligen Teilnehmer" bewirkt werden soll (vgl. SCHRAND 1993, S. 547). Distanz zum Alltag, Wunsch nach Naturnähe, Suche nach Freiheit und Ungestörtsein, nach Gruppenerlebnissen ebenso wie nach individuellem Antinormverhalten, nach Bildungsgewinn oder Gelegenheit zum Zurschaustellen des eigenen Leistungsvermögen sind einige der Motive, die in der Freizeit touristische Aktivitäten unterschiedlichster Art hervorrufen. Auf die davon ableitbare Typologie der Urlauber wird noch zurückzukommen sein (Kapitel 4.2.).

Doch zurück zur geographisch wichtigsten Frage: Wo entsteht und konzentriert sich der Erholungsbedarf? Es ist zunächst naheliegend, den räumlich differenzierten Umfang des Bedarfs mit der vorhandenen Bevölkerungsverteilung in Zusammenhang zu bringen. In den großstädtischen und weiträumigen industriellen Ballungsgebieten, wo die Bevölkerung am konzentriertesten und häufig auch unter ungünstigen Umweltbedingungen lebt, entsteht der zahlenmäßig größte Bedarf. Diese Gebiete stellen die wichtigsten Quellgebiete von Erholungsuchenden und „Freizeitern" dar und sind demzufolge auch die Zielgebiete der Werbung der Tourismusunternehmen. Neuerdings ist aber auch ein Anwachsen des Bedarfs in kleinstädtischen und ländlichen Siedlungen mit relativ geringer Bevölkerungskonzentration zu erkennen.

Der nach Art, Umfang und Quellgebieten erfaßte Erholungsbedarf wirkt als Input auf die als territoriale Rekreationssysteme (TRS) verstandenen Orte und Gebiete, die Zielgebiete der Erholungsuchenden, in der Weise ein, wie es KRZYMOWSKA-KOSTROWICKA (1980) in einem Flußdiagramm (Abb. 8) darstellte: Beim TRS kommt in einer bestimmten Zeit t (t kann aufeinanderfolgende Jahre oder Monate bzw. auch kürzere Zeiträume wie etwa Urlauberdurchgänge bedeuten) ein Strom potentieller Erholungsuchender mit Bedürfnissen nach einer bestimmten Erholungsform an. Das TRS, das über viele „Betreuungskanäle" (Einrichtungen) verfügt, z. B. über Hotels, Ferienheime, Privatquartiere, Campingplätze usw., die bestimmte Angebote machen, welche sich wiederum aus verschiedenen Elementen zusammensetzen, kann die Bedürfnisse der Rekreanten teilweise befriedigen, teilweise aber nicht. Ein Teil des Bedarfs wird gedeckt; diese Rekreanten kehren „erholt" in ihre Wohnorte zurück. Der nicht abdeckbare Teil des Bedarfs wird gegebenenfalls auf andere TRS umgelenkt. Ein konkretes Beispiel: Camper fahren, wenn ihr Wunschplatz besetzt ist, zum nächsten Campingplatz.

Auf die Intensität der Betreuung in den einzelnen „Kanälen", d. h. die Angebote, kann vor allem durch einen entsprechenden Einsatz der Investitionen eingewirkt werden, auch durch administrative Einflüsse. Ziel der Steuerung des TRS ist immer das Bestreben, ein Gleichgewicht zwischen Nachfrage und Angeboten zu wahren bei gleichzeitiger Berücksichtigung der Einschränkungen, die ein rationeller Umgang mit den Ressourcen der natürlichen Umwelt erfordert. Eine Einflußnahme auf die Größe des Stroms der Erholer ist schwierig, weil dieser die Funktion vieler steuerbarer Faktoren (z. B. aller Elemente der Infrastruktur wie Übernachtungs-, Verpflegungs- und Transportmöglichkeiten, unmittelbare Dienstleistungen u. ä.) als auch schwer oder nicht steuerbarer Faktoren (wie physischgeographische Bedingungen, historische Schätze, Attraktivität u. ä.) vereint.

Damit werden schon die großen Schwierigkeiten deutlich, die dem Aufbau eines mathematischen Modells eines TRS (anstelle des von uns benutzten Denkmodells) im Wege stehen:

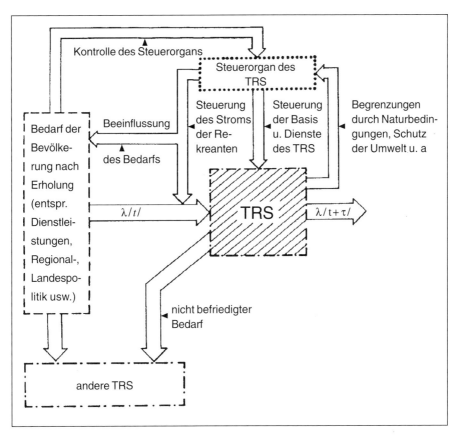

Abbildung 8
Schema des Funktionierens eines territorialen Rekreationssystems (TRS)
(KRZYMOWSKA-KOSTROWICKA 1980)

1. die Bestimmung der maximal bestehenden Möglichkeiten zur Aufnahme von Rekreanten als Funktion der entsprechenden Faktoren und Einschränkungen,
2. die Bestimmung der Größenordnung des Stroms potentieller Erholer, d. h. des Bedarfs, der auf ein bestimmtes TRS gerichtet ist,
3. die Formulierung einer Optimierungsaufgabe, die verknüpft sein müßte mit den Problemen der Steuerung des TRS, der Intensität der Betreuung (dem Charakter der Angebote) als auch der Intensität des Stromes der Erholer unter Beachtung der zusätzlichen Einschränkungen, die sich aus den Erfordernissen des Umweltschutzes, anderer Wirtschaftsformen sowie aus bestimmten Anforderungen administrativer und rechtlicher Natur herleiten.

Alles in allem ergibt sich sowohl aus den praktischen Erfahrungen als auch aus diesen theoretischen Überlegungen: Eine Vorausberechnung des konkreten Erholungsbedarfs, der unter bestimmten jahreszeitlichen und witterungsmäßigen Bedingungen auf eine bestimmte geographische Örtlichkeit gerichtet ist, stellt eine bisher noch ungelöste Aufgabe dar. Gegenwärtig ist es immer noch die auf dem Markt erkennbare Nachfrage, der tatsächlich anreisende Strom von Rekreanten und Touristen, der den Bedarf zum Ausdruck bringt, d. h. der konkrete „Erholungsdruck". Dabei wäre es für die Praxis sehr wünschenswert, wenn von geographischer Seite aus der Analyse von Quellgebieten Vorhersagen über den zu erwartenden Zustrom von Erholungsuchenden gemacht werden könnten. Das gilt nicht zuletzt auch für den „sekundären" Tourismus, d. h. für Fahrten, die Besucher von ihren Urlaubsorten aus als Quasi-Naherholer unternehmen.

In der globalen Dimension veranschaulichen zwei Kartogramme von LOZATO-GIOTART (1993) sowohl die hauptsächlichen Ströme des internationalen Tourismus als auch dessen wichtigste Quellgebiete in der Mitte der 90er Jahre (Abb. 9 und 10). Sie zeigen, daß es in dieser Dimension – aber gleiches gilt auch für die nationale, regionale und lokale Dimension – keine einfache Beziehung zwischen Dichtegebieten der Bevölkerung und Aufkommensgebieten des touristischen Bedarfs gibt. Der Bedarf erweist sich ganz deutlich als eine sozialökonomisch beeinflußte Kategorie, für dessen räumliche Differenzierung ein Bündel von Ursachen verantwortlich ist. Für seine Realisierbarkeit spielen die „Rahmenbedingungen" (vgl. S. 39) die ausschlaggebende Rolle: Umfang und Verteilung der (bezahlten) Freizeit, verfügbare Kaufkraft, Bildungsstand und Persönlichkeitsstruktur, Mobilität, Interessen und Lebensstil, um nur die wichtigsten zu nennen.

## 3.1.2.
## *Die räumliche Differenzierung des Rekreationspotentials*

Zur Befriedigung des Erholungsbedarfs wie zur Gestaltung entsprechender Angebote steht das Rekreationspotential als ein Teil des Kulturlandschaftspotentials zur Verfügung. Es wird hier von „Kulturlandschaftspotential" gesprochen, denn das Rekreationspotential einer Örtlichkeit oder eines Gebietes umfaßt stets natur- und kulturräumliche Elemente, nämlich die natürliche und die gebaute Umwelt in ihrer Ganzheit. „Potential" drückt die Eignung und eine darauf gegründete Möglichkeit der Nutzung einer Erdgegend für rekreative und touristische Zwecke aus. Ob die „Erholungseignung" quantitativ als „Erholungswert" meßbar gemacht werden kann, ist ein später zu erörterndes methodisches Problem.

Zum Rekreationspotential einer Landschaft – von wenigen Ausnahmen abgesehen ist es immer eine Kulturlandschaft – gehören alle Faktoren mit einer Bedeutung für Erholung und Tourismus. Aus den vielen vorliegenden Arbeiten resümiert z. B. BARTH (1995, S. 143) als wesentliche Kriterien einer Erholungseignung u. a. Reliefenergie, Bodendeckenzusammensetzung in naturnaher Farbabwechslung, Bioklima, Luftreinheit und Lärmarmut, Vielfalt naturnaher Ränder – wie Waldränder, Hecken, Baumgruppen, Gewässerränder –, kleinstrukturierter Wechsel der Flächennutzung, Waldanteil, Vielfalt der Gewässerarten, Abwechslungsreichtum in landwirtschaftlichen Flächen und – immer mehr! – ästhetische Werte der erlebbaren Flora und Fauna.

In globaler Sicht unterscheiden RITTER u. FROWEIN (1988, S. 16 ff.) für den Touristen zugängliche, beschränkt zugängliche und unzugängliche Landschafträume. Touristisch voll zugänglich sind, mit Ausnahme extremer Hochgebirge, die Landoberfläche und die Wasseroberfläche, letztere erscheint allerdings nur teilweise als nutzbar. Höhlen hingegen sind nur beschränkt zugänglich. Nach dem Abschmelzen früherer Eisdecken werden Glaziallandschaften sowohl in den Hochgebirgen als auch in den Fjordlandschaften und Seenplatten zu sehr beliebten Erholungslandschaften. Besondere Reize weisen die Grenzen

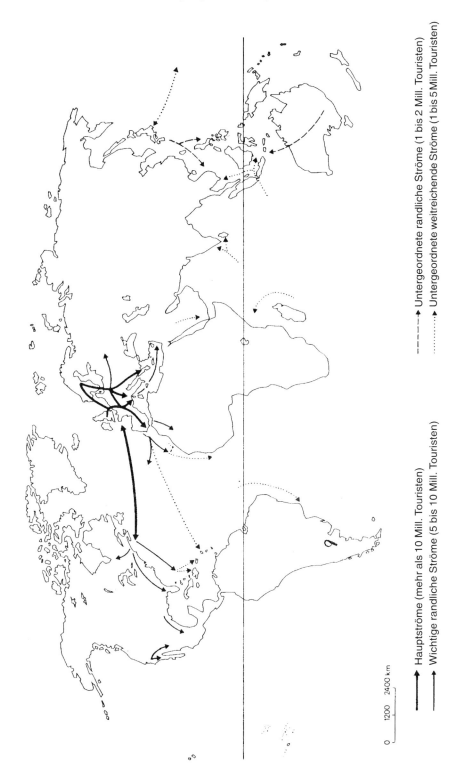

Abbildung 9
Hauptsächliche internationale Touristenströme der 1990er Jahre (LOZATO-GIOTART 1993, Fig. 3)

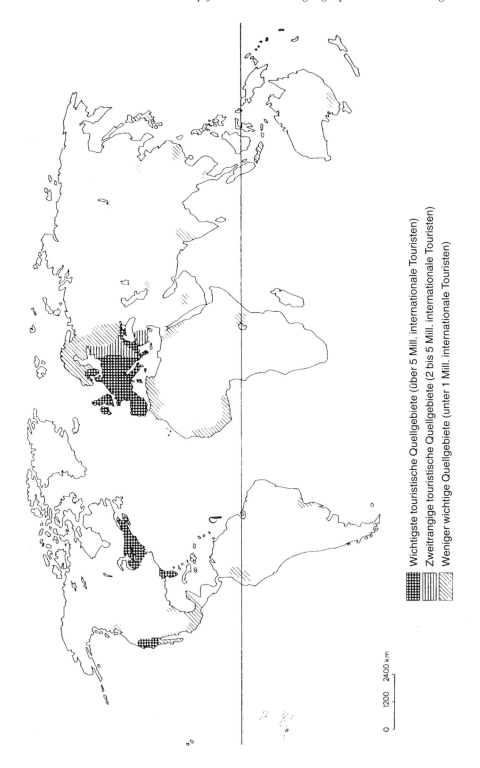

Abbildung 10
Hauptsächliche touristische Quellgebiete im Weltmaßstab Mitte der 1990er Jahre (LOZATO-GIOTART 1993, Fig. 4)

zwischen Festland und Meer, die Küsten mit ihren Inseln auf, wie überhaupt diejenigen Gebiete besonders reizvoll sind, wo viele unterschiedliche Landschaftselemente auf kleinem Raum kombiniert sind.

Ausführlich werden die touristisch bedeutsamen Landschaftstypen und -formen in dem von BARTL (1994) unter dem Titel „GeoLex" herausgegebenen „Kurzlehrbuch und Lexikon einer angewandten Geographie für den Tourismus" beschrieben. Besondere Aufmerksamkeit wird dem glazialen Formenschatz mit seinen Abtragungsformen (Rundhöcker, Schären, Trogtäler, Kare, Gletschermühlen, Zungenbecken) und seinen Aufschüttungsformen (Grund- und Endmoränen, schwarmartig auftretende Drumlins, erratische Blöcke, Erdpyramiden) geschenkt. Daneben finden die Vulkane und vulkanischen Erscheinungen, die Karstformen (Höhlen, Trockentäler, Dolinen und Poljen), die verschiedenen Wüstenarten (Passatwüsten, Küstenwüsten, Regenschattenwüsten) sowie die Küstenformen (Flach- und Steilküsten, Mündungsdeltas, Nehrungen und Haffe, Förden- und Boddenküsten, Schären-, Watten- und Mangroveküsten, Korallenriffküsten der tropischen Meere) und die Talformen hinsichtlich ihrer Reize für Touristen starke Beachtung.

In globaler Sicht sind auch die Klimazonen von nicht zu unterschätzender Bedeutung. Die ganzjährig warmen Klimate der Tropen mit ihren ganzjährigen Badetemperaturen, aber auch die Randtropen mit dem Wechsel von Trocken- und Regenzeiten haben konkrete Auswirkungen auf den Tourismus ebenso wie die Höhenstufen der Tropen, auf die RITTER u. FROWEIN (1988, S 17 ff.) hinweisen. Die subtropischen Klimate schaffen andere Voraussetzungen als die gemäßigten Klimate, unter denen in der Regel eine Zweiteilung in eine Sommer- und Wintersaison mit unterschiedlichen Voraussetzungen für Erholung und Freizeitaktivitäten gegeben ist. Noch anders liegen die Verhältnisse in den ganzjährig kühlen Klimaten.

Global machen sich für Erholung und Tourismus auch die großräumigen wirtschaftlichen und kulturellen Unterschiede bemerkbar. Die Bewohner der entwickelten Industrieländer haben andere touristische Bedürfnisse und vor allem Möglichkeiten als die Bevölkerung der Entwicklungsländer, der mehrheitlich ein bezahlter Urlaub fehlt. Aber „exotische Kulturformen, Bauten, Trachten und fremdartige Lebensformen sind stets ein wichtiger Anreiz touristischer Neugier gewesen" (RITTER u. FROWEIN 1988, S. 21). Wesentliche Unterschiede lassen sich mit dem Begriff der Kulturerdteile erfassen (ebenda, Abb. 1/7): Europäische Industrie- und Agrarländer, Angloamerika und europäische Überseeländer (Australien, Neuseeland, z. T. auch Südafrika), Osteuropa und asiatisches Rußland, der islamische Orient, Schwarzafrika, Lateinamerika, die karibische Inselwelt, Indien, Südostasien, Ostasien und die pazifische Inselwelt.

Klimaverhältnisse, Witterungsablauf, Reliefformen, stehende und fließende Gewässer, Vegetationsbedeckung und andere Naturraumelemente sind mit den Kulturraumelementen zu lokal und regional unterschiedlichen Geokomplexen verknüpft. Auch die natürliche Schönheit der Landschaft als „eine nichtsubstantielle Ressource des geographischen Milieus" (BARTKOWSKI 1971, S. 153) zählt dazu. Besonders alle Formen der Erholung im Freien, der „outdoor recreation", sind wesentlich an das *Erlebnis einer konkreten geographischen Realität* in ihrer Einheit von natürlicher und gebauter Umwelt gebunden. Der Erholungsuchende, z. B. ein Wanderer, empfindet die ihn umgebende Landschaft als angenehm, interessant, beruhigend oder belebend, am Rande eines Abgrundes vielleicht auch als erschreckend. Sein subjektives Empfinden macht sie für ihn erholsam, rekreativ. Die Landschaft wirkt im gestaltpsychologischen Sinne.

Dieser Frage ist GEYER (1983) nachgegangen. Er beschränkt sich dabei auf das *Informationspotential* und dessen gestaltpsychologisch erklärbare Wahrnehmung. Der Informationsreichtum einer Landschaft besteht nach GEYER in deren Gestaltreichtum. Er schlägt vor, solche Landschaften „Erholungslandschaften" zu nennen, die mit ihrem Informationsreichtum weit über dem Durchschnitt liegen. Hinzufügen muß man, daß auch das Meer und seine Küsten trotz geringeren „Informationsreichtums" vorrangig nachgefragte Erholungslandschaften darstellen. Damit wird der „Gestaltreichtum" relativiert.

Die in erster Linie von der Reliefbeschaffenheit abgeleitete gestaltpsychologische Begründung lautet folgendermaßen: „Die visuelle Wahrnehmung kann auch Distanzmessung als Vorwegnahme möglicher oder geplanter Bewegungsaktivitäten sein, in der das Raumerlebnis realisiert wird. Damit verschmelzen Raumerlebnis und Bewegungserlebnis zu einer untrennbaren Einheit ... Der Städter kauft den Aspekt Hochgebirge unter den Bedingungen des organisierten Massentourismus ... Das marginale Erlebnis an den Meeresstränden ist ... eine Möglichkeit, für schöpferische Vorstellungen frei zu werden" (GEYER 1983, S. 265).

Während im Kapitel 3.1.1. das Erholungsbedürfnis als auslösender Faktor für einen Bedarf und damit auch eine Nachfrage herausgestellt wurde, ist hier Gelegenheit, erneut das Erlebnisbedürfnis zu betonen, eingedenk der eingangs genannten und bereits mehrfach wiederholten These, daß das touristische Produkt immer eine Summe von Erholung und Erlebnis bildet.

GEYER sucht auch nach einem allgemeinen Zahlenausdruck, der eine Einordnung raumpsychologischer Erlebnisse in relative Wertgruppen gestattet. Er entwickelt eine Matrix der Aspektwerte der Raumtypen, in der die reichste Raumausstattung den höchsten, die am wenigsten differenzierte den niedrigsten Wert erhalten. Bei der Diskussion von Bewertungsmethoden wird darauf zurückzukommen sein.

Innerhalb der natürlichen Voraussetzungen für die Erholung spielen Klima und Witterung eine besonders wichtige Rolle. Selbstverständlich muß man dabei sowohl die spezifischen klimatischen Bedingungen für bestimmte Erholungsaktivitäten als auch den Witterungswechsel im Verlauf der Jahreszeiten im Auge behalten. Letzterer löst die Saisonalität der „outdoor recreation" aus, denn das Potential der Gewässer kann nur unter bestimmten Temperaturen zum Baden und Schwimmen, das der Gebirge nur bei Vorhandensein einer Schneedecke zum Skilaufen genutzt werden usw. Global betrachtet entsprechen den Klimazonen jahreszeitlich differierende Schwerpunktgebiete von Nutzungen in dieser oder jener Richtung. Von medizinischer Seite werden die Urlaubsgebiete unter dem Aspekt klimabedingter Einwirkungen auf den menschlichen Organismus in Gebiete mit Reizklima (Meeresküsten und Hochgebirge) und Schonklima (Mittelgebirge) eingeteilt. Ein Klimawechsel wird im allgemeinen als bester Startreiz für die Erholung betrachtet. Er kann aber auch gefahrvoll sein, wenn unüberlegt einem labilen Organismus jähe Belastungen zugemutet werden.

Unter den klimatischen Verhältnissen Mitteleuropas sind die natürlichen Möglichkeiten zur Befriedigung des Bedürfnisses nach „Verzehr von frischer Luft und Sonnenlicht" (KARL MARX) nicht gerade die besten. Bei einem an sich günstigen häufigen Wetterwechsel sind die Sommermonate nur mäßig warm und bringen die meisten Niederschläge im Jahr. Treffend ist ein Stoßseufzer HEINRICH HEINES über das Wetter in Deutschland angesichts des sonnigen Italiens: „... in unserem Lande ist es sehr frostig und feucht, unser Sommer ist nur ein grünangestrichener Winter, sogar die Sonne muß bei uns eine Jacke von Flanell tragen, wenn sie sich nicht erkälten will; bei diesem gelben Flanellsonnenschein können unsere Früchte nimmermehr gedeihen, sie sehen verdrießlich und grün aus, unter uns gesagt, das einzige reife Obst, das wir haben, sind gebratene Äpfel" (1958, S. 190). So gesehen ist es nur allzu verständlich, daß soviele Touristen jedes Jahr in den „sonnigen Süden" streben!

HELLPACH (1950, S. 84), der die Psyche des Menschen unter dem Einfluß von Wetter und Klima, Boden und Landschaft studierte, schrieb dazu: „Die Wirkung eines andern als des gewöhnten Klimas bekommt der Organismus am eindrucksvollsten und am einflußstärksten zu spüren, wenn er aus einem Klima in ein davon sehr verschiedenes versetzt wird", z. B. auf Reisen. Das echte Kontinentalklima bezeichnet er als eines der befindensbekömmlichsten, das maritime Klima (am reinsten auf offener Hochsee) als genaue Umkehrung. Daß trotzdem Kreuzfahrten auf dem Weltmeer und in seinen Randmeeren gegenwärtig so beliebt sind, ist sicherlich mit auf das „technologisch bedingte Mikroklima" zurückzuführen, das die Touristen die längste Zeit ihres Aufenthaltes an Bord umgibt und sie von negativen Einflüssen des „natürlichen" Klimas abschirmt.

Wie klimatische Bedingungen erholend wirken, kann am Beispiel der Meeresküsten mit ihren Stränden verdeutlicht werden. Vom maritimen Durchschnittsklima unterscheidet sich das *Strandklima* im Übergangsgebiet der dynamischen und thermischen Besonderheiten des Meeres und des Landes. In der Uferzone, einige hundert Meter beiderseits der Uferlinie, stehen sich diese Besonderheiten unmittelbar gegenüber und beeinflussen sich gegenseitig. So ist z. B. das Strandklima der Ostseeküste Mecklenburg-Vorpommerns (vgl. HUPFER 1981, S. 276 ff.) von April bis August strahlungsbegünstigt, weil die konvektive Bewölkung dann über dem Land stärker ist, abgesehen von zyklonaler Witterung. Infolge der geringen Lufttrübung enthält die am Boden ankommende Strahlung an der Küste auch einen höheren Anteil an ultravioletter Strahlung als im Binnenland.

Das Strandklima an der südlichen Ostseeküste zeigt auch einen raschen Wechsel der Windrichtungen zwischen auflandig und ablandig, manchmal mehrmals am Tag. In der warmen Jahreszeit bildet sich eine kleinmaßstäbliche Zirkulation aus, die sog. Land-See-Windzirkulation. Auch wenn viele Strandbesucher anfangs unter dem Wind leiden, gewöhnt sich die Mehrzahl von ihnen schnell daran. Objektive Vorteile der starken Luftbewegung sind ein beständiger Wärmeentzug und die Verdunstung an der Körperoberfläche, also die Verhütung des ermattenden Schwülezustandes mit all seinen Unzuträglichkeiten, und ein wirklich spürbarer klimatischer Reiz. Auch HELLPACH (1950, S.95) unterstreicht, daß ein längerer Strandaufenthalt seelisch eine Entspannung der Aktivitätsfunktionen der Psyche, vor allem der Aufmerksamkeit hervorbringt, und gleichzeitig eine Steigerung der Bewegungstriebe und eine leichte psychomotorische Erregung eintreten.

Beim Aufenthalt am Meeresstrand geht es aber nicht nur um eine positive Wechselwirkung von psychischer Entkrampfung und psychomotorischer Erregung, sondern gleichzeitig auch um die ganzheitliche körperliche Erholung, um eine „Rekreation" im umfassenden Sinne des Wortes, ausgelöst und begünstigt durch die klimatischen Gegebenheiten der Meeresküsten. Weil die Meeresküsten mit ihren zum Sonnen, Baden, Schwimmen, Spielen und weiteren Aktivitäten geeigneten und genutzten Stränden weltweit die stärkste Anziehungskraft auf Touristen ausüben, sei noch auf einige weitere Sachverhalte aufmerksam gemacht.

An der bereits als Beispiel erwähnten südlichen Ostseeküste gibt es im Flachwasserbereich unterschiedliche Strömungen, so in der Badezone direkt am Ufer eine vor allem von den Wellen erzeugte, längs der Küste verlaufende Strömung, dann die etwas weiter seewärts vom Strömungsfeld des offenen Meeres, den Wasserstandsunterschieden und vor allem vom lokalen Wind beeinflußte Strömung. Bei geringen Wassertiefen macht sich im ufernahen Meer auch eine Küstenanomalie der Wassertemperatur bemerkbar. Hier ist das Wasser in der warmen Jahreszeit wärmer als das offene Meer, was günstigere Voraussetzungen für das Baden schafft, dagegen in der kalten Jahreszeit geringfügig kälter. Die Lufttemperatur ist in den Sommermonaten über der See niedriger als über dem Land, direkt über dem Strand allerdings steigt sie im Sommer erheblich an. Zusammenfassend kann man sagen: Das Strandklima ist ein Reizklima, vor allem infolge des Strahlungsreichtums und der starken thermischen Schwankungen der Luft- und Wassertemperaturen und der stärkeren Bewegtheit, aber bei guter Dosierung aller Reize lassen sich im Strandklima gute Erholungseffekte erzielen (vgl. HUPFER 1981, S. 278/279).

Erfahrene Mediziner haben im Laufe der Zeiten immer wieder die prophylaktische und therapeutische Wirkung von Aufenthalten im Küstenklima und die Nutzung des Meereswassers für Heilzwecke empfohlen. Ein Praktiker wie BERNATECK (1979, S. 66/67) betont: „Eine erfolgreiche seeklimatische Exposition wirkt sich sehr stark an der Haut und Schleimhaut der Luftwege aus, deren Inaktivitätsdystrophie als ein außerordentlich nachhaltiger Domestikationsschaden anzusehen ist ... Im Gegensatz zur Bewegungstherapie beansprucht die klimatische Exposition primär nicht die Muskulatur, sondern Haut, Kreislauf, Atmung, Stoffwechsel und endokrines System, und zwar auch am ruhenden Menschen ... Die breitflächig am peripheren Gefäßsystem der Körperoberfläche ansetzende Thalassotherapie mit ihren langandauernden Freiluftexpositionen in Ruhe und bei körperlicher Bewegung ist ein spezifisches Verfahren in der Prävention, Behandlung und Rehabilitation von Herzkreislaufkrankheiten".

Es trifft demnach zu, daß der Aufenthalt an den Meeresküsten, wobei der Körper sowohl in Ruhe als auch in Bewegung der frischen Luft ausgesetzt ist, nachweislich nicht nur zur Gesundung kranker Menschen beiträgt, sondern auch der Gesunderhaltung erholungsbedürftiger, aber sonst gesunder Menschen dient. Während ihres Aufenthaltes am Strand, beim Baden, Schwimmen und Spielen, auch beim Sonnenbaden unterliegen sie objektiv den erholsamen Einflüssen der an den Meeresküsten besonders intensiv wirkenden Klimafaktoren.

Die rekreativen klimatischen Gegebenheiten sind in Abhängigkeit von der geographischen Lage und Beschaffenheit der jeweiligen Küste unterschiedlich. Das Klima der Meeresküsten im Passatwindbereich, z. B. der Kanarischen Inseln, ist durch eine langandauernde Sonneneinstrahlung gekennzeichnet: auf den Südseiten der Großen Inseln (Gran Canaria und Tenerife) 3 500 Sonnenstunden im Jahr, 250 ganz unbewölkte Tage, nur 15 Tage im Jahr mit vollkommen bedecktem Himmel. Hauptmerkmal des hier herrschenden subtropischen maritimen Klimas ist die geringe Temperaturschwankung zwischen Tag und Nacht und im Jahresgang. Die Meerwassertemperatur schwankt das Jahr über zwischen 17 °C und 24 °C. Die Brandung bewirkt eine feinste Tröpfchenbildung des Meerwassers in der Luft und Reize auf Haut und Schleimhäute, der Wellengang übt eine mechanische Massage auf die Haut aus (DE GYORKO-GYORKOS 1979, S. 640–644).

Soviel als Denkanstoß zum Küstenklima und seiner rekreativen Bedeutung. Eine Ergänzung und Verstärkung erfahren die Faktoren des Küstenklimas dort, wo sich den Sandstränden benachbart Wälder erstrecken. Solche Strand-Wald-Ökosysteme spielen ebenfalls eine besonders wichtige rekreative Rolle, weil sie die Erholung am Strand durch Möglichkeiten des Spazierengehens und Wanderns erheblich erweitern. Ähnliche Ökosysteme sind auch an vielen Seen des Binnenlandes vorhanden und begründen die Anziehungskraft der Wald-Seenlandschaften der Jungmoränengebiete in Norddeutschland oder im Alpenvorland. Nicht zu unterschätzen ist ferner das Mikroklima an und auf Gewässern wegen seiner Synthese küsten- und binnenklimatischer Eigenschaften mit tageszeitlich sehr bestimmter Windperiodik und den besonderen Reizen der Uferlandschaften (vgl. HELLPACH 1950, S. 204). Bekanntlich gehören Schiffsreisen auf den großen Strömen zu jenen Angeboten, die in spezifischer Weise Erholung und Erlebnisse miteinander verbinden.

Die bisherigen Erläuterungen zum Klima als *einer* Komponente des Rekreationspotentials machen deutlich, daß die Klimafaktoren stets in Verbindung mit anderen Potentialkomponenten, z. B. dem Relief, den Gewässern oder auch der Vegetation, sowie in Kopplung mit bestimmten Aktivitäten rekreativ wirksam werden, etwa beim Baden und Schwimmen oder beim Wandern und Skilaufen. Diese Wechselbeziehung gilt für alle natürlichen Voraussetzungen: die Küstengewässer sind eben nur bei bestimmten Relief- und Temperaturverhältnissen zum Baden zu nutzen, die Mittel- und Hochgebirge eignen sich nur unter gewissen Voraussetzungen jahreszeitlich oder ganzjährig als Wander- oder Skigebiete, die Wälder des Hügellandes werden nur während bestimmter Abschnitte der Vegetationsperiode als besonders erholsam betrachtet usw.

Auch die Höhenunterschiede sind bedeutungsvoll. So äußert sich im Mittelgebirge schon in Höhen von mehr als 300 m ü. d. M. die Hochlandswirkung als „Anregung glücklichster Art": man ist gut aufgelegt, körperliche Leistung macht keine Mühe, man könnte stundenlang wandern, der Alltag ist vergessen. Diese „hochlandsklimatische Erregung" geht am reinsten von Gipfeln, Kämmen und Hochflächen – unterhalb der Bergkrankheitszone – aus. Der Hochsommer des Gebirges ist ausgesprochen erholend, zählt zu den klimatischen Bestbedingungen (HELLPACH 1950, S. 118). Besondere Erholungswerte entfaltet die Natur auch in ihrer Färbung, im Nebeneinander von Hell und Dunkel, der Verteilung von Licht und Schatten. Schließlich sind es Form und Maß der Landschaft, die in der Wirkung des Naturerlebens eine noch bedeutendere Rolle spielen als die Farbe (a. a. O., S. 171/176).

Die Bedeutung naturräumlicher Faktoren für den Erholungsprozeß und als Hintergrund für Erlebnisse ist offenkundig, auch wenn sie hier nur an Beispielen und stark auf den Klimafaktor ausgerichtet aufgezeigt werden konnte. Die Beispiele lassen jedoch die Verallgemeinerung zu, daß es jeweils konkrete Eigenschaften des Naturraumes sind, die erholend, also rekreativ wirken. Diese Eigenschaften gilt es aufzuspüren, zu bewerten, zu nutzen, zu schützen, zu erhalten, zu verbessern. Sie wirken auch nicht isoliert, sondern in der Komplexität der natürlichen *und* anthropogenen („kultürlichen") Ausstattung eines bestimmten Erdraumes. In der Ganzheit dessen, was wir „Kulturlandschaft" nennen, wirken sie auf die Erholungsuchenden oder Touristen anziehend, sind sie attraktiv, und helfen sie, die Erholungsbedürfnisse zu befriedigen, und zwar in erster Linie durch Möglichkeiten der Erholung im Freien.

Wie bereits gesagt, erschöpft sich das Rekreationspotential weder in einem bestimmten Teil des Naturraumpotentials noch in der natürlichen Schönheit einer Landschaft. In das Rekreationspotential gehen auch zahlreiche Gegebenheiten dessen ein, was durch das Wirken der menschlichen Gesellschaft im Laufe der Zeit hervorgebracht worden ist. Nehmen wir als Beispiel den Wald. Stärker als völlig der natürlichen Entwicklung überlassene, demzufolge auch schwer begehbare (Ur-)Wälder sind es die vom Menschen angelegten und wirtschaftlich genutzten Forsten, welche im Tiefland wie in den Mittelgebirgen ein wichtiges Erholungspotential bilden. Sie sind für den Wanderer zugänglich und durch Wege erschlossen. In ihnen oder an ihren Rändern erlauben Rastplätze oder Raststätten mit einer entsprechenden Ausstattung willkommene Entspannung. Man denke nur an das Beispiel der Lüneburger Heide!

Obwohl einerseits eine natürliche Ressource, ist der Wald in den entwickelten Ländern ein vom Menschen in bewußter Tätigkeit geschaffenes Produktionsmittel und liefert über den Holzertrag und Wildbestand hinaus als „Erholungswald" eine soziale Leistung (vgl. STEFFENS u. PAUL 1976). Der Übergang von Wald oder Heide zu Forst und Park ist zudem oft fließend. Zu Recht könnte man solche anthropogen beeinflußten Wälder wie im Nationalpark Jasmund auf der Insel Rügen und zu Landschaftsparks gestaltete Gebiete wie die Wörlitzer Kulturlandschaft bei Dessau bereits als „gebaute Umwelt" bezeichnen. Doch trifft dieser Begriff unserem Sprachgebrauch folgend erst auf Objekte zu, die als technische Bauwerke Teil der Landschaft geworden sind, wie Stauseen oder Kanäle.

Zum Kulturraumpotential gehören in besonderem Maße diejenigen Elemente der gebauten Umwelt, die aus der geschichtlichen Entwicklung eines Ortes oder einer Region auf die jetzige Generation überkommen sind: Profan- und Sakralbauten mit kunst- oder architekturgeschichtlichem Wert wie Rathäuser, Schlösser und Kirchen, aber auch vor- und frühgeschichtliche Gräber ebenso wie Aussichts- und Fernsehtürme, technische Denkmale des Bergbaus, der Industrie und des Verkehrswesens, „Sehenswürdigkeiten" unterschiedlichster Art. Aber auch die Bauwerke der Gegenwart gehören dazu. All das geht – besonders unter dem Aspekt des Bildungs-, Städte- und Kulturtourismus (vgl. JURCZEK 1987; KRAMER 1990; MAY 1986 u. a.) – in das Rekreationspotential ein und ist mitbestimmend für die Attraktivität und das Image von Erholungsorten und -gebieten. Es sei nochmals unterstrichen, daß der Begriff „Rekreationspotential" als komplexer Ausdruck für das jeweils vorhandene, rekreativ und touristisch nutzbare Natur- und Kulturraumpotential Verwendung findet. Als Beispiel dienen die Abb. 11 und 12 zum Rekreationspotential der Insel Rügen von HELFER (1993).

Das Rekreationspotential ist keine Konstante in der Zeit. Neben den naturbedingten, zum Teil nur jahreszeitlichen Änderungen sind es gesellschaftliche Prozesse und Umwälzungen, die langfristig verändernd darauf einwirken, nicht nur im negativen, sondern auch im positiven Sinne.

An der deutschen Ostseeküste z. B. stellen Sturmhochwässer und Eisgang zwei Naturgewalten dar, die in Verbindung mit dem inneren Küstenzerfall in unregelmäßigen Abständen immer wieder Uferabbrüche verursachen und Strände abtragen. Untersuchungen am Hohen Ufer des Fischlandes ergaben dort für den Zeitraum von 1903 bis 1952 eine mittlere Zurückverlegung der Kliffkante um 31 m. Das ergibt einen durchschnittlichen jährlichen Landverlust von 0,62 m (BENTHIEN 1957, S.29). Ähnliche Landverluste sind auch an anderen Küstenabschnitten belegt. Ob gegenwärtig schon eine aus den Auswirkungen globaler Klimaänderungen resultierende verstärkte Uferabtragung (analog dem Rückschmelzen der Hochgebirgsgletscher) feststellbar ist, kann bisher nicht nachgewiesen werden.

Solchen negativen Veränderungen des Potentials entgegenzuwirken, ist u. a. Aufgabe des Küstenschutzes. Eine seiner traditionellen Maßnahmen ist der Bau langer offener strömungsdurchlässiger Pfahlbuhnen, die aus dem küstennahen Sedimenttransport Material abfangen, das den Strand wieder verbreitert und erhöht. Modernere Maßnahmen sind künstliche Strandaufspülungen von See her, als „künstliche Strandernährung" mit Auf-

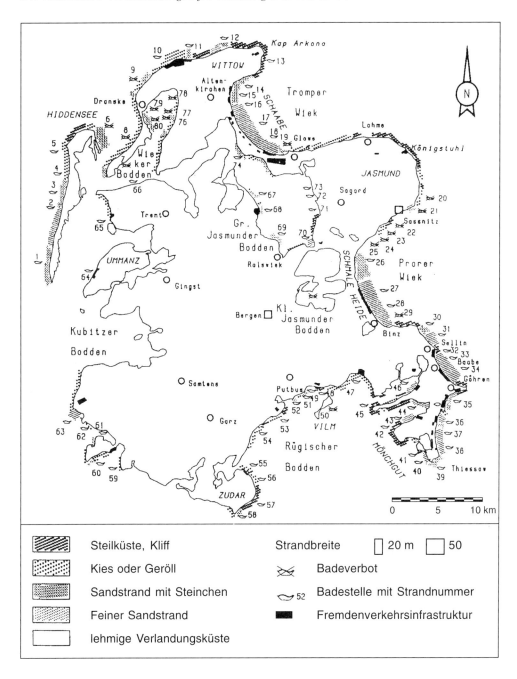

Abbildung 11
Küstenstrukturen und Badestellen des Kreises Rügen (HELFER 1993, Abb. 11)

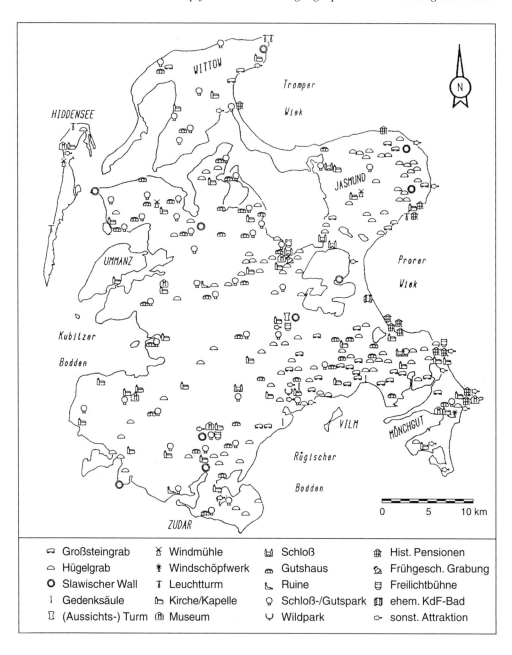

Abbildung 12
Anthropogenes Tourismuspotential des Kreises Rügen (HELFER 1993, Abb. 14)
Quellen: TIMMEL (1984), Tourismusdezernat Rügen

schüttungen von der Landseite her verbunden, ein mit technischen Mitteln betriebener Dünenbau sowie die Errichtung von Deckwerken oder Seedeichen an stark gefährdeten Abschnitten der Küste.

Technische Mittel einzusetzen ist aber nur dort wirtschaftlich vertretbar, wo sie mit den natürlichen Prozessen an der Küste korrespondieren. Sie bedürfen ferner unbedingt der Ergänzung durch den biologischen Küstenschutz. Dazu gehört insbesondere die Anlage von Küstenschutzwaldstreifen. Solche Küstenschutzwälder verbessern das Mikroklima, schaffen Windschutz für landwirtschaftlich genutzte Flächen und tragen insgesamt zur Erhöhung des Erholungswertes der Küstenlandschaft bei. Allerdings bleiben technische und biologische Küstenschutzmaßnahmen ohne volle Wirkung, wenn nicht gleichzeitig eine Aufklärung der Menschen über die Notwendigkeit des Umweltschutzes und ihre Erziehung zum bewußten Handeln auch in dieser Hinsicht erfolgt. Hier stoßen wir auf eine der Aufgaben des Geographieunterrichts.

Beispiele schädlicher Beeinträchtigungen des touristisch wertvollen Kulturraumpotentials lassen sich vielerorts beobachten: die Zerstörung traditioneller Dorfbilder und Stadtansichten durch „moderne" Bauten ist nur ein Beispiel. Andererseits findet man aber auch Aufwertungen dort, wo eine bewußte Dorferneuerung oder eine auf die Bewahrung des kulturellen Erbes ausgerichtete Stadtplanung dafür sorgen, daß gerade wertvolle Elemente der historischen Kulturlandschaft erhalten und touristisch nutzbar bleiben.

## 3.1.3.
## Die Rekreationskapazität

*Im Gegensatz zum Rekreationspotential, dem für eine touristische Nutzung erschließbaren natur- und kulturräumlichen Leistungsvermögen, drückt die Rekreationskapazität das vorhandene Aufnahmevermögen von Orten oder Gebieten aus.* In der Rekreationskapazität ist die jeweilige Ausstattung mit Übernachtungsmöglichkeiten, mit Einrichtungen der Gastronomie, der Versorgung, der Dienstleistungen usw. zusammengefaßt, die sich letztlich im touristischen Angebot gebündelt niederschlägt.

Quantität und Qualität der Rekreationskapazität entscheiden darüber, ob die auf einen bestimmten Ort oder eine bestimmte Region gerichtete Nachfrage dort auch wirklich befriedigt werden kann. In der Regel ist eine mit Potential ausgestattete Örtlichkeit erst dann für Erholungszwecke nutzbar, wenn ein gewisses Maß an infrastrukturellen Einrichtungen existiert. Nur in einer Initialphase kommen die rekreative oder touristische Nutzung einer Örtlichkeit ohne eine Infrastruktur aus. In der amerikanischen Literatur wird für diese „Infrastruktur" der Begriff „superstructure" verwendet. Sprachlich ist „Suprastruktur" sicher richtiger, denn es handelt sich ja in erster Linie um oberirdische Bauwerke und nicht um unterirdische Versorgungsnetze.

Die Rekreationskapazität als die infrastrukturelle Voraussetzung für eine Erholungsnutzung setzt sich generell aus zwei Komponenten zusammen:

1. aus Elementen der sozialen und technischen Infrastruktur, die ausschließlich den Bedürfnissen der Rekreanten, seien es Erholer oder Freizeiter, dienen, die demzufolge auch als „rekreative oder touristische Infrastruktur" (oder nach amerikanischem Vorbild als „Suprastruktur") bezeichnet werden können, und
2. solchen Elementen, die gleichzeitig Bedürfnisse der ortsansässigen Bevölkerung und der

Rekreanten befriedigen, in erster Linie aber für die ständig dort wohnende Bevölkerung da sind, die „allgemeine Infrastruktur" oder „Basisinfrastruktur".

Im Gegensatz zum Rekreationspotential, das zwar keine Konstante in der Zeit ist, sich aber dennoch nur langsam verändert, können die Elemente der Rekreationskapazität schneller variiert, ausgebaut und den Marktbedürfnissen angepaßt werden. Wie schnell diese Veränderungen vor sich gehen können, ist gegenwärtig in den Erholungsorten der östlichen Bundesländer sichtbar.

Für die klassische Fremdenverkehrsgeographie war die Kapazitätsfrage ziemlich einfach zu beantworten: Kapazität war die Anzahl der für die Vermietung an Fremde bereitstehenden Betten. Daraus resultierte auch der Begriff „Fremdenbetten" in der alten Statistik. Dabei ging es höchstens noch um eine Unterscheidung von Hotelbetten, Betten in Pensionen gewerbsmäßiger Zimmervermieter oder bei privaten nichtgewerbsmäßigen Vermietern. Heute ist die Sache wesentlich komplizierter. Bei Kapazitätsanalysen muß eine große Anzahl der verschiedenartigsten Elemente berücksichtigt werden. Das Schwergewicht liegt – abgesehen von ausgesprochenen Naherholungsorten – nach wie vor bei den Unterkünften, den verfügbaren Übernachtungsmöglichkeiten, d. h. beim Gastgewerbe..

Das Spektrum der „Unterkünfte" ist indessen sehr breit. In qualitativer Hinsicht reicht es von kostspieligen Appartements in Luxushotels bis zu einfachen Zimmern in Ferienheimen, in ländlichen Gasthöfen, Motels und auf Bauernhöfen, in Jugendherbergen oder Wanderquartieren, umfaßt „Plätze" auf Campinganlagen, wo Wohnwagen aufgestellt oder gar noch Zelte aufgeschlagen werden können. Die Freizeithäuser reichen von der Luxusvilla am Strand von Nizza bis zum Leichtbau-Bungalow oder der hölzernen Finnhütte in Ostseenähe. Und schließlich gibt es noch die „Kathedralen der Freizeitgesellschaft", die künstlichen Welten der Erholungs- und Freizeitparks mit integrierten Bungalowquartieren.

In den hochurbanisierten und -industrialisierten Gesellschaften der Gegenwart wuchs auf dem Hintergrund allgemein steigenden Lebensstandards das Bedürfnis nach einem zeitweiligen Milieuwechsel. Damit stiegen auch der Bedarf und die Nachfrage nach Zweitwohnungen und Wochenend-, Sommer-, Ferien-, kurzum Freizeithäusern außerhalb der ständigen Wohnsitze und deren näheren Umgebung. Die Ausbreitung von Freizeithaussiedlungen in Schleswig-Holstein wurde von DIEKMANN (1963) verfolgt, eine der ersten Arbeiten zu diesem Thema überhaupt. Sie beobachtete und dokumentierte durch Fotos, wie sich um 1960 in der Kulturlandschaft Einzelbauten und Häusergruppen ausbreiteten, die in ihrer Struktur städtischen Lauben- oder Villenkolonien ähnelten und von Städtern im periodischen Wechsel zu Erholungszwecken aufgesucht wurden. In Schleswig-Holstein waren um 1960 die stadtnahen Küstenbereiche an der Ostsee und die Seenplatte des östlichen Hügellandes bevorzugte Ferienhaussiedlungsgebiete, an der Westküste die Inseln Sylt, Amrum und Föhr. Damals überwogen noch Wochenendkolonien, es war aber bereits eine Tendenz zu erkennen, daß diese zu längerfristig benutzten oder gar Dauerwohnsiedlungen würden.

NEWIG (1993) bestätigt für Sylt, daß in den letzten zwanzig Jahren „die Eigentümer der Freizeitwohnsitze zum Motor der Saisonverlängerung geworden sind". In der Hauptsaison überlassen die Eigentümer der Freizeitwohnsitze diese den Vermietagenturen oder vermieten selbst. Sie selber verbringen im Durchschnitt vier Wochen pro Jahr in ihrer Wohnung, zumeist im Herbst, über Weihnachten oder im Frühjahr. Zumindest auf Sylt sind nach NEWIG die Zeiten vorbei, wo „Hotels, Pensionen und Privatquartiere die bestimmenden Beherbergungsformen waren. Die beliebteste Wohnform ist heute das Appartement (oder auch das Ferienhaus)". Die Verallgemeinerungsfähigkeit dieser Aussage müßte in anderen

Erholungsorten und -gebieten überprüft werden. Falls sie zutrifft, hat das generelle Konsequenzen für die kommunale Tourismuspolitik, insbesondere für die Bauleitplanung.

Die jüngste, vor allem auch methodisch weiterführende Untersuchung zu dieser Thematik befaßt sich mit den Freizeitwohnungen in der Großen Ungarischen Tiefebene (CSORDÁS 1994). Nach seiner Definition stellen Freizeitwohnungen eine Kategorie der Zweitwohnungen dar, die überwiegend in der Freizeit und nur vorübergehend, d. h. an Wochentagen nach Arbeitsschluß oder an Wochenenden bzw. während des Urlaubs, und hauptsächlich zu Rekreationszwecken benutzt werden. In Ungarn erhöhte sich der Bestand an Ferienhäusern zwischen 1960 und 1990 auf das Fünfzehnfache, d. h. auf rd. 170 000, weil unter planwirtschaftlichen Bedingungen der Freizeitwohnungsbau einer der freiesten Bereiche der individuellen Initiative war. In der Großen Ungarischen Tiefebene wurden 1989 rd. 20 000 Personen wegen eines Privatferienhauses besteuert. Auf der Basis der computermäßig gespeicherten Daten der Steuerlisten und weiterer Erfassungen konnte CSORDÁS computerkartographisch die Verbreitung der Freizeitwohnungen, die Wohnsitze ihre Besitzer, ausgewählte Standorte sowie insbesondere die räumlichen Beziehungen zwischen Hauptwohnsitz und Ferienwohnung in den sechs Komitaten der Tiefebene darstellen.

In der Bundesrepublik und in Östereich haben auch „Feriendörfer" eine gewisse Verbreitung. Die zu mietenden oder auch käuflich zu erwerbenden Häuser eines solchen Feriendorfes passen sich in der Regel der traditionellen Volksarchitektur des betreffenden Gebietes an, sind mit den notwendigen Gemeinschaftseinrichtungen ausgestattet und präsentieren sich mit vielseitigen Angeboten für Freizeitaktivitäten. Auch darin widerspiegelt sich eine Tendenz „Weg vom Hotel – hin zur individuellen Ferienwohnung", wenn diese auch nur für kurze Zeit einen individuellen „Besitz" darstellt. Derartige Tendenzen sind auch beim Betrieb früherer Ferienhotels der Gewerkschaften an der mecklenburg-vorpommerschen Ostseeküste, z. B. in Binz auf der Insel Rügen, zu beobachten, die von ihren neuen Eigentümern, in der Regel Betreibergesellschaften, in Appartementhotels umstrukturiert werden.

Eine spezifische Variante in der touristischen Infrastruktur stellen die Jugendherbergen dar. Sie dienen dem Reisen und Wandern in- und ausländischer Jugendlicher, sind somit auch Stätten der internationalen Jugendbegegnung, sie werden aber auch für die außerschulische Aus- und Weiterbildung genutzt. Sie bieten außerdem preisgünstig Plätze für Familienaufenthalte an und erfüllen weitere Aufgaben der Jugend- und Freizeitpolitik. Eine Nutzungs-, Kapazitäts- und Standortanalyse für das Gebiet der alten Bundesrepublik wurde 1980 veröffentlicht. Die Netzentwicklung und Bestandsnutzung der Jugendherbergen in den neuen Bundesländern wurde 1993/94 untersucht. Letztere knüpft hinsichtlich der Standortverteilung an die „Jugendherbergskarte 1 : 600 000, Einrichtungen der Jugendtouristik in der DDR" von 1986 an.

Auch eine andere Form der Rekreation, das Camping, hat in den letzten Jahrzehnten erheblich an Bedeutung gewonnen. Aufgekommen ist das Camping in den dreißiger Jahren in den USA aus dem Widerspruch zwischen einem hohen Motorisierungsgrad und fehlender Beherbergungskapazität. Der Bedarf der Camper an Stellfläche für ihre mobilen Unterkünfte hat mit der Erhöhung des Komforts in den heute vorherrschenden Wohnmobilen und Caravans erheblich zugenommen, ebenso die Notwendigkeit der Ver- und Entsorgungsanschlüsse an den einzelnen Stellplätzen. Besonders auf siedlungsfernen Plätzen, die jedoch nahe dem Rekreationspotential wie Strand, See u. ä. gelegen sind, erfordert die infrastrukturelle Ausstattung hohe Aufwendungen seitens der Betreiber und Kommunen. Auf die landschaftsökologischen Probleme, die aus dieser Nutzungsform des Küstenraumes resultieren, haben JESCHKE (1985) sowie STERR u. a. (1990) nachdrücklich hingewiesen.

Wie das Spektrum der Unterkünfte ist auch die Palette der gastronomischen Einrichtungen äußerst differenziert. Exklusiven Spezialitätenrestaurants an dem einen Ende der Skala stehen einfachste Imbißstände mit Selbstbedienung an dem anderen Ende gegenüber. Dazwischen bewegt sich eine Vielfalt der Angebote, die entsprechend den individuellen Bedürfnissen und Möglichkeiten nachgefragt werden. Auf eine einfache Formel wie „angebotene Gaststättenplätze" läßt sich diese Teilkapazität nicht bringen. Das gilt aber ganz allgemein für alle Teilkapazitäten des Dienstleistungs- und Handelsbereichs.

Besonders im Handel ist die Spezifik der Nachfrage seitens der Rekreanten zu beachten. Auf sie sind die jeweiligen Sortimente abzustimmen. Unter den Waren des täglichen Bedarfs werden vor allem Obst, Getränke, Genußmittel, Blumen, Kosmetika, Filme, Zeitschriften, Postkarten, Reiseandenken u. ä. nachgefragt. Unter den Waren des periodischen und aperiodischen Bedarfs überwiegen Sportartikel, Wäsche, Bekleidung, Kurzwaren, Bücher, Papierwaren, kunstgewerbliche Artikel u. ä. Bemerkenswert ist auch die Nachfrage nach hochwertigen Angeboten. Das „Shopping" im Erholungsort stellt für viele Gäste ein Erlebnis dar und wird dann auch zeitaufwendig ausgekostet, nicht zuletzt von Kurpatienten in Badeorten. Viele dieser Angebote finden seitens der einheimischen Bevölkerung kaum Beachtung. Waren des täglichen Bedarfs werden häufig an Kiosken oder Verkaufspavillons angeboten, so an den Zugängen zum Strand oder in den Erlebnisbereichen, z. B. auf den Seebrücken der Küstenbadeorte. Die übrigen Waren sind in spezialisierten Geschäften, aber auch in Einkaufszentren zu haben.

Unter den kulturellen Einrichtungen, die der Betreuung von Urlaubern und Touristen dienen, sind Säle für Tanzveranstaltungen, Konzerte und Theateraufführungen, auch Kinos, Treffpunkte für Vorträge und Diskussionsrunden, Räume für Zirkel verschiedener Art, Bibliotheken mit Leseräumen, Ausstellungsräume und Freilichtbühnen zu nennen. Für Kinder werden jeweils besondere Angebote erwartet. Eine Ergänzung der kulturellen Erlebnisangebote bilden in einzelnen Orten die Spielcasinos, in denen sich die mondänen Gästegruppen treffen (und auch die, die dazugehören möchten).

Für eine vielseitige aktive Erholung und für die sportliche Betätigung, die viele Urlauber wünschen, bilden die entsprechenden Spielfelder im Freien wie auch in überdachten Räumen eine unabdingbare infrastrukturelle Voraussetzung. Für Federball, Basketball, Volleyball, Tennis, Minigolf, Boccia, Pelota, Kegeln und Gymnastik sollten solche Anlagen vorhanden sein. Weiter sind Möglichkeiten für Rollschuhlauf, Reit- und Schießsport, für den Wassersport (Rudern, Segeln, Surfen, Wasserski), die erforderlichen Bootsanlegeplätze (in Form von „Marinas"), Sprungtürme, Rutschen für Kinder u. a. m. notwendig. Auch größere Sportplätze mit Zuschauertribünen werden gebraucht.

Außerdem muß an ungünstige Witterungsverhältnisse gedacht werden. Dafür und insbesondere für die Nutzung in der kalten Jahreszeit müssen überdachte und auch heizbare Einrichtungen geschaffen werden. Freizeithallen mit Schwimmbädern, Kegelbahnen, Räume für Krafttraining, Tischtennis und Billard gehören dazu, um nur einige Beispiele zu nennen. Eine besondere Bedeutung haben an den Meeresküsten mit nur saisonaler Nutzungsmöglichkeit des Strandes Meerwasserschwimmhallen oder -becken, die ganzjährig genutzt werden können. Sie werden gegenwärtig vielfach in Verbindung mit medizinischen Badekuren und anderen therapeutischen Angeboten betrieben. Instruktive Beispiele dafür sind die „Nordseetherme" im ostfriesischen Bensersiel und die nach ihrem Vorbild zwischen Heringsdorf und Ahlbeck auf der Insel Usedom errichtete „Ostseetherme". Diese multivalent genutzten Erlebnis- und Erholungseinrichtungen tragen maßgeblich zu einer Saisonverlängerung bzw. zu einer ganzjährigen Nutzung erheblicher Teile der Kapazität der betreffenden Orte bei.

Eine Aufzählung der Dienstleistungseinrichtungen muß von vornherein unvollständig bleiben. Genannt seien lediglich Friseur- und Kosmetiksalons, Fotolabors, Reinigungs- und Reparaturdienste für Bekleidung, Wäsche und Schuhe, Ausleihdienste für Sportartikel, Strandkörbe, Boote und Fahrräder, Parkmöglichkeiten und Servicewerkstätten für Fahrzeuge, ein Angebot an Fahrleistungen, z. B. mit Kutschen oder Taxen, auch Ausflugsfahrten mit Bussen oder Schiffen, ein funktionierender, getakteter und preisgünstiger öffentlicher Personennahverkehr, Toiletten (auch für Hunde!), Polizei und Reisebüro, Post und Sparkasse, Wasser- oder Bergrettungsdienst sowie ganz obenan die Tourist-Information.

Die Kapazitäten von Orten und Gebieten sind in Wert gesetzte Potentiale. Das haben die Beispiele gezeigt. Für ihre Inwertsetzung sind innovative Produktgestaltung, geschicktes Marketing und ansprechende Werbung notwendig. Daß auch die Öffentlichkeitsarbeit mit den Medien nicht zu kurz kommen darf, ist hinlänglich bekannt. Probleme ergeben sich mancherorts aus dem Flächenbedarf für den ruhenden Verkehr. Überhaupt sollte innerhalb der Ortslagen dem Fußgänger Vorrang vor dem Radfahrer und diesem Vorfahrt vor dem Auto eingeräumt werden. Auf diese Weise ließe sich manche Belästigung der Erholer durch Abgase und Lärm des Fahrzeugverkehrs verringern, wobei selbstverständlich die Erreichbarkeit des Zielortes (und das ist auch das Hotel bzw. die Wohnung des mit dem eigenen Auto anreisenden Gastes) gesichert bleiben muß.

Gelten in einer Gesellschaft marktwirtschaftliche Prinzipien, so macht der Tourismus keine Ausnahme. Angebot und Nachfrage sowie der realisierbare Gewinn bestimmen die Handlungsweise der „weißen Industrie". Das gilt für den kleinen Vermieter wie für die großen Hotelketten, Reiseveranstalter und Reisevermittler. Dieser Markt ist ständig in Bewegung, gegenwärtig weltweit in aufsteigender Linie, regional allerdings sehr unterschiedlich. Es entstehen Überkapazitäten, weil sich die Touristenströme verlagern, und es „boomen" Regionen, die erst seit kurzem als Zielgebiete „entdeckt" wurden.

Gegen Bezahlung befriedigen große Reiseunternehmen nahezu alle Bedürfnisse der Touristen. Sie veranstalten und vermitteln Reisen zu Zielen fast überall auf der Erde, die Antarktis nicht ausgenommen. Sie betreiben die Information der Rekreanten, ihnen gehören die Transportmittel zwischen Quell- und Zielgebiet, sie sind Eigentümer der Hotels, sie offerieren kostspielige Luxusreisen ebenso wie Pauschalangebote des Massentourismus. Sie betonen wirksam die Umweltfreundlichkeit ihrer Produkte. Durch ihre erheblichen Marktanteile beeinflussen sie unter Umständen auch die lokale wie die regionale wirtschaftliche Entwicklung maßgeblich mit. Sie sind in der Lage, den Reiseverkehr auf bestimmte Zielorte zu lenken, dabei Modeströmungen zu nutzen oder auszulösen. Für die Kapazitätsentwicklung sind sie von großer Bedeutung.

Auch ein „immaterieller Faktor" hat Einfluß auf die Nutzung vorhandener Kapazitäten und darf deshalb nicht übersehen werden. Das ist die Einstellung gegenüber dem Gast, die Freundlichkeit, mit der er empfangen und betreut wird. Aus der Entwicklung des Fremdenverkehrs ist bekannt, wie sehr und wie lange die Besucher „Fremde" blieben, bis sich bei der Gesamtheit der Bevölkerung eines Ortes oder einer Region ein „Gastgeberbewußtsein" herausgebildet hatte. Das stößt gerade dort auf Schwierigkeiten, wo die endogene oder „innovative" Entwicklung des Tourismus (aus welchen Gründen auch immer, meistens infolge Kapitalmangels bei der einheimischen Bevölkerung) durch eine außenbürtige, „kolonisierende" Entwicklung überlagert oder gar ersetzt wird, an der in erster Linie Gebietsfremde mit Gewinn für sich beteiligt sind. Gerade angesichts von Fällen der Fremdenfeindlichkeit ist auf die Wichtigkeit einer gastfreundlichen Haltung gegenüber dem Touristen aufmerksam zu machen.

Den *örtlichen Strukturkomplex von Tourismus und Erholung* veranschaulicht Abb. 13 (aus RITTER 1991). Dieser örtliche Strukturkomplex – das *lokale Rekreationssystem* in unserm Sinne – ist deshalb so wichtig, weil es sich beim Tourismus im Gegensatz zur Landwirtschaft und Industrie um „intelligente" Produkte handelt, die am Ort ihrer Entstehung konsumiert werden müssen. Das „ursprüngliche Angebot" nach RITTER (1991, S. 310 ff.) stützt sich auf die naturgegebenen, kulturellen und geschaffenen Attraktivitätsfaktoren, die Besucher anlocken, samt den Einrichtungen zu deren Nutzung. Das „abgeleitete Angebot" sind die Einrichtungen der Beherbergung und der Verpflegung samt ergänzenden Diensten, die es den Gästen ermöglichen, am Ort der Attraktionen physisch anwesend zu sein.

Abbildung 13
Der Strukturkomplex von Tourismus und Erholung (RITTER 1991, Abb. XIII-8)

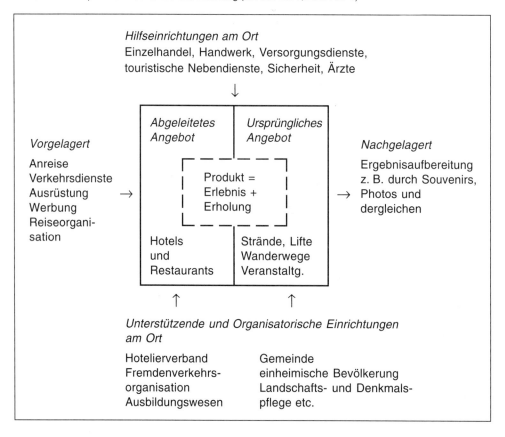

## 3.1.4.
## Die Erreichbarkeit

*Nur erreichbare Rekreationspotentiale können durch die Entwicklung von Kapazitäten und die Gestaltung darauf basierender Angebote als nachfragegerechte touristische Produkte auf dem Markt zur Deckung des Erholungsbedarfs nutzbar gemacht werden.* Deshalb muß, wenn von den räumlichen Voraussetzungen für die Rekreation gesprochen wird, die Erreichbarkeit der Orte und Gebiete als eine wesentliche rekreationsgeographische Kategorie Berücksichtigung finden.

Als Faktoren gehen in die Erreichbarkeit nicht nur die *Lage* des Zielortes und somit die zwischen Quellgebiet und Zielort zu überwindende *Entfernung* ein, sondern auch die dafür benötigte *Zeit*, die in Abhängigkeit von Beförderungsmitteln und -tarifen sowie Familiengröße aufzuwendenden *Kosten* sowie die durch verschiedene Umstände verursachten *Mühen*. Die Unbequemlichkeit der jeweiligen Verkehrsmittel, nicht aufeinander abgestimmte Fahrpläne verschiedener Verkehrsträger und Verkehrsstaus, daraus resultierende Wartezeiten, fehlende Parkmöglichkeiten zum Abstellen individueller Verkehrsmittel und andere Umstände belasten die Touristen. Sie erschweren die Erreichbarkeit der Ziele im Wohnumfeld, Naherholungs- und Fernerholungsgebiet in den jeweils für Erholungszwecke zur Verfügung stehenden Zeitbereichen Feierabend, Wochenende, freie Tage, Urlaub bzw. Ferien und arbeitsfreie Lebensphasen..

Die Verkehrsmittel zum Erreichen von Erholungsorten oder -gebieten sind heutzutage vielfältig. Es stehen Eisenbahnen und Flugzeuge, Schiffe, Straßenbahnen und – als individuelle Verkehrsmittel – Kraftfahrzeuge, aber auch Fahrräder zu Gebote. Manche kürzeren Entfernungen lassen sich auch zu Fuß bewältigen und bieten so eine Gelegenheit zu aktiver Erholung. Im internationalen Reiseverkehr dienen Linien- und Charterflugzeuge zum schnellen Erreichen der Zielorte. Mit ihnen werden große Entfernungen in kürzester Zeit überwunden. Ob bei manchen Verkehrsmitteln die Reise selbst bereits Zeit der Erholung ist, z. B. bei Flug- und Busreisen oder bei privaten Autofahrten, hängt stark von subjektiven Faktoren ab. Anders verhält es sich mit Schiffsreisen; sie bieten je nach Ausstattung schon während der Fahrt Erholung und Erlebnisse. Das trifft auf Hochseekreuzfahrtschiffe ebenso zu wie auf Flußfahrgastschiffe, das gilt auch für Yachten, Segel- und Motorboote.

Obwohl in den entwickelten Ländern durch eine weitgehende individuelle Motorisierung und den Ausbau einer leistungsfähigen Verkehrsinfrastruktur theoretisch fast jedes rekreative Potential erreichbar erscheint, gewinnt die Erreichbarkeit gerade beim Ausbau von Naherholungsmöglichkeiten an Bedeutung, nicht zuletzt unter dem Blickwinkel einer aus Gründen der Umweltbelastung zu wünschenden Reduzierung des motorisierten Individualverkehrs. Die Menschen wollen schnell und bequem ihr Erholungsziel erreichen, um ihre Freizeit maximal zu nutzen. Dazu sollte ein gut funktionierendes und wettbewerbsfähiges System des öffentlichen Personennahverkehrs (ÖPNV) beitragen.

In den Ballungsgebieten existieren bereits räumlich ausgedehnte Verkehrsverbünde verschiedener Verkehrsträger, die auch die Naherholungsziele einschließen. In ländlichen Gebieten hingegen – dort sind in der Regel die Ziele der Erholer und Freizeiter lokalisiert – ist deren Erreichbarkeit mittels des ÖPNV oft nur ungenügend ausgebaut, so daß viele das eigene Kraftfahrzeug benutzen. Für die Naherholung ist ferner zu beachten, daß nach übereinstimmender Einschätzung der Zeitaufwand, um das betreffende Erholungsgebiet zu erreichen, 60 Minuten nicht überschreiten sollte. Die Wald- und Seengebiete des stadtan-

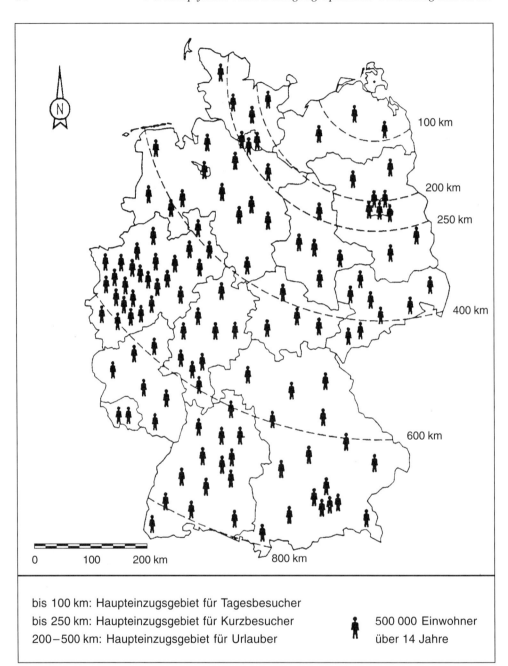

Abbildung 14
Potentielle Fremdenverkehrseinzugsgebiete der Insel Rügen in Deutschland
(HELFER 1993, Abb. 77)

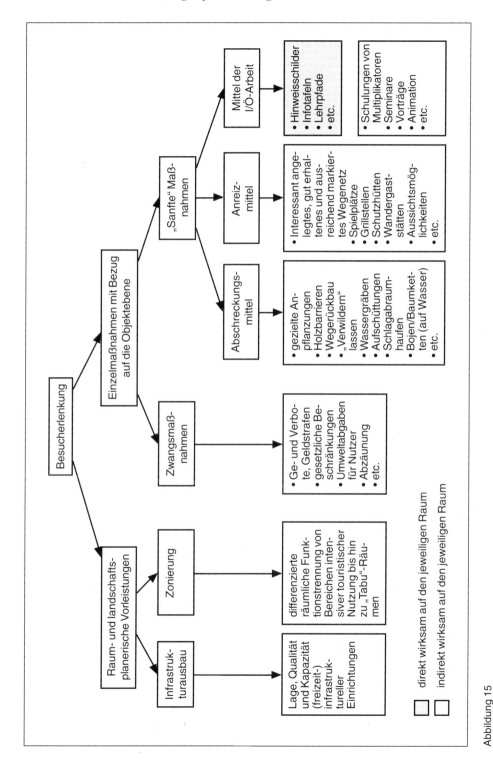

Abbildung 15
Maßnahmen zur Besucherlenkung in Großschutzgebieten (JOB 1995, Abb. 2)

grenzenden Umlandes der Bundeshauptstadt Berlin z. B. sind von der Innenstadt aus in der Regel innerhalb dieser Zeitspanne mit öffentlichen Verkehrsmitteln zu erreichen. Überhaupt werden die suburbanen Erholungsbereiche von den Stadtbewohnern in der Regel nicht nur intensiv für die Feierabend- und Wochenenderholung frequentiert. Sie sind auch seit Jahrzehnten stark nachgefragte Bereiche für den Bau von Freizeithäusern.

Die kartographische Darstellung der Erreichbarkeit geschieht mittels Isochronen, also Linien gleichen zeitlichen Abstandes vom Ausgangspunkt der Erholungsuchenden. Dabei können Art des Verkehrsmittels mit Haltestellen, Abstand der Bedienung der Linien in Zeiteinheiten, Anschlüsse zu bestimmten Tageszeiten sowie die Fahrzeit einschließlich etwaiger Umsteigezeiten u. a. m. berücksichtigt werden. Bei Untersuchungen hat sich herausgestellt, daß über 60 Minuten entfernte Ziele nur aufgesucht werden, wenn sie einen sehr hohen Erholungswert bzw. eine herausragende Attraktivität, etwa besondere Sehenswürdigkeiten oder Erlebnisbereiche, aufweisen. Für die Schweriner Seenlandschaft wurde von SCHÖNEICH (1974) eine Karte der Erreichbarkeit erarbeitet. Die Literatur kennt zahlreiche weitere Beispiele. So legten Untersuchungen am damaligen Institut für Geographie und Geoökologie der Akademie der Wissenschaften der DDR (JÄGER 1987, Abb. 8) für Städte mit > 150 000 Einwohnern einen 50-km-Radius des Naherholungsfeldes zu Grunde, für Städte mit 50 000 bis 150 000 Einwohnern einen solchen von 30 km. Für Millionenstädte sei ein größerer Radius als 50 km anzusetzen.

Die Erreichbarkeit gewinnt eine besondere Qualität dort, wo erholungsrelevante Örtlichkeiten im Sinne einer aktiven Erholung zu Fuß erreicht werden sollen. Wanderziele erfordern Wanderwege. In den Mittelgebirgen, die vorrangig das ganze Jahr über von Wanderern „bevölkert" werden, braucht man zweckmäßig ausgebaute und gut ausgeschilderte Wanderwegenetze. Notwendig sind ferner Ruhemöglichkeiten und auch Schutzhütten vor Regen, Schnee und Sturm. Ähnlich wie Wanderwege sind auch Panoramastraßen in Hochgebirgen zu bewerten. Von Parkplätzen aus sollten Aussichtspunkte zu Fuß erreichbar sein.

Über die Erreichbarkeit ist sowohl eine Abgrenzung potentieller Einzugsgebiete – auch im Sinne von Zielgebieten der Gästewerbung – als auch eine lokale Besucherlenkung im Interesse eines umweltschonenden Tourismus möglich. HELFER (1993) zeigte für die Insel Rügen (Abb. 14), innerhalb welcher Entfernungen in Deutschland die Haupteinzugsgebiete für Tagesbesucher, Kurzurlauber und Urlauber anzusetzen seien. Wichtig ist vor allem die 600-km-Marke, denn sie begrenzt den Raum, aus dem Autotouristen ohne eine zusätzliche Übernachtung ihr Ziel auf der Insel Rügen erreichen können. BARTH (1995) und JOB (1995) stellten den entgegengesetzten Fall dar, wie nämlich mittels der bewußten Ausnutzung von Mühen bei der Erreichbarkeit in Waldgebieten und Großschutzgebieten (Abb. 15) eine umweltschonende Besucherlenkung erfolgen kann.

Von BARTH (a. a. O., S. 148 ff.) ist nachgewiesen worden, daß Besucher in Wäldern und Parks durch eine entsprechende Gestaltung der Wege als optische Leitlinien ohne Ver- und Gebote unbewußt gelenkt werden können. So wirkt ein Baumartenwechsel in Sichtnähe entweder anziehend oder abweisend. Auch die Ausschilderung kann Neugiereffekte mit hoher Steuerungswirkung auslösen. Besonders der Wegebau im Wald wie auch in der Landschaft ist geeignet, die Erholungsnutzung zu beeinflussen, z. B. Besucher von Seen an gewollte Uferabschnitte heranzuführen und von anderen fernzuhalten. Besonders steuerungswirksam sind durchgängige Knüppelpfade in Sumpf- und Moorgebieten. Außer Frage steht auch, daß geographische Wander- und Radwanderführer als Instrumente der Besucherlenkung dienen können (vgl. BECKER u. MOLL 1990; BECKER 1995 b).

## 3.2.
# Die räumlichen Auswirkungen von Rekreation und Tourismus

*Alle Formen der Rekreation und des Tourismus als raumbeanspruchende und flächennutzende Aktivitäten haben bestimmte räumliche Auswirkungen.* Sobald erste Kapazitäten für die Aufnahme und Betreuung von Besuchern entstehen, erfahren rekreativ genutzte Orte und Gebiete dadurch eine vielfältige Beeinflussung und Veränderung. Die Raumwirksamkeit der Erholung und des Tourismus wird in der regionalgeographischen und fachspezifischen Literatur an vielen Beispielen erläutert. Dabei können diese Auswirkungen sowohl negativer als auch positiver Natur sein. Die Erhaltung einer erholungswirksamen und touristisch interessanten Kulturlandschaft, ihrer Vielfalt, Eigenart und Schönheit, ist auch ein Ziel angewandter Rekreationsgeographie.

Im einzelnen sind unter *räumlichen Auswirkungen* zu erfassen:

– *die Herausbildung von Standorten der Erholung und des Tourismus.* In ihnen ruft die rekreative Nutzung eine spezifische Siedlungsstruktur hervor, sie sind in bestimmter Weise in die Raumstrukturen eingebunden. In diesem Zusammenhang spielt die historisch-geographische Entwicklung der Standorte ebenso eine Rolle wie deren funktionsbedingte innere Gliederung sowie ihre Flächen- und Gebäudenutzung;

– *die unterschiedliche Frequentierung der Erholungsorte und -gebiete* als Folge der Befriedigung einer auf diese gerichteten Nachfrage. Die Frequentierung erschöpft sich nicht in statistisch erfaßbaren Besucherzahlen, sondern schließt die Verhaltensweisen der Erholer und Freizeiter ein, zumal ihre Aktivitäten in vielfältiger Hinsicht auf die Umwelt einwirken;

– *die Entstehung räumlicher Beziehungen,* nicht nur als „Fremdenverkehrsströme" zwischen den Quell- und Zielgebieten der Rekreanten, sondern auch in vielfältiger Weise innerhalb der Erholungsorte und -gebiete selbst, so daß sich insgesamt ein strukturiertes räumliches Geflecht oder Wirkungsnetz von Innen- und Außenbeziehungen ergibt;

– *die Abgrenzung von Erholungsgebieten,* die unter der Dominanz einer rekreativen Nutzung im geographischen Sinne räumliche Funktionseinheiten bilden und als Geosysteme betrachtet werden können. Auf sie richtet sich die Aufmerksamkeit sowohl der Regional- und Landesplanung als auch des tourismuswirtschaftlichen Managements.

## 3.2.1.
## *Die Herausbildung von Standorten der Erholung und des Tourismus*

*Die erste räumliche Folge einer wirtschaftlichen Ressourcennutzung ist die Herausbildung von Standorten. Das gilt auch für die Erholung.* Auf der Grundlage von natur- und kulturräumlichen Potentialen führt die aus der Befriedigung des Daseinsgrundbedürfnisses „Sich erholen" resultierende Nachfrage zur Entwicklung von Kapazitäten und Angeboten an bestimmten Standorten. Diese treten in der Regel als Siedlungen mit einer spezifischen inneren Gliederung und räumlichen Einbindung in Erscheinung und werden dann kurz als „Erholungsorte" bezeichnet.

Um einige Beispiele zu nennen: In den Küstengebieten der für Erholungszwecke nutzbaren Meere, besonders dort, wo auch klimatisch zumindest saisonal Voraussetzungen für das Baden und Schwimmen im Flachwasserbereich und für Sport und Spiel auf sandigen Stränden gegeben sind, ist es weltweit zur Entwicklung von kleineren und größeren „Seebädern" gekommen. Man denke nur an den mediterranen Raum und seine Entwicklung zur wichtigsten europäischen Erholungszone in den letzten Jahrzehnten. Aus den vielen Fallstudien in dieser Region sei lediglich diejenige von EICH (1989) über La Manga del Mar Menor an der spanischen Costa Blanca erwähnt. Dieser Prozeß setzt sich in der Gegenwart fort und hat inzwischen viele Regionen der Dritten Welt erfaßt. Zu den dort auftretenden spezifischen Problemen äußerte sich u. a. VORLAUFER (1990).

In den Hochgebirgen der Erde hat sich – siehe das Beispiel der Alpenregion – neben dem in der Regel an die Täler gebundenen, auf der Basis landwirtschaftlicher Produktion historisch gewachsenen Siedlungsnetz mit einer schrittweise entstandenen rekreativen Infrastruktur ein Netz alpiner touristischer Standorte und isolierter „Stützpunkte" herausgebildet. Sie verfügen über ein völlig anderes kommunikatives System, indem sie durch „Aufstiegshilfen" wie Sessellifts mit hochgelegenen Sportflächen verknüpft sind und nur an Bodenstationen oder „Hütten", die durchaus hochmoderne Hotels wie die französischen Skisportzentren sein können, einen Anschluß an die gewachsene Siedlungsstruktur der Region haben (vgl. Abb. 8).

So sind in allen für die Rekreation und den Tourismus genutzten Landschaften als räumliche Auswirkung dieser Nutzung einzelne Bauten und ganze Siedlungen entstanden, die das Erscheinungsbild der heutigen Kulturlandschaft prägen, so daß dafür die Bezeichnung „Erholungslandschaft" sinnvoll erscheint. Die Erholungsnutzung führt aber nicht nur zu einer Aufwertung des ästhetischen Bildes der Landschaft, sondern trägt gleichzeitig auch zu Beeinträchtigungen bei. Zum Beispiel wirken während des Sommers ungenutzte (und demzufolge häufig auch ungepflegte) Seilzüge von Liftanlagen in den Gebirgen ebenso landschaftsästhetisch störend wie eine Überzahl von sich ungleichmäßig drehenden Windkraftanlagen in einer sonst ruhigen Küstenlandschaft.

In jedem Erholungsort läßt sich der Prozeß seiner rekreativen Erschließung mit historisch-geographischen Methoden aufdecken und nachvollziehen. An der mecklenburg-vorpommerschen Ostseeküste ist durch die Erholungsnutzung eine spezifische *„maritime Kulturlandschaft"* entstanden, die sich in eine zirkumbaltische Erholungszone einordnet. Diese Entwicklung begann mit der Gründung des ersten deutschen Seebades 1793 durch den mecklenburgischen Herzog Friedrich Franz I. in Heiligendamm in der Nähe seiner damaligen Sommerresidenz Doberan. Sie setzte sich fort in der Anlage der klassizistischen Residenzstadt Putbus auf der Insel Rügen 1810 durch den Fürsten Malte zu Putbus mit dem Badehaus an der Goor. Schnell folgte dann im Ausstrahlungsbereich der größeren Städte wie Rostock und Lübeck die Entwicklung von Warnemünde und Travemünde als Erholungsorte. In Heringsdorf auf der Insel Usedom, 1818 als namenlose Fischerkolonie angelegt, setzte der Badebetrieb um 1825 ein und führte damals zum Bau der ersten Logierhäuser.

So interessant es wäre, weitere Einzelheiten nachzuspüren, so müssen wir uns hier dennoch auf einige Grundlinien beschränken. Dabei sind die siedlungsgeographischen Auswirkungen diejenigen, die die Zeiten überdauerten und sich als nachhaltig erwiesen haben (vgl. BENTHIEN 1967). Einer Einstiegsphase des Sommerfrischenaufenthaltes bürgerlicher Familien (Gelehrte, Pastoren, Beamte) in den Fischer- und Bauerndörfern an der

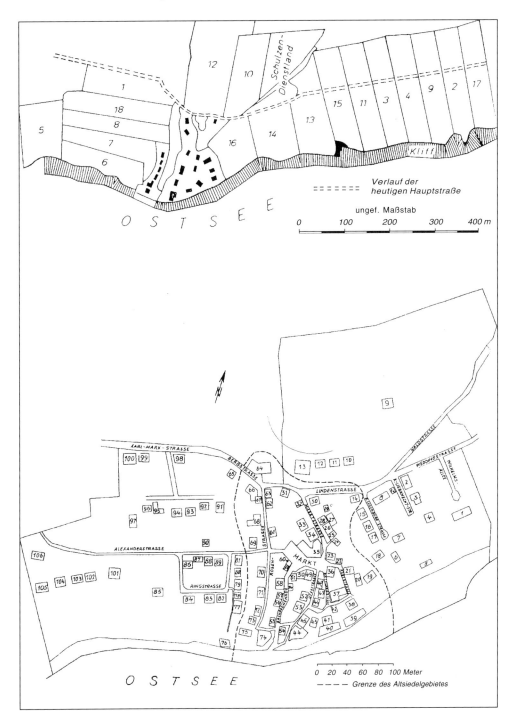

Abbildung 16
Ortspläne von Sassnitz 1844 und Alt-Sassnitz um 1900 (WEBER 1965, S. 55, und 1964, S. 155)

Ostseeküste folgte eine Phase des Ausbaues und Wachstums, auch der räumlichen Ausdehnung eines ausgesprochen kapitalistischen Fremdenverkehrsgewerbes in den letzten zwei Jahrzehnten des 19. Jh. und in der Zeit bis zum Ersten Weltkrieg. Damals entstand die heute nostalgisch anmutende, an den Schweizer Landhausstil angelehnte „Bäderarchitektur". Sie ist überraschend ähnlich an der Ost- und Nordseeküste, in Fremdenverkehrsorten der deutschen Mittelgebirge und an den Kärntner Seen in Österreich zu finden..

Diese Entwicklung muß auf dem Hintergrund des *Qualitätssprunges in der Erreichbarkeit* gesehen werden, der durch den Bau der Eisenbahnen in Norddeutschland nach der Mitte des 19. Jh. ausgelöst worden war. Vor dem Ersten Weltkrieg besaßen Badeorte wie Warnemünde, Binz und Heringsdorf unter den damaligen Randbedingungen den Charakter von „Weltbädern". Das mag verwundern, aber die gleichzeitig weltweit renommierten Badeorte an der französischen Mittelmeerküste waren damals ausgesprochene Winterkurorte. Erst nach dem Zweiten Weltkrieg begann dort der Sommerbadebetrieb an ihren relativ kurzen sandigen Stränden. Die für sie ausschlaggebenden Standortfaktoren waren zunächst das milde Winterklima und die Hanglage am Mittelmeer.

Eine solche Hanglage nutzt auch *Sassnitz*, über dessen frühe Entwicklung wir durch eine äußerst genaue Untersuchung von WEBER (1964, 1965) bis in Einzelheiten der Besitzstrukturen hinein unterrichtet sind. Dieser Ort auf der Insel Rügen verwandelte sich zwischen 1860 und 1890 aus einem Fischerdorf in einen der größten (damaligen) Badeorte der Ostseeküste. In dreißig Jahren, ausklingend bis zum Ersten Weltkrieg, entstand in Alt-Sassnitz (Abb. 16) durch An-, Um- und Neubauten von Hotels und Pensionen ein Ensemble einer „Bäderarchitektur", das in seiner Anlehnung an die Kreideküste und mit seinen engen, zum Marktplatz aufstrebenden Gassen fast mediterranen Charakter hat und bis heute seinesgleichen sucht.

An Alt-Sassnitz schlossen sich dann später in westlicher Richtung die Siedlungsstrukturen an, die mit der Anbindung an die Rügensche Vollspurbahn 1891, dem Hafenbau 1889 bis 1896, der Eröffnung des Postdampferverkehrs nach Trelleborg 1897, der Trajektverbindung dorthin auf der „Königslinie" 1909, der Errichtung der Marinegarnison 1936 und schließlich, ab 1949, dem Fischkombinat, das seinerzeit über 2500 Menschen beschäftigte, zusammenhingen. Parallel zur baulichen Ausdehnung der heutigen (seit 1957) Stadt Sassnitz auf die Gemarkungen Krampas und Dwasieden erfolgte die Anlage von Wander- und Fahrwegen in das nahegelegene Waldgebiet der Stubnitz (heute Nationalpark Jasmund) und zum Königsstuhl, dem bekanntesten und mit rd. 120 m ü.d.M. höchsten Kreidefelsen der Insel Rügen. Gleichzeitig war die Errichtung eines Kurparks mit Musikpavillon und Kurkonzerten während der Saison seitens der Gemeinde notwendig, ebenso von privater Seite die Beschaffung geeigneter Boote für Seepartien und die Bereitstellung der üblichen Angebote gegenüber der Nachfrage der Gäste.

Eine ebenfalls für Ostseebäder typische Entwicklung hat *Binz* durchlaufen (Abb. 17). Im Unterschied zu Saßnitz ist sie ausschließlich auf den erholungsorientierten Fremdenverkehr gegründet. Das 1318 erstmalig erwähnte Fischerdorf Binz war über fünf Jahrhunderte lang landeinwärts auf den Schmachter See orientiert. 1884 wird als das Jahr des Einsetzens des Fremdenverkehrs in Binz genannt, denn in diesem Jahr erschien in einer Berliner Zeitung die erste Werbeanzeige für Binz und das gerade eröffnete „Strandhotel", einen Fachwerkbau nahe dem breiten sandigen Ostseestrand unterhalb des Waldgebietes der Granitz (1995 abgerissen). Damit setzte eine Baukonjunktur ein, die Binz seewärts orientierte, eine Erscheinung, die für alle aus Fischerdörfern hervorgegangenen Badeorte an der Ostseeküste

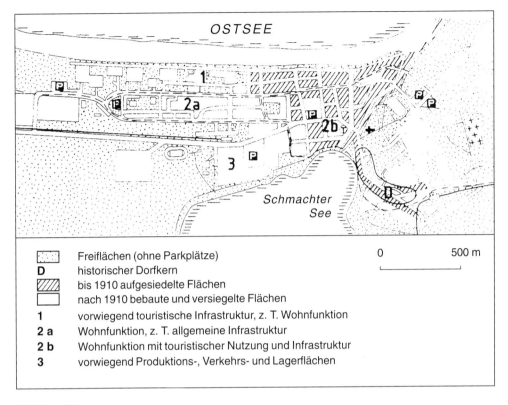

**Abbildung 17**
Binz - funktionale und historische Gliederung (Exkursionsführer Mecklenburg-Vorpommern 1991, S. 146)

gilt. Für Binz und das südöstliche Rügen wurde diese Entwicklung von GEHRKE (1966) in ihren Einzelheiten dargestellt.

Binz erhielt bis zum Ersten Weltkrieg seine repräsentative, mit Hotels, großen Pensionen und einigen privaten Ferienhäusern bebaute Promenade und die rechtwinklig darauf zulaufende Hauptgeschäftsstraße. Der im Jugendstil gehaltene Komplex des Kurhauses (errichtet nach dem Brand eines Vorgängerbaus) mit dem Kurgarten wurde erst während des Krieges fertiggestellt und bildet bis heute den gesellschaftlichen Mittelpunkt des Ostseebades. In der „zweiten Reihe" befinden sich dann die jetzt rund hundert Jahre alten Pensionsbauten mittlerer und kleinerer Größenordnung im nachempfundenen Schweizer Landhausstil mit den charakteristischen hölzernen Veranden. Sie wurden damals von den ortsansässigen Bauhandwerkern für die saisonale Nutzung errichtet. Und schließlich sind im alten Ort auch noch einige der in der Anfangszeit des Fremdenverkehrs aufgestockten Fischerhäuser erhalten.

In den zwanziger Jahren unseres Jahrhunderts änderten sich die Badesitten. Das „Freibaden" am Strand kam auf, langsam erlosch die Funktion der vordem streng nach Geschlechtern getrennten Badeanstalten. Zugleich wurden bisher nicht genutzte Potentiale, nämlich die Sandstrände zwischen den Badeorten, interessant. Die Bautätigkeit ging generell zurück und verlagerte sich auf neue, billigere Standorte, zumal unter den Besu-

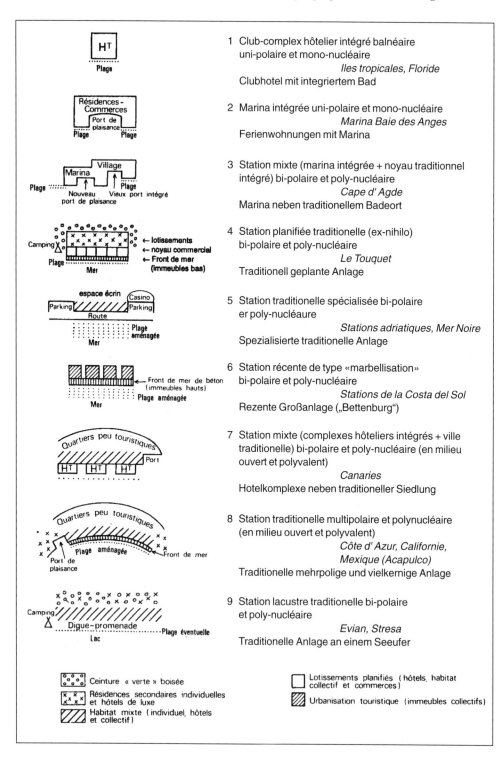

1  Club-complex hôtelier intégré balnéaire
uni-polaire et mono-nucléaire
*Iles tropicales, Floride*
Clubhotel mit integriertem Bad

2  Marina intégrée uni-polaire et mono-nucléaire
*Marina Baie des Anges*
Ferienwohnungen mit Marina

3  Station mixte (marina intégrée + noyau traditionnel
intégré) bi-polaire et poly-nucléaire
*Cape d' Agde*
Marina neben traditionellem Badeort

4  Station planifiée traditionelle (ex-nihilo)
bi-polaire et poly-nucléaire
*Le Touquet*
Traditionell geplante Anlage

5  Station traditionelle spécialisée bi-polaire
er poly-nucléaure
*Stations adriatiques, Mer Noire*
Spezialisierte traditionelle Anlage

6  Station récente de type «marbellisation»
bi-polaire et poly-nucléaire
*Stations de la Costa del Sol*
Rezente Großanlage („Bettenburg")

7  Station mixte (complexes hôteliers intégrés + ville
traditionelle) bi-polaire et poly-nucléaire (en milieu
ouvert et polyvalent)
*Canaries*
Hotelkomplexe neben traditioneller Siedlung

8  Station traditionelle multipolaire et polynucléaire
(en milieu ouvert et polyvalent)
*Côte d' Azur, Californie,*
*Mexique (Acapulco)*
Traditionelle mehrpolige und vielkernige Anlage

9  Station lacustre traditionelle bi-polaire
et poly-nucléaire
*Evian, Stresa*
Traditionelle Anlage an einem Seeufer

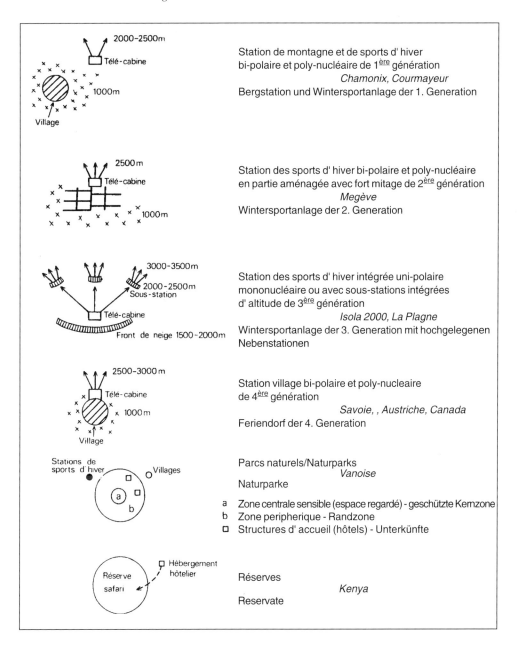

Station de montagne et de sports d' hiver
bi-polaire et poly-nucléaire de 1<u>ère</u> génération
*Chamonix, Courmayeur*
Bergstation und Wintersportanlage der 1. Generation

Station des sports d' hiver bi-polaire et poly-nucléaire
en partie aménagée avec fort mitage de 2<u>ère</u> génération
*Megève*
Wintersportanlage der 2. Generation

Station des sports d' hiver intégrée uni-polaire
mononucléaire ou avec sous-stations intégrées
d' altitude de 3<u>ère</u> génération
*Isola 2000, La Plagne*
Wintersportanlage der 3. Generation mit hochgelegenen
Nebenstationen

Station village bi-polaire et poly-nucleaire
de 4<u>ère</u> génération
*Savoie, , Austriche, Canada*
Feriendorf der 4. Generation

Parcs naturels/Naturparks
*Vanoise*
Naturparke

a  Zone centrale sensible (espace regardé) - geschützte Kernzone
b  Zone peripherique - Randzone
◻  Structures d' accueil (hôtels) - Unterkünfte

Réserves
*Kenya*
Reservate

Abbildung 18
Strukturtypen von Badeorten (nach Lozato-Gotard 1993, Fig. 36 a - c)

chern auch die weniger kapitalkräftigen Schichten relativ zunahmen. Unter dem Zeichen der NS-Organisation „Kraft durch Freude" entstand dann in den dreißiger Jahren in Prora nördlich von Binz am Strand der Schmalen Heide das nach Beginn des Zweiten Weltkrieges nicht mehr fertiggestellte „Bad der 20 000", eine gewaltige, über vier Kilometer lange geschlossene sechsgeschossige Hotelfront im Stil der „Neuen Moderne" (LICHTENAU 1992). Es steht mit seiner Gigantomanie in vollem Gegensatz zur klassizistischen Anlage von Putbus, markiert aber nicht nur den Baustil einer bestimmten Ideologie, sondern bedeutet zugleich den Beginn des Sozialtourismus auf der Insel Rügen.

„Sozialtourismus" ist dann auch das Stichwort für die Entwicklung des Erholungswesens in der DDR nach dem Zweiten Weltkrieg (vgl. ALBRECHT u. a. 1991). Durch den Feriendienst der Gewerkschaften und Betriebe, denen enteignete, früher private Hotels und Pensionen übergeben wurden, entstanden im Laufe der Zeit in den meisten Orten auch neue Kapazitäten. Gerade Binz erfuhr dadurch zu Beginn der 80er Jahre eine erhebliche Steigerung seiner Aufnahmekapazität. Ein Neubaukomplex im nordwestlichen Ortsbereich mit über 4 000 ganzjährig nutzbaren Betten machte Binz neben Kühlungsborn zum höchstfrequentierten Ostseebad in der DDR. Heute befindet sich dieser Komplex im Besitz zweier großer Ferienhotel-Gesellschaften aus der alten Bundesrepublik, wurde (teilweise) in seiner Ausstattung erheblich aufgewertet, spiegelt in den Baukörpern aber noch das Ideal des DDR-Sozialtourismus der letzten Jahre vor der Wende wider. Insofern beweist sich auch hier die These, daß die Bausubstanz zu den stabilsten Elementen der Siedlungsstruktur zählt. Weil Binz eine so typische Entwicklung hinter sich hat, wurde es auch in den letzten Jahren zu einem bevorzugten Objekt der Forschung (BARKHAU 1992, BREMER 1992, HELFER 1993, FREYER 1993).

Fast hätte auch der Sozialtourismus der DDR zu einem neuen großen Erholungskomplex auf der Insel Rügen geführt. 1969 waren die Pläne für das „Sozialistische Erholungszentrum Schaabe" auf der gleichnamigen Nehrung zwischen den Halbinseln Jasmund und Wittow fertig. Die naturgeographische Situation ist hier ähnlich wie auf der Schmalen Heide bei Prora. Die Planung sah insgesamt 12 000 Betten vor, die Hälfte von ihnen ganzjährig nutzbar, dazu eine Meerwasserschwimmhalle, mehrere Sporthallen, Kulturhaus und Kino, Freilichtbühne und Konzertgarten, Gaststätten und eine Seebrücke, dazu am Bodden einen Segelhafen und weitere Wassersportanlagen. Gescheitert ist das Projekt nicht nur wegen des finanziellen Aufwandes, sondern auch, weil angeblich auf den nordrügenschen Halbinseln weder die notwendigen Ressourcen an Arbeitskräften noch die benötigten Trinkwassermengen verfügbar waren.

Verallgemeinern läßt sich die Aussage: Die auf die rekreative Funktion abgestimmte Nutzung der Gebäude und Flächen verleiht den Erholungsorten ein spezifisches Aussehen und eine spezifische innere Gliederung. Die Bausubstanz, die dem Wohnen dient, wird durch eine Bausubstanz erweitert, die in Gestalt von Hotels und Pensionen eindeutig dem zeitweiligen Aufenthalt ortsfremder Gäste dient. Die Anzahl und die Angebote der Handels- und Dienstleistungseinrichtungen sind wie die der gastronomischen Betriebe dem Bedürfnisspektrum der Rekreanten und Touristen angepaßt und innerhalb der Ortslage meistens im Zentrum konzentriert (vgl. Abb. 18). Das Ortsbild der Fremdenverkehrssiedlungen darf somit nicht nur als ästhetische Synthese verschiedener Bauepochen und Baustile verstanden werden, sondern stets auch als physiognomischer Ausdruck der Gesamtheit der sozialökonomischen Verhältnisse in ihrer lokalen Differenzierung und ihrem Wandel im Verlaufe der gesellschaftspolitischen Entwicklung.

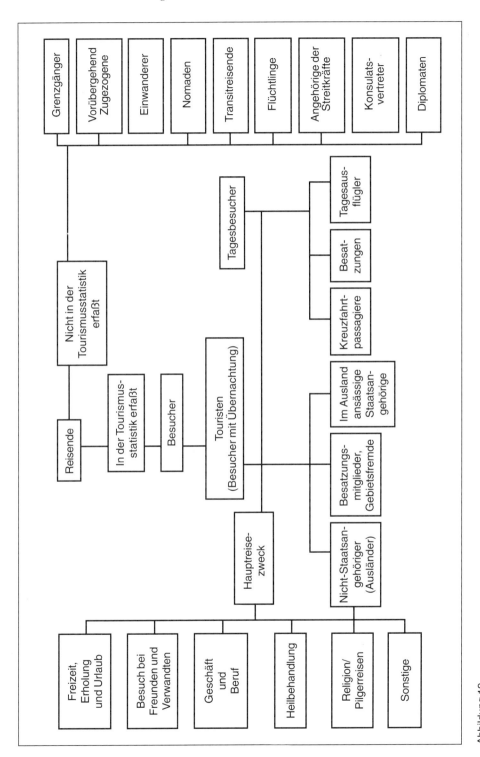

Abbildung 19
Klassifikation der Besucher nach dem Definitionskatalog der WTO (1991)

## 3.2.2.
## Die Frequentierung von Erholungsorten und Erholungsgebieten

*Abhängig von der Nachfrage und den Angeboten auf dem Markt werden Erholungsorte und Erholungsgebiete in unterschiedlichem Maße von Besuchern (Urlaubern und Naherholern) frequentiert.* Die „Erholer" (Rekreanten, Touristen oder auch Freizeiter) stehen zu Recht im Mittelpunkt der räumlichen Rekreationssysteme. Von der Frequentierung her lassen sich Vergleiche zwischen Orten und Gebiete anstellen und auch fachplanerische Entscheidungen vorbereiten. Unterschiede in den räumlichen Auswirkungen der rekreativen Nutzung können auf diesem Hintergrund sichtbar gemacht und erklärt werden.

Die Frequentierung datmäßig zu erfassen ist zunächst eine Aufgabe der amtlichen Statistik. Diese „erfaßt monatlich die Zahl der Ankünfte und Übernachtungen von Gästen sowie die Zahl der im Berichtsmonat angebotenen Fremdenbetten und Wohneinheiten in Beherbergungsstätten, die mehr als acht Gäste gleichzeitig vorübergehend beherbergen können. Bei Gästen aus dem Ausland wird eine Aufgliederung nach Herkunftsländern vorgenommen. Erfaßt werden darüber hinaus auch die Ankünfte und Übernachtungen auf Campingplätzen sowie die dort zur Verfügung stehenden Stellplätze" (Tourismus in Zahlen 1993, S. 13).

Die Begriffe „Tourismus" und „Fremdenverkehr" werden in der amtlichen Statistik synonym verwendet. Die Welttourimusorganisation (WTO) bezeichnet mit dem Begriff „Tourismus" die Aktivitäten von Personen, die sich an Orte außerhalb ihrer gewohnten Umgebung begeben und sich dort nicht länger als ein Jahr zu Freizeit-, Geschäfts- und anderen Zwecken aufhalten, wobei der Hauptreisezweck ein anderer ist als die Ausübung einer Tätigkeit, die vom besuchten Ort aus vergütet wird.

Nach dem Definitionskatalog der WTO von 1991 werden die *Reisenden (travellers)* klassifiziert in *Besucher (visitors),* die entweder als *Touristen (tourists)* wenigstens eine Nacht in einem Beherbergungsbetrieb oder einer Privatunterkunft an dem besuchten Ort verbringen, und *Tagesbesucher* oder *Ausflügler (same-day visitors, excursionists),* die sich nicht über Nacht in einem Beherbergungsbetrieb oder einer Privatunterkunft an dem besuchten Ort aufhalten (vgl. Abb. 19). Der Hauptzweck der Reise kann subsumiert werden unter a) Freizeit, Erholung und Urlaub; b) Besuch bei Freunden und Verwandten; c) Geschäft und Beruf; d) Heilbehandlung; e) Religion und Pilgerreisen und f) sonstige Reisezwecke.

In der *deutschen Statistik* wird der vorübergehende Aufenthalt derzeit noch auf zwei Monate begrenzt. Das ist jedoch nicht die Hauptschwäche dieser Statistik. Diese liegt vielmehr in der Untergrenze von „mehr als acht Betten", mit der die statistische Erfassung einsetzt. Damit bleiben alle Vermieter, die bis zu acht Betten anbieten (und das ist immerhin ein großer Teil der privaten Zimmervermieter), unberücksichtigt. Auch der Mikrozensus zum Reiseverhalten der Bevölkerung der BRD mit einer 0,1 %-Unterstichprobe wurde 1990 abgeschafft. So bleibt nur der Weg, diese Lücken über die „vor Ort" gesammelten Angaben der Vermieter, Kurverwaltungen (die die Kurtaxe einnehmen) und Fremdenverkehrsverbände zu schließen und damit von vornherein Fehler in den Aussagen in einer nicht genau zu beziffernden Größenordnung in Kauf zu nehmen.

Die Mängel der amtlichen Statistik sind von Fachleuten häufig beklagt worden. Deshalb ist es um so bedauerlicher, daß auch 1990, als der Einigungsvertrag vorbereitet wurde, die Vorschläge des damaligen Ministeriums für Handel und Tourismus der DDR, in dieser

Situation die statistische Erfassung für beide Teilgebiete Deutschlands zu reformieren, keine Berücksichtigung fanden. Dabei wußten die Beteiligten, daß gerade die veröffentlichte Reisestatistik der DDR erhebliche Lücken aufwies, ebenso wie die „nur für den Dienstgebrauch" zugänglichen Berichte der Staatlichen Zentralverwaltung für Statistik zum Erholungswesen.

Nur im früheren Bezirk Rostock wurde seit der ersten Hälfte der 60er Jahre, wie die Statistischen Jahrbücher der DDR belegen, eine genaue *Besucherstatistik auf Gemeindebasis* geführt, an deren Zustandekommen der Verfasser wesentlich beteiligt war. In ihr sind die örtlichen Bettenkapazitäten nach „Ferienträgern" und die Campingstellplätze ebenso dokumentiert wie die Zahlen der Gäste der verschiedenen Kategorien und ihrer Übernachtungen, im Abstand mehrerer Jahre auch deren soziale Zusammensetzung. Ein Duplikat der jährlichen Erhebungen befindet sich im Archiv des Greifswalder Förderkreises Freizeit- und Tourismusforschung e. V. Die staatliche Verantwortung lag bei der damaligen Abteilung Erholungswesen des Rates des Bezirkes, die Initiativen kamen in der Regel aus der Ständigen Kommission Erholungswesen des Bezirkstages.

Im Bezirk Rostock mit der Ostseeküste als dem wichtigsten Erholungsgebiet der DDR wurden für 1985 in 230 Städten und Gemeinden rd. 2,8 Mill. Gästemeldungen mit nahezu 33,6 Mill. Übernachtungen bei einer durchschnittlichen Aufenthaltsdauer von 12 Tagen statistisch erfaßt. In den nicht berichtspflichtigen Orten hielten sich nach Schätzungen der Bürgermeister 620 000 Urlauber mit rd. 8,7 Mill. Übernachtungen auf. Gerundet ergibt das – ohne Tagesbesucher – über 3,4 Mill. Gäste mit über 42 Mill. Übernachtungen. Damit konzentrierten sich auf den Bezirk Rostock damals ein Drittel aller inländischen Urlaubsaufenthalte der DDR-Bevölkerung. Diese Fakten sind für Vergleiche mit der Entwicklung nach der Wende wichtig, wo die Zahl der Gäste zunächst um zwei Drittel und die Aufenthaltsdauer um drei Viertel zurückgingen, dann aber langsam wieder anstiegen.

Allgemein gilt, daß die Ermittlung der Frequentierung überall dort schwierig oder gar unmöglich ist, wo weder ein melde- noch ein steuerpflichtiger Aufenthalt vorliegt. Das gilt z. B. zumeist für die Aufenthalte in eigenen Freizeithäusern oder -wohnungen. Nun will und darf die Statistik nicht dem Intimbereich von Personenkreisen nachspüren, aber für Aussagen über die Frequentierung von Orten und Gebieten und für kommunale Entscheidungsfindungen haben auch diese Aufenthalte unter Umständen ein größeres Gewicht, als der einzelne annimmt.

In der Regel werden in den einzelnen Ländern von den Gemeinden die Kennziffern „Übernachtungsplätze", „Gästemeldungen" und „Anzahl der Übernachtungen" so gut es geht erfaßt. Sie bilden die Grundlage der einschlägigen Regionalstatistik, aus der dann ausgewählte Kennziffern in die nationalen statistischen Jahrbücher übernommen werden. Angaben über den internationalen Reiseverkehr beruhten in der Vergangenheit auf den Zählungen der Grenzübergangsstellen, werden aber mit dem weiteren (wünschenswerten!) Wegfall von Grenzkontrollen unsicherer. Auch hier treten Hochrechnungen aus den Angaben von Wirtschaftsverbänden und Banken an die Stelle exakter Zählungen.

Durch „Ausgrabungen" in den verschiedensten Quellen hat die *Deutsche Gesellschaft für Freizeit* ihre Aussagen zum Reiseverhalten der Deutschen gewonnen und unter dem Titel „Freizeit in Deutschland 1994/95" veröffentlicht. Dort heißt es bei einem Vergleich des Jahres 1994 mit 1993 (S. 42/44): „Nach wie vor stellt das Reisen nach der Mediennutzung die wichtigste Freizeittätigkeit dar. Zählt man alle Reisen – wie der Reisemonitor –, blieb die Zahl der Auslandsreisen konstant, verringerte sich jedoch die Zahl der Inlandsreisen um

| Zahl der Reisen | 1994 | 1993 | Abweichung |
|---|---|---|---|
| Deutsche ab 14 Jahren | 138,2 Mio | 150,7 Mio | – 14 % |
| Mitreisende Kinder | 30,8 Mio | | |
| = Reisen insgesamt | 169  Mio | | |
| Westdeutsche | 93,6 Mio | 117  Mio | – 20 % |
| Ostdeutsche | 44,6 Mio | 43,7 Mio | + 2 % |
| Inlandsreisen | 78,4 Mio | 100,9 Mio | – 23 % |
| Auslandsreisen | 59,8 Mio | 59,8 Mio | +/– 0 % |
| **Reisedauer** | | | |
| Mittlere Reisedauer | 8,1 Nächte | 6,9 Nächte | |
| Übernachtungen insges. | 1,113 Mrd | 1,108 Mrd | + 0,1 % |
| **Reiseausgaben** | | | |
| Ausgaben für Übernach-tungsreisen | 131 Mrd | 134 Mrd | – 2 % |
| Durchschnitt pro Reise | 948 DM | | |
| je Inlandsreise | 506 DM | | |
| je Auslandsreise | 1 525 DM | | |
| **Reiseverkehrsmittel** | | | |
| Pkw | 61 % | | |
| Flug | 16 % | | |
| Bahn | 11 % | | |
| Bus | 9 % | | |
| Sonstige | 3 % | | |
| **Reiseart** | | | |
| Geschäftsreisen | 18 Mio | | |
| Sonstige Reisen | 19 Mio | | |
| Urlaubsreisen | 101 Mio | | |
| *Anteile* | | | |
| Sun+Beach-Urlaub | 25 % | + 19 % | |
| Städtereisen | 21 % | | |
| Erholungsurlaub auf dem Land | 16 % | | |
| Sommerurlaub in den Bergen | 1 % | | |
| Rundreisen | 9 % | | |
| Sonstiger Urlaub | 17 % | | |
| **Reiseorganisation** | | | |
| Pauschalreise | 16 % | | |
| Teilleistungen Reisebüro | 16 % | | |
| Sonstige Vorausbuchungen | 20 % | | |
| Keine Vorausbuchungen | 48 % | | |
| **Unterkunft** | | | |
| Hotel | 33 % | | |
| Pension | 12 % | | |
| Ferienwohnung | 18 % | | |
| Verwandte/Bekannte | 15 % | | |
| Privatzimmer | 7 % | | |
| Sonstige | 15 % | | |
| N = 15 000 ab 14 Jahre im Jahr: 2 500 in 6 Befragungswellen | | | |

*Tabelle 1*
*Alle Reisen Deutscher mit mindestens einer Übernachtung*
*(Freizeit in Deutschland '95, S. 43)*
*(Quelle: Deutscher Reise-monitor 1994)*

| Urlaubsreisen 1994 (in %) | | | |
|---|---|---|---|
| **Reiseintensität** | | **Reiseziele** | |
| in den letzten 12 Monaten eine oder mehrere Urlaubsreisen von 5 Tagen und länger | | Deutschland | 22 |
| eine | 46,9 | Neue Bundesländer 4,4 | |
| zwei | 10,1 | Alte Bundesländer 15,6 | |
| drei und mehr | 2,5 | • Nordsee 4,8 | |
| keine | 40,6 | • Ostsee 3,1 | |
| **In welcher Jahreszeit?** | | • Alpen 4,0 | |
| Frühjahr | 10,4 | • Mittelgebirge/andere Gegend 5,7 | |
| Sommer | 41,0 | Spanien | 10,1 |
| Herbst | 10,4 | Festland 4,4 | |
| Winter | 3,8 | Kanarische Inseln 3,2 | |
| keine Angabe | 1,7 | Balearen 2,5 | |
| **Verkehrsmittel** | | Österreich | 8,7 |
| alle hauptsächlich für die Urlaubsreise benutzten Verkehrsmittel | | Italien (mit Inseln) | 4,9 |
| Pkw | 65,7 | Frankreich (einschl. Korsika) | 3,3 |
| Pkw mit Wohnwagen/Wohnmobil | 1,5 | Griechenland | 3,0 |
| Pkw mit Autoreisezug | 0,2 | (einschl. Kreta, Rhodos usw.) | |
| Eisenbahn | 5,6 | Schweiz | 2,4 |
| Bus | 6,6 | Türkei | 2,1 |
| Flugzeug mit Liniengesellschaft | 6,6 | Portugal | 1,5 |
| Flugzeug mit Chartergesellschaft | 11,6 | ehem. Ostblock | 2,6 |
| Schiff-Kreuzfahrt | 0,3 | (Tschechien, Slowakei, Rumänien, | |
| Schiff | 1,0 | Bulgarien, Ungarn usw.) | |
| (Fährschiff, Segelschiff, Boot) | | USA/Kanada | 2,2 |
| Motorrad, Moped | 0,3 | Skandinavien | 2,0 |
| sonstige | 0,3 | (Dänemark, Finnland, Norwegen, | |
| keine Angaben | 0,3 | Schweden) | |
| **Pauschalreise, Individualreise bei Reiseveranstalter** | | Niederlande/Belgien | 1,1 |
| | | Nordafrika (Marokko, Tunesien) | 1,1 |
| In den vergangenen 3 Jahren eine oder mehrere Pauschal- oder Individualreisen (Unterkunft und Fahrt zusammen) mit einer Reisegesellschaft | | Großbritannien und Irland | 0,9 |
| | | ehem. Jugoslawien | 0,4 |
| Ja | 23,5 | andere Ziele | 2,0 |
| Nicht in den letzten 3 Jahren | 76,5 | keine Angaben | 0,4 |
| N = 15 696 über 14 Jahre | | | |

*Tabelle 2*
*Urlaubsreisen Deutscher 1994 (Freizeit in Deutschland '95, S. 45)*
*(Quelle: Verbraucher Analyse 94)*

14 %, weil die Westdeutschen um 20 % weniger verreisten. Das Ergebnis ist nur wegen der Mehrreisen der Ostdeutschen um 2 % etwas günstiger. Die Ausgaben für alle Reisen verminderten sich um 2 % von 134 auf 131 Mrd. DM. Etwa 70 Prozent der Deutschen unternehmen eine mehr als fünftägige Urlaubsreise. Kurzreisen – Reisen unter 4 Tagen Länge – wurden von etwas weniger als der Hälfte der Deutschen gemacht. Die Zahl der Pauschalreisen nahm zu, doch verreist die Hälfte der Deutschen in völlig eigener Regie. Zugewinne verzeichnete erstmals wieder der Strandurlaub. Wichtigstes Urlaubsreiseland der Deutschen war Deutschland, gefolgt von Spanien, Österreich und Italien" (vgl. die Tabellen 1 und 2 mit den Übersichten „Alle Reisen mit einer Übernachtung" und „Urlaubsreisen 1994").

Für die Planung in den touristischen Regionen genügen allerdings die globalen Aussagen über die Gäste pro Jahr nicht. Hier bedarf es einer weiteren Spezifizierung. Gefragt wird nach dem saisonalen Rhythmus der Frequentierung. Dazu müssen kürzere Zeiteinheiten wie Monate bzw. Sommer- und Winterhalbjahr, auch Schwankungen innerhalb der Woche Berücksichtigung finden. An den Meeresküsten der gemäßigten Klimate konzentrieren sich die Gästemeldungen auf die Sommermonate, in den Gebirgen hingegen gibt es neben dem Sommermaximum in der Regel auch ein Wintermaximum. Unter besonders günstigen Bedingungen ist in einigen Mittelgebirgen die saisonale Kurve soweit abgeflacht, daß man von einer „ganzjährigen Saison" sprechen kann und damit auch eine ganzjährige Nutzung der Infrastruktur erreicht.

Ähnlich liegen die Verhältnisse im subtropischen Klimabereich, wo zumindest erheblich längere Saisons möglich sind. Wirtschaftlich für den internationalen Tourismus und insbesondere die global tätigen Reiseveranstalter und Reisevermittler von Bedeutung ist die jahreszeitlich gegenläufige Nutzungsmöglichkeit von Zielgebieten auf der Nord- und Südhalbkugel (vgl. dazu die „Reiseverkehrsgeographien" von RITTER u. FROWEIN 1988 und FÜTH u. a. 1992).

Eine Lücke in der Statistik bleibt hinsichtlich des *„sekundären" Tourismus* bestehen, d. h. der Fahrten, die Besucher von ihren Urlaubsstandorten aus zu touristisch interessanten Zielen unternehmen. Hier ist die Situation ähnlich wie bei einem anderen, geographisch bedeutsamen Phänomen, der Naherholung. Es hilft nur die Feldforschung vor Ort, d. h. Zählungen und Befragungen. Sie sind Momentanalysen, die jedoch durch Wiederholung zu verläßlichen Aussagen erweitert werden können (vgl. ALBRECHT 1994, zum Ausflugsziel Kyffhäuser).

In der Nähe der Ostseeküste Mecklenburgs und Vorpommerns – und sicher auch in anderen Küstengebieten – sind die „Strandpendler" eine geographisch relevante Erscheinung, über deren Zahl ebenfalls nur die Feldforschung Auskunft geben könnte. Sie nutzen preisgünstige Unterkünfte im Küstenhinterland und pendeln – bei gutem Wetter – täglich zwischen Quartier und Strand im Zeitrahmen der Naherholer. Dem Nachteil der *Strandferne* steht in der Regel ein Vorteil der *Stadtnähe* gegenüber, der an Tagen mit schlechtem Wetter Varianten der aktiven Erholung gestattet, die nicht an den Strand gebunden sind, z. B. Stadtbesichtigungen, Museumsbesuche u.a.m., d. h. Formen des Städte- und Kulturtourismus.

Von der Aufenthaltsdauer war schon die Rede. In ihr kommt bereits ein Aspekt des *Verhaltens der Rekreanten* zum Ausdruck, das neben den zahlenmäßigen Angaben bei Aussagen zur Frequentierung berücksichtigt werden muß. Mit welchen Bedürfnissen kommen die Gäste? Welche Angebote sind gefragt? Wie verhalten sich die Gäste gegenüber der

Umwelt? Welche Haltung nehmen sie gegenüber verkehrsberuhigenden Maßnahmen der Gemeindeverwaltungen ein? Diese Fragen mögen als Denkanstöße dienen. Die Antworten sind im Einzelfall zu geben. Sie werden ebenso vielfältig ausfallen müssen, wie es die Motive sind, die Reisen auslösen. SAMOLEWITZ (1959, S. 2) hat sie in anregender Weise aufgezählt:

*„Fremdenverkehr kann entstehen, wenn ein Hotel gebaut werden soll, ein Paar getraut, ein Schiff getauft, durch eine Tagung gerauft, eine Ladung Bananen vertrieben, ein Grundstück überschrieben, eine Tante besucht, eine Polreise gebucht, ein Dutzend Panzerwagen verhökert, im Codex Argenteus geschmökert, wenn eine Liebe gefunden (oder, um davon wieder zu gesunden), wenn ‚Bildung' erstrebt, der Kreislauf belebt, ein Kinderheim beschenkt, ein Aufsichtsrat gelenkt, ein Gebirge beklettert, ein Amt angewettert, ein Körper am Strande gebraten, einem Freunde Konkurs angeraten, der Erdball im Kajak umrundet, ein Posten Fässer gespundet, ein Ehekrach vermieden, ein Prozeß entschieden, ein Tanzbär gemietet, eine Brücke genietet, wenn Arthritis geheilt, ein Erbe geteilt, ein Kundenstamm gewonnen, ein Buch übersonnen, wenn Wälder durchstreift, ein Schacht abgeteuft, ein Vortrag belacht, eine Prüfung gemacht, ein Eiterzahn gequält, ein Präsident gewählt, ein Oldsmobile gekauft oder beim Hallensport geschnauft werden soll ... Wer zählte je die Antriebe und Bedürfnisse der Menschen! Fremdenverkehr wohin man blickt: Reisen überall, Jammer und Lust durcheinandergequirlt: das Leben selbst".*

Kehren wir zur ernsthaften wissenschaftlichen Erörterung zurück! Es mag durchaus vorkommen, daß in stark frequentierten Orten bei guter rekreativer Infrastruktur aus dem Verhalten der Besucher nur geringfügige Probleme entstehen, während anderswo weitaus geringere Urlauberzahlen zu ernsthaften Widersprüchen letztlich zwischen „Reisenden" und „Bereisten" führen, weil das Verhalten nicht den Gegebenheiten entspricht oder diese nicht den Wünschen und Bedürfnissen der Besucher angepaßt sind. Auf solche Probleme verstärkt aufmerksam gemacht zu haben, ist ein großes Verdienst der sozialgeographisch orientierten „Geographie des Freizeitverhaltens", wie sie von RUPPERT, WOLF, MAIER u. a. theoretisch begründet und praktisch betrieben wurde und wird.

RUPPERT (1994, S. 359) stellt ihren Entwicklungsweg seit Mitte der 60er Jahre als einen Weg „aus der traditionellen Fremdenverkehrsgeographie heraus zu einer umfassenderen Geographie des Freizeitverhaltens (Freizeitgeographie)" dar. Das ist zutreffend, solange man diese „Freizeitgeographie" als *eine* der möglichen Herangehensweisen an die räumlichen Probleme, die sich aus dem Freizeitsektor ergeben, betrachtet. Nicht nachvollziehbar, weil nicht logisch begründbar, ist jedoch die Feststellung (S. 364), der Begriff „Erholung" sei geographisch nicht faßbar und müsse deshalb durch den Begriff „Freizeit" ersetzt werden. „Sich erholen" ist anerkanntermaßen eine der Daseinsgrundfunktionen (im Unterschied zum „Freizeiten" oder „Sich in der Freizeit verhalten") und deshalb auch eher als Basisbegriff für geographische Untersuchungen berechtigt.

## 3.2.3.
## Die rekreationsräumlichen Relationen und die räumlichen Systeme

*Die Befriedigung des Daseinsgrundbedürfnisses nach Erholung löst vielfältige räumliche Wechselbeziehungen aus und führt zu einem räumlichen Wirkungszusammenhang, den man als Geosystem, genauer gesagt, als räumliches Rekreationssystem bezeichnen kann. Da*

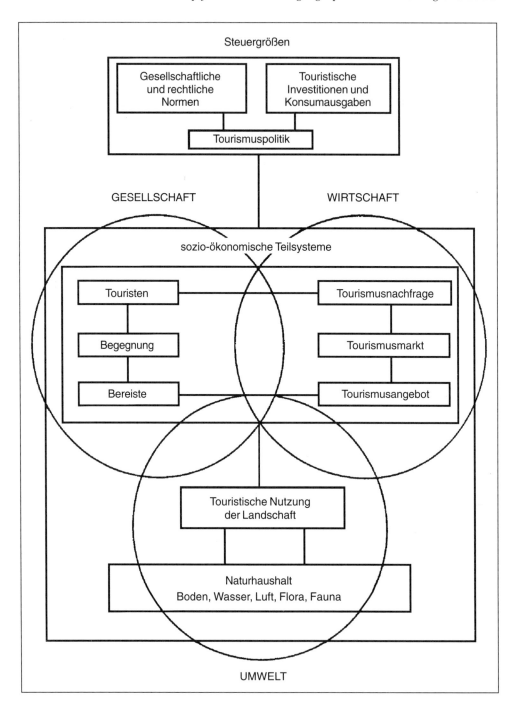

Abbildung 20
Die Struktur des Systems Tourismus (KRIPPENDORF 1987, Abb. 3)

sind die Beziehungen zwischen Quell- und Zielorten der Erholung zu nennen, die Verkehrsströme hervorbringen, welche schon am Beginn fremdenverkehrsgeographischer Arbeiten das Interesse der Wissenschaftler erregten und in die Fragen der Erreichbarkeit einmünden. Da ist die Entwicklung der verschiedenen Kapazitäten anzusprechen, die sich auf dem Hintergrund unterschiedlicher Potentiale herausbilden und den Charakter von Elementen oder auch Subsystemen annehmen, ebenso wie die Orte und Gebiete, die sich hinsichtlich der Nachfrage, der Angebote und der Frequentierung unterscheiden.

Unter dem Begriff „Relation" wird in der Geographie eine gerichtete Beziehung zwischen oder innerhalb von Geosystemen verstanden, in unserm Falle räumlicher oder territorialer Rekreationssysteme (TRS). Die Außen- oder Innenbeziehungen, synonym auch als externe oder interne Relationen bezeichnet, realisieren sich wie andere räumliche Beziehungen als Personen-, Waren- oder Informationsbeziehungen. Ein TRS widerspiegelt den kommunikativen Charakter eines Wirtschaftsraumes im Sinne RITTERs (1991, S. 16 ff., Abb. I–3). Das schließt ein, daß sich „im gleichen geosphärischen Raumausschnitt auch andere Regionalsysteme ausbilden können ... Diese Systeme ko-existieren im gleichen Ausschnitt, jedes ist für sich allein betrachtet ein sinnvolles Ganzes" (ebenda, S.18). Das heißt mit anderen Worten: Die Existenz eines TRS hebt die Existenz weiterer räumlicher oder anderer Systeme im selben Raum nicht auf. Vielmehr kann es auch mit ihnen verknüpft sein.

Das ist nicht nur der Fall in Bezug auf die Siedlungssysteme, sondern insbesondere in Bezug auf das „System Tourismus", d. h. die Gesamtheit der Beziehungen und Erscheinungen des Fremdenverkehrs. KASPAR (in HAEDRICH u. a., 1993, S. 13–29) beschreibt das System Tourismus mit seinen Subsystemen Tourismussubjekt, Tourismusort, Tourismusbetriebe bzw. -unternehmungen und *Tourismusorganisationen* sowie den über- und nebengeordneten Systemen ökonomische Umwelt, soziale Umwelt, politische Umwelt, technologische Umwelt und ökologische Umwelt. Die Ganzheit dieser „Umwelten", die geographische Umwelt, wird allerdings übersehen!

Instruktiver und deutlich auf die *touristische Nutzung der Landschaft* bezugnehmend ist die Darstellung der Struktur des Systems Tourismus von KRIPPENDORF (1987). Sie veranschaulicht (Abb. 20) die drei großen Bereiche Gesellschaft, Wirtschaft und Umwelt, in die der Tourismus eingebunden ist, und bezeichnet gesellschaftliche und rechtliche Normen sowie touristische Investitionen und Konsumausgaben als die Steuergrößen, die in Verbindung mit der Tourismuspolitik auf das System Tourismus einwirken. Als Mangel empfindet ein Geograph nur, daß es nicht eindeutig „Touristische Nutzung der *Kultur*landschaft" heißt. Damit bleibt der Wirtschaftsraum gedanklich offenbar ausgeklammert.

Die Außenbeziehungen oder externen Relationen eines TRS verbinden einen Erholungsort oder ein Erholungsgebiet mit seinem „Umland" oder „Hinterland". Einfach sind die Relationen zu den ständigen Wohnorten der Rekreanten. Genau das ist auch die Vorstellung der Wirkung von Lokalisations- und Selektionsvoraussetzungen, die MARIOT (1983) in seinem Modell der Nodalregionen des Tourismus vertritt (Abb. 6). Aus der Sicht der Zielorte ergeben sich daraus ein aktueller oder auch ein potentieller Einzugsbereich. Am Beispiel der Insel Rügen machte HELFER (1993) deutlich, welche potentiellen Haupteinzugsgebiete für Tagesbesucher (Radius < 100 km), für Kurzurlauber (Radius < 250 km) und für Urlauber (Radius 200–600 km) bei Planungen unter Beachtung der Bevölkerungsverteilung in Ansatz gebracht werden können (Abb. 14).

Bei dieser Gelegenheit ist ein *historischer Rückblick* angebracht: *1911* machten Berliner in Sellin auf der Insel Rügen 41 % der Besucher aus, in Göhren 38 % und in Binz 21,5 %.

Sachsen waren in Göhren mit 19,3 %, in Sellin mit 16,1 % und in Binz mit 14,5 % vertreten. Schlesier machten in Binz 7 %, in Göhren 6,7 % und in Sellin 5,9 % der Gäste aus (GEHRKE 1966, S. 105). *1938*, also unmittelbar vor dem Zweiten Weltkrieg, reichte das Einzugsgebiet von Binz bis an Rhein und Neckar. *1963*, unter den Bedingungen des DDR-Sozialtourismus, kamen die Gäste in erster Linie aus dem Raum Berlin-Brandenburg-Potsdam, dem Industriedreieck Magdeburg-Vogtland-Dresden, der Industriezone Oschatz-Riesa-Hoyerswerda-Cottbus und aus den Industriestädten am Rand des Harzes. Damals führten betriebseigene Ferienheime der Großbetriebe zu räumlich fixierten Relationen und zum Überwiegen von Urlaubern aus bestimmten Industriestandorten in bestimmten Zielorten, z. B. Urlauber der Wismut-Betriebe in Zinnowitz auf der Insel Usedom.

Allgemein gilt, daß auch heute *die Ballungsgebiete als hauptsächliche Quellgebiete* des Tourismus zu betrachten sind. In ihnen ist die Bevölkerung hochgradig konzentriert, hier sind oftmals die Umweltbedingungen negativ beeinflußt (oder werden so betrachtet), hier ist aus wirtschaftlicher Sicht die größte Nachfrage nach Möglichkeiten, sich unter günstigen bioklimatischen Bedingungen erholen zu können, zu erwarten. Auf sie orientiert sich demnach auch das Schwergewicht der Kundenwerbung und setzt dabei eine entsprechend hohe Kaufkraft voraus. Es ist deshalb die Ansicht nicht von der Hand zu weisen, daß die Erholungsgebiete generell eine periphere Lage zu den Agglomerationen aufweisen. CHRISTALLER (1955) stellte die Erholungsorte als „periphere Orte" den von ihm definierten „zentralen Orten" gegenüber.

Die angesprochenen Personenbeziehungen widerspiegeln sich in der Belastung der Eisenbahnen wie der Autobahnen und Straßen, insbesondere zu Beginn und zum Ende der Schulferien oder an sog. verlängerten Wochenenden, die wegen ihrer Nachbarschaft zu Feiertagen kürzere Reisen erlauben. Arbeitsräumliche Beziehungen kommen in der Pendelwanderung von Arbeitskräften in die Erholungsorte und -gebiete zum Ausdruck, da deren Arbeitskräftebedarf häufig nicht aus dem örtlichen Aufkommen bedarfsgerecht gedeckt werden kann. Die Personenbewegungen in die Naherholungsgebiete weisen in Abhängigkeit von der konkreten Wettersituation, etwa einem sonnigen Sommertag an der Küste oder einer schneereichen Woche im Gebirge, große Intensitätsschwankungen auf. In den Verkehrsbeziehungen können unvorhergesehene Wetterereignisse während eines Tages, z. B. ein plötzliches Gewitter mit starkem Regen, spontane Änderungen hervorrufen, die manchmal zu chaotischen Verhältnissen führen.

Hingewiesen werden muß auch auf die umfangreichen *Warenbeziehungen*, die der Tourismus auslöst. Dabei ist in der Diskussion über das Verhältnis von Schienen- zu Straßentransport zu beachten, daß bestimmte Erholungsorte überhaupt nicht per Schiene erreicht werden können. Nicht hoch genug können indessen die *Informationsbeziehungen* gewertet werden, die zwischen Erholungsorten und -gebieten und ihrem Umland abgewickelt werden. Sie dienen weniger der Übermittlung persönlicher Nachrichten als vielmehr den geschäftlichen Erfordernissen der touristischen Unternehmen. Die Buchung von Plätzen mittels elektronischer Datenübermittlungssysteme ist dabei genau so wichtig wie die Weitergabe von Informationen des Managements. Notwendig ist eine laufende Beobachtung des territorialen Rekreationssystems, seines Funktionierens und Reagierens auf Inputs unterschiedlicher Art, und seine Steuerung.

Die Innenbeziehungen der TRS sind schwerer zu erfassen als die Außenbeziehungen, weil sie sich im lokalen Bereich und auf individueller Basis abspielen. Sie stellen zudem ein hochgradig komplexes Gefüge dar (vgl. SCHÖNEICH 1974, Figur 16). Grundsätzlich läßt sich sagen, daß ein Teil der internen Relationen, z. B. die Personenbeziehungen, durch die differenzierte Nutzung der örtlichen und gebietlichen Potentiale und Kapazitäten ausgelöst und durch natürliche Bedingungen beeinflußt werden. Solare Prozesse steuern den Jahresgang der klimatischen Bedingungen, den jahreszeitlichen Wechsel der Vegetation ebenso wie durch unterschiedliche Beleuchtung die Farbeffekte in der Landschaft. Sie verändern Attraktivitätsfaktoren, die ihrerseits das Verhalten und die Bewegungen der Rekreanten bestimmen. Das gleiche gilt für terrestrische Bedingungen wie Relief und Reliefenergie, Gewässerflächen und -ränder, Gesteine und Böden, sehenswürdige Naturerscheinungen.

Andere interne Beziehungen resultieren aus der notwendigen Bedarfsdeckung der Rekreanten und Touristen an Lebensmitteln und anderen Versorgungsgütern, aus der Inanspruchnahme unterschiedlichster Dienstleistungen, aus den Freizeitaktivitäten. Personenbeziehungen spielen sich zwischen den Unterkünften der Urlauber und den Erholungsflächen ab, z. B. zwischen Ferienhotel und Strand, Sport-, Wander- und Skigelände. Auch der Besuch von Gaststätten, Cafés, Geschäften, Vergnügungsstätten, medizinischen Ambulanzen und vieles andere mehr könnte hier genannt werden.

Welche Warenbeziehungen innerhalb der Erholungsorte und -gebiete notwendig sind, kann man sich leicht an der Anzahl und den Sortimenten der dort lokalisierten Geschäfte verdeutlichen. Und das gesamte System funktioniert wiederum nur, wenn auch die erforderlichen Informationsbeziehungen reibungslos zustande kommen. Nur dann läßt sich das eigene System steuern, „managen", und mit anderen und andersartigen benachbarten Systemen verknüpfen. Ein unverzichtbares Element in diesen Beziehungen stellen die überall anzutreffenden „Tourist-Informationen" dar, Büros, in denen Besucher all das an Hinweisen, Plänen, Broschüren usw. erhalten können, was sie zur sinnvollen individuellen Gestaltung ihres Aufenthaltes als „Freiheit zur Freizeit" benötigen.

## 3.2.4.
## Die Erholungsgebiete

Erholungsgebiete sind „spezialisierte Wirtschaftsgebiete" unterschiedlicher Größe und taxonomischer Ränge. Sie bilden sich dort heraus, wo im Rahmen der territorialen Arbeitsteilung die Wirtschaftsstruktur und demzufolge die Flächennutzung maßgeblich von erholungsorientierten Prozessen bestimmt werden, wo Rekreationssysteme unter den sich überlagernden und überschneidenden räumlichen Systemen dominant sind.

In den Erholungsgebieten wird die rekreative Nutzung der Fläche zu einem wesentlichen Merkmal der Kulturlandschaft, und die Erholungsfunktion tritt im wirtschaftlichen und sozialen Leben der Bevölkerung deutlich hervor. Der Tourismus wird in solchen Regionen zu einem „entwicklungsprägenden" oder „motorischen" Wirtschaftszweig. BADE (1995) sieht „motorische" Wirtschaftszweige dadurch gekennzeichnet, daß sie über „eine hinreichende Verflechtung mit der regionalen Wirtschaft verfügen, daß ihre Dynamik auf die gesamte Wirtschaftsentwicklung der Region ausstrahlt (und nicht umgekehrt von der regionalen Entwicklung abhängig ist) und daß sie eine gewisse Mindestgröße aufweisen müssen, um überhaupt prägend sein zu können".

BADE bezieht sich zwar in erster Linie auf Bereiche des verarbeitenden Gewerbes, räumt aber ein, daß in Ausnahmefällen auch Dienstleistungsbereiche zu „motorischen" Bereichen werden können, nämlich dann, „wenn diese Dienstleistungsbereiche nicht unerheblich überregionale Nachfrage befriedigen". Das gilt mit Sicherheit für den Tourismus. Dann können diese Bereiche auch die Gesamtentwicklung einer Region beeinflussen. Als Beispiele für eine solche Situation nennt BADE den Landkreis Ostholstein sowie die Regionen Wilhelmshaven und Ostfriesland, denen die ostfriesischen Inseln angehören. Als besonders lohnenswert erscheint es uns, den Einfluß des Tourismus auf die Regionalentwicklung am Beispiel der ostfriesischen Gemeinde Esens-Bensersiel zu verfolgen.

Räume, deren Struktur wesentlich durch Erholungsprozesse und touristische Aktivitäten geprägt wird, entsprechen dem Begriffsinhalt von „Gebieten" als abgrenzbaren Räumen, innerhalb derer geographische Objekte, Prozesse und Zusammenhänge in ganz bestimmter Weise vorkommen.

RITTER (1991, S. 310–314) betrachtet die Entstehung von Erholungsgebieten als eine von den führenden Städten ausgehende, von dorther durch geplante oder innovative Angebotsgestaltung unterstützte Entwicklung, zunächst in den am leichtesten erreichbaren Eignungsräumen, schließlich bis in die Randzonen der Ökumene (und noch darüber hinaus) vordringend. Auswärtige Besucher und die für diese Ortsfremden erbrachten Dienstleistungen werden zur Lebensgrundlage der ansässigen Bevölkerung. Um das „intelligente" touristische Produkt aus Erlebnis und Erholung, das am Ort seiner Entstehung konsumiert werden muß, gruppieren sich vor-, neben- und nachgelagerte Einrichtungen in großer Vielfalt (vgl. Abb. 13).

Macht man ausschließlich ein durch Beobachtung feststellbares vorherrschendes Auftreten rekreativer Flächennutzung zum Kriterium für die Existenz und Abgrenzung von Erholungsgebieten, kann es geschehen, daß touristische Nebennutzungen bei einer land- oder forstwirtschaftlichen Hauptnutzung übersehen werden. Es ist also ein Spielraum zu lassen, innerhalb dessen auf der Basis der Verbreitung von Potentialen, Kapazitäten und frequentierten Standorten der Erholung und des Tourismus eine *Abgrenzung von Gebieten* erfolgen kann. Einbezogen werden auch die rekreationsbedingten territorialen Wechselbeziehungen mit ihrer jeweiligen Reichweite. Solche Kapazitäten-Reichweiten-Systeme sind ein bevorzugtes Arbeitsfeld im Konzept der Geographie des Freizeitverhaltens.

Bei der Abgrenzung von Erholungsgebieten sind demnach drei Aspekte zu berücksichtigen:

1. der Arealaspekt, der die räumliche Verbreitung der Erholungsnutzung als dominanter Nutzungsform bezeichnet und mittels der statistischen Kennziffern der Freqentierung erfaßt werden kann;
2. der Strukturaspekt, der die funktionellen Zusammenhänge der rekreationsbedingten Elemente und räumlichen Teilstrukturen zum Ausdruck bringt und sich in den verschiedenen wirtschafts- und sozialräumlichen Beziehungen niederschlägt;
3. der Entwicklungs- und Planungsaspekt, der die Tatsache beschreibt, daß erholungsbedingte und erholungsrelevante Raumstrukturen sich in der Zeit entwickeln und entwickelt werden sowie möglicherweise „motorischen" Charakter für die Regionalentwicklung annehmen können.

Der zuletzt genannte Gesichtspunkt findet seinen Niederschlag in Raumordnungsprogrammen und Regionalplänen. So heißt es z. B. im Ersten Landesraumordnungsprogramm des Landes Mecklenburg-Vorpommern aus dem Jahre 1993 (S. 48, Punkt 6.1): „Als bedeutender Erwerbszweig soll der Fremdenverkehr im Land weiterentwickelt werden und zur Schaffung und Sicherung von Arbeitsplätzen beitragen. Auf den Ausbau der dazu notwen-

Gebiete, in denen dem Fremdenverkehr eine erhebliche wirtschaftliche Bedeutung zukommt

Gebiete mit in Ansatzpunkten vorhandenem Fremdenverkehr, die sich aufgrund ihres Landschaftscharakters für eine weitere fremdenverkehrswirtschaftliche Entwicklung eignen

Hauptgruppe A

1 Berchtesgadener Alpen mit Reichenhaller Land
2 Salzachhügelland
3 Chiemgauer Alpen
4 Chiemsee m. Umgeb.
5 Oberinntal
6 Inn/Mangfallgebiet
7 Schliersee-Gebiet
8 Tegernsee-Gebiet
9 Isarwinkel
10 Kochel- u. Walchensee
11 Werdenfelser Land mit Ammergau
12 Staffelsee mit Ammerhügelland
13 Ammersee/Würmsee-G.
14 Ostallgäu
15 Oberallgäu
16 Allgäuer Alpenvorland m. Bad Wörishofen, Grönenbach u. Ottobeuren
17 Westallgäu
18 Bodenseegebiet
19 Bayerischer Wald
20 Oberpfälzer Wald
21 Unteres Altmühltal m. Bad Abbach u. Bad Dögging
22 Fichtelgebirge m. Steinwald
23 Frankenwald
24 Fränkische Schweiz m. Weidensteiner Forst
25 Steigerwald
26 Bayerische Rhön
27 Spessart
28 Bayerischer Odenwald

Hauptgruppe B

29 Wasserburg/Inn u. Umgebung
30 Tegernseer Moorvorland
31 Oberes Lechtal
32 Bayerischer Vorwald m. Donau- u. Inntal (einschl. Bad Füssing)
33 Laber-, Isar-, Wils- u. Rottal
34 Donau- u. Abenstal
35 Naab-, Lauterbach- u. Wilstal
36 Oberpfälzer Jura m. Sulzbacher Bergland
37 Räume um Amberg, Königstein u. Kemnath
38 Hersbrücker Schweiz
39 Oberes Maintal u. Coburger Land
40 Haßberge
41 Grabfeldgau
42 Fränkisches Weinland
43 Taubertal u. Gollachgrund
44 Frankenhöhe u. Wörnitztal
45 Rangau
46 Ries
47 Monheimer Alb m. Wörnitz- u. Donautal
48 Oberes Altmühltal

Abbildung 21
Fremdenverkehrsgebiete in Bayern (Daten zur Raumplanung, Teil C, 1989, S. 483)

digen Infrastruktur ist hinzuwirken. Die sehr guten natürlichen Voraussetzungen – reizvolle Landschaften mit unverfälschter Natur, geringer Siedlungsdichte und hervorragenden Wassersportmöglichkeiten an Küste und Seen, ergänzt durch viele kulturhistorische Sehenswürdigkeiten – sollen vorrangig für ruhe-, erlebnis- und sport-orientierte landschaftsgebundene Erholungs- und Urlaubsformen genutzt werden".

Im weiteren Text wird dann zwischen den bereits intensiv genutzten Erholungsgebieten der Außenküste und der Inseln mit relativ einwohnerstarken touristischen Zentren mit langer touristischer Tradition, den Randgebieten des Küstenraums und dem Küstenhinterland sowie dem Binnenland unterschieden, für die jeweils spezifische Planungsprinzipien aufgestellt werden. Schließlich wird auf das kulturhistorische Potential des Landes verwiesen, das gezielt für die Entwicklung eigenständiger Tourismusformen, z. B. Städtereisen, und für die Steigerung der Attraktivität des Erholungsurlaubs in den zuvor genannten Räumen genutzt werden soll. Kartographisch werden „Räume mit besonderer natürlicher Eignung für Fremdenverkehr und Erholung" dargestellt.

Bayern differenziert in seinem Landesentwicklungsprogramm von 1984 zwischen Fremdenverkehrsgebieten, die gesichert und weiterentwickelt werden sollen, und solchen, die entwickelt werden sollen (KOCH 1989, S. 472). Eine auf die Wirtschaftsförderung ausgerichtete Karte der Fremdenverkehrsgebiete in Bayern (o. J., Abb. 21) stellt Gebiete heraus, in denen dem Fremdenverkehr eine erhebliche wirtschaftliche Bedeutung zukommt, und Gebiete mit in Ansatzpunkten vorhandenem Fremdenverkehr, die sich auf Grund ihres Landschaftscharakters für eine weitere fremdenverkehrswirtschaftliche Entwicklung eignen. Mustergültig ist Bayerns bereits im Landesentwicklungsprogramm von 1976 erfolgte verbindliche Abgrenzung der Erholungslandschaft „Alpen" und deren Untergliederung in drei Zonen.

In der Zone A sind Bergbahnen, Skibobabfahrten sowie Rodelbahnen und öffentliche Straßen sowie Flugplätze und Segelfluggelände landesplanerisch grundsätzlich unbedenklich, soweit sie nicht durch Eingriffe in den Wasserhaushalt zu Bodenerosionen führen können oder die weitere land- und forstwirtschaftliche Entwicklung gefährden. In der Zone B sind Vorhaben landesplanerisch nur zulässig, wenn sie im Einzelfall den Erfordernissen der Raumordnung nicht widersprechen und in den Regionalplänen dazu nähere Festlegungen getroffen sind. In der Zone C sind Vorhaben – ausgenommen notwendige landeskulturelle Maßnahmen – grundsätzlich unzulässig (vgl. Karte „Erholungslandschaft Alpen" 1 : 300 000 des Bayerischen Staatsministeriums für Landesentwicklung und Umweltfragen, 1980).

Die Forderung nach einer zweckmäßigen Gestaltung der Flächenmehrfachnutzung und nach der Sicherung der für Erholungszwecke geeigneten und benötigten Flächen findet sich nachdrücklich bereits in Arbeiten von NEEF. Er formulierte (1972, S. 172/173) vorausschauend: „Setzt man als allgemeines Ziel der planmäßigen Entwicklung eines Territoriums die ... optimale Bewältigung aller gesellschaftlich notwendigen Funktionen und fügt als weitere Bedingungen die größte gesamtvolkswirtschaftliche Effektivität und die maximale Sicherung der Naturressourcen hinzu, dann erweist sich, daß der Interferenz der Funktionen eine zentrale Bedeutung zukommt ... Im Mittelpunkt der Betrachtung steht daher das Funktionsfeld, das aus einem Funktionszentrum – zuweilen auch mehreren Zentren – als Träger der Funktion und dem zugeordneten Einflußbereich oder Wirkungsfeld besteht. Wo sich die Einflußbereiche von Funktionen überschneiden, entsteht ein Interferenzfeld."

Da für die Geographie (nach NEEF) nicht einzelne Funktionen, sondern ihre Bindung an den geographischen Raum und ihre Wirkungen im Territorium der tragende Gesichtspunkt sind, geht es bei der Gestaltung der Flächennutzung für die Zwecke der Erholung auch immer um eine Optimierung der Interferenzen, denn es gibt:

1. indifferente (neutrale) Funktionen, die aufeinander keinen unmittelbaren Einfluß ausüben;

2. korrespondierende Funktionen, die einseitige oder wechselseitige Standortvorteile mit sich bringen;

3. konkurrierende Funktionen, die einseitig oder wechselseitig durch störende Einflüsse optimale Leistungen im anderen Funktionsbereich nicht zulassen.

Heute besteht kein Zweifel mehr daran, daß die Mehrfachnutzung der Kulturlandschaft und ihrer Potentiale unerläßlich ist und es dafür entsprechender wissenschaftlicher Vorlaufforschung bedarf. Diese muß u. a. auf Aussagen zu gebietsweise sinnvoll zu entwickelnde Typen der Mehrfachnutzung ausgerichtet sein, die eine Selbstregenerierung der Landschaft fördern, die Wirkung von störenden Faktoren einschränken und volks- wie betriebswirtschaftliche Aufwendungen niedrig halten. „Gutachten" reichen dafür in der Regel nicht aus. In den neuen Bundesländern hatte sich zudem in der ersten Hälfte der 90er Jahre ein absolutes „Gutachterunwesen" entwickelt (vgl. LOTZMANN u. WALSER 1995). Manche der vorliegenden „Konzeptionen" halten einer wissenschaftlichen Kritik nicht stand, geschweige denn, daß sie wirklich praktisch umsetzbar sind. Hauptursache der Mängel ist in der Regel die fehlende geographische Orts- und Regionalkenntnis der häufig gebietsfremden Bearbeiter.

Unter marktwirtschaftlichen Rahmenbedingungen sind Rekreation und Tourismus voll in dieses wirtschaftliche System eingebunden. Sie würden spontan ausschließlich dem Gesetz von Angebot und Nachfrage folgen, wenn nicht mittels einer sinnvollen und räumliche Gegebenheiten berücksichtigenden Tourismuspolitik Rahmenbedingungen gesetzt würden. Diese bestehen in erster Linie im Planungsrecht, das dem Bund, den Ländern, den Regionen und den Kommunen bestimmte Aufgaben überträgt (vgl. die Stichworte „Planung" (FÜRST), „Planungsrecht" (SCHMIDT-ASSMANN), „Fremdenverkehr" (BECKER) und „Fremdenverkehrsplanung" (BENTHIEN) im Handwörterbuch der Raumordnung, herausgegeben von der Akademie für Raumforschung und Landesplanung 1995. Und es kann als Aufforderung an die Raumwissenschaftler und unter ihnen besonders die Geographen nicht oft genug betont werden: Politik braucht ein räumliches Gewissen!

Und noch ein Gedanke zu diesem Thema: Von Städtebauern wird stets unterstrichen, daß die Qualität einer Stadt wesentlich vom Umfang und der Attraktivität ihrer Erholungsgebiete mitbestimmt wird. Diese ermöglichen den Bürgern den Kontakt zur Natur, aktive Erholung, sportliche Betätigung und weitere Freiluftaktivitäten während der Feierabend- und Wochenendfreizeit, reduzieren auch den Freizeitverkehr. Unter „Erholungsgebieten" (besser: Erholungsflächen) werden sowohl innerstädtische als auch im Umland der Stadt gelegene Freiflächen verstanden, die in vielfältiger Weise der Erholung und Freizeitgestaltung dienen, daneben aber auch mit ihrer Vegetation und eventuell vorhandenen Gewässern einen positiven Einfluß auf Stadtbild und Stadtklima ausüben (vgl. WIEK 1977). Bei der Standortwahl von Unternehmen und bei der Gewinnung von qualifizierten Mitarbeitern nimmt die Bedeutung dieser „weichen" Standortfaktoren schnell zu.

Beispiele gelungener regionaler und lokaler Planungen auf diesem Gebiet sind u. a. die Erholungsparks (Revierparks) im Ruhrgebiet, die aus dem verschmutzten Kohlenrevier ein „grünes Ruhrgebiet" gemacht haben, verschiedene der neuen Erholungszentren an der französischen Mittelmeerküste oder in der österreichischen Hauptstadt Wien der Ausbau der Donauinsel zu einem Freizeit- und Erholungsgebiet für die Stadtbevölkerung. SPERL (1985) beschreibt, daß bei der Frage, wie die 400 ha große Donauinsel gestaltet werden sollte, zwei Varianten zur Debatte standen: Errichtung eines Komplexes von Wohn- und Bürogebäuden oder eines Sport- und Erholungsgebietes.

Die Donau drängte hier, seit dem 14. Jh. nachweisbar, stets gegen das linke Ufer, von der Stadt Wien weg. Schließlich trennte nach der Donauregulierung von 1870/75 ein mehrere hundert Meter breites Überschwemmungsgebiet mit städtebaulich unschönen Hochwasserschutzbauten die alte Stadt Wien von den jüngeren Stadtteilen nördlich des Flusses. 1969 wurde ein neues Hochwasserschutzprojekt beschlossen und begonnen. Als Kernstück umfaßt es ein zweites, 21 km langes, 160 m breites Flußbett nördlich des Donaustromes, die „Neue Donau", welche nur zur Aufnahme von Hochwasser dient. In hochwasserfreien Zeiten stellt die Neue Donau ein stehendes Gewässer dar. Zwischen Neuer Donau und Donaustrom entstand die ebenfalls 21 km lange und durchschnittlich 200 m breite, am Nord- und Südende spornartig auslaufende „Donauinsel", hochwassersicher 6 m über dem alten Überschwemmungsgebiet.

Die Entscheidung fiel für eine „grüne Insel", für ein generell zugängliches großräumiges innerstädtisches Erholungsgebiet. Einerseits wurde die Großzügigkeit der Stromlandschaft gewahrt und bei der Gestaltung eine große Nutzungsvielfalt offen gelassen, andererseits wurden Haupt- und Nebenwege angelegt, die den Zugang bzw. die Zufahrt (ausschließlich mit Fahrrädern, Motorfahrzeuge sind auf der Donauinsel nicht gestattet) zu vielseitigen Erlebnisbereichen wie Badestränden für insgesamt 30 000 Personen, Segelhäfen (Motorboote mit Verbrennungsmotoren sind nicht erlaubt), Sportzentren, parkartigen Bereichen, einer unter Naturschutz stehenden Ökozelle („Toter Grund") ermöglichen. Durch eine U-Bahnstation ist die direkte Erreichbarkeit über das öffentliche Schnellverkehrssystem gegeben. Außerdem bestehen S-Bahn-, Straßenbahn- und Omnibusanschlüsse. Parkplätze sowie Versorgungseinrichtungen haben ihren Standort vor allem auf der Nordseite der Neuen Donau, aber auch auf der Südseite des Donaustromes. Ein Konzentrationspunkt infrastruktureller Einrichtungen befindet sich in unmittelbarer Nähe des Österreichischen Konferenzzentrums und der UNO-City.

# 4.
# Die wichtigsten Methoden rekreationsgeographischer Forschung

## 4.1.
## Die Beobachtung als allgemeine Basis geographischer Forschung

Es versteht sich von selbst, daß bei rekreationsgeographischen Untersuchungen das ganze Spektrum geographischer Forschungsmethoden angewandt werden sollte. Für den Anfänger ergibt sich die Frage, wo er sich das methodische Rüstzeug erwerben kann. Lehrbücher, die das gesamte geographische Methodenspektrum überschauen, gibt es nicht. Vielmehr werden die Methoden jeweils in den Lehrbüchern der einzelnen natur- und kulturgeographischen Teildisziplinen erörtert. Für die Studierenden sind dazu verschiedene Reihen einführender Übersichten verfügbar. Von besonderer allgemeiner Bedeutung ist m. E. die „Theoretische Geographie" von WIRTH (1979).

So wird das folgende Anliegen verständlich, die wichtigsten der in der Geographie der Erholung und des Tourismus zur Anwendung kommenden Methoden im Überblick darzustellen. Daß dabei keine Vollständigkeit und auch nicht letzte Tiefe erwartet werden kann, sei an dieser Stelle mit dem Hinweis auf den einführenden Charakter des Buches hervorgehoben. Die auf Beobachtung gegründete Beschreibung und der Vergleich als in unserm Fach übliche grundlegende Methoden sind bei der Darstellung der Hauptfelder rekreationsgeographischer Forschung und Lehre bereits deutlich geworden. Dennoch bedarf es einiger Ergänzungen dazu, weil im folgenden besonders auf *Klassifizierung und Typisierung, Regionierung, Bilanzierung und Modellierung sowie auf Fragen der Terminologie* eingegangen werden soll (vgl. Abb. 1, Teil C-2).

„*Beschreibung*" ist als „Erdbeschreibung" im Wortsinn des Begriffes „Geographie" impliziert. Eine solche ist nur möglich auf dem Hintergrund genauer „Beobachtung". Was darunter zu verstehen ist, hat PENCK (1906) in seiner programmatischen Berliner Antrittsvorlesung „Beobachtung als Grundlage der Geographie" deutlich gemacht. Aus der Beobachtung heraus ergeben sich Problemstellungen und lassen sich Arbeitshypothesen aufstellen. Der jederzeit nachprüfbaren Richtigkeit einer Beobachtung haben Interpretation und Kombination zu folgen, denn das Beobachtungsergebnis ist zunächst nur ein isoliertes Faktum, ein „Baustein" der Erkenntnis. Durch subjektive Gedankenarbeit werden die durch Beobachtung gewonnenen Bausteine zu objektiven Forschungsergebnissen zusammengefügt.

An diesen seit mehreren Generationen bekannten und gültigen Grundsätzen der Beobachtung hat sich nichts geändert, denn „das einfache Anschauen der Dinge und die Erkenntnis ihrer Stellung im Gefüge ist der Ausgangspunkt aller Forschung im geographischen Bereich" (OTREMBA 1970, S. 65). Der ursprünglich rein visuell aufgefaßte Begriff

Beobachtung hat sich nicht grundsätzlich verändert, nur sein Inhalt ist wesentlich komplizierter geworden. „Parallel mit der Ausweitung der Beobachtungsformen, entsprechend der
Ausweitung der Fragestellungen, geht der Verlust der Bindung zwischen dem Forscher und
seiner persönlichen Beobachtung einher ... Das Luftbild, die statistische Zahl, das Befragungsergebnis sind die Arbeitsunterlagen" (a. a. O.).

So gelangt OTREMBA zu der Schlußfolgerung, daß nur vom Forschungsobjekt her gesehen eine Theorie und auch ein System der Beobachtung denkbar seien. In einem solchen
„Beobachtungssystem" werde von den „beobachtbaren Bauelementen und Kräften der
geosphärischen Wirkungsgefüge" die Rede sein müssen:

- *im formalen Betrachtungsbereich* gehören dazu Mittelpunkte, Ausstrahlungsbereiche,
  Intensitätsgefällezonen und Grenzen aller Art, Polaritätensystem, Koordinierungs- und
  Subordinierungssysteme,
- *im Bereich der Strukturbeobachtung* geht es um Dominanz, Gleichgewicht, Harmonie,
  Singularität, Rivalität, Konkurrenz und Zusammenspiel, Stabilität und Mobilität,
  Wachstum, Schrumpfung und innere Verlagerung, um die Beobachtung des Geschehens
  im weitesten Sinne und in allen Sachbereichen des Wirkungsgefüges,
- *im Bereich funktionaler Forschung* handelt es sich um Herrschaft und Abhängigkeit im
  allgemeinen, nicht nur im politischen Sinne, um Stellungen in hierarchischen Systemen,
  um Ausgleich, Überschuß und Mangel, um Austausch, Abgabe und Übernahme von
  Mitteln und Kräften auf allen Sachgebieten.

„In dieses dreifache System der Beobachtung – im formalen, strukturellen und funktionalen Bereich – lassen sich alle Beobachtungsaufgaben in kausalen Korrelationssystemen,
in kausalgenetischen und in rein historischen Kategorien einordnen. Eine solche Art des
Aufbaus von Beobachtungssystemen ... erlaubt über die Analyse gegebener Objekte hinaus
die Entdeckung neuer Objekte, und damit rückt die Beobachtung in eine neue wissenschaftliche Position" (ebenda, S. 67). Schließlich zwingt die Beobachtung „zu gleichgewichteter
Behandlung vieler Betrachtungsweisen am System der Objekte" (ebenda, S. 68).

Nicht nur aus wissenschaftshistorischem Interesse sollte auch ein Rückblick auf die
„Praktischen Hinweise" geworfen werden, die JÜLG (1965) gab. Er verwies auf den *universellen*, mit anderen Worten interdisziplinären Charakter der fremdenverkehrswissenschaftlichen Forschung und umriß den geographischen Anteil darin, „die Eignung bzw. die
Eigenheiten von Räumen für den Fremdenverkehr und die Wirkung des Fremdenverkehrs
auf Gestaltung und Umformung dieser Räume zu erforschen und festzustellen". Über die
Unterscheidung von Ziel- und Herkunftsräumen hinausgehend spricht er sich auch für die
Untersuchung der *Durchreiseräume* aus. Die Änderungen im Landschaftsbild und in der
Wirtschaft zu erfassen, „bleibt meist einer Untersuchung an Ort und Stelle vorbehalten".
Die Untersuchung „vor Ort" sei besonders jedem Anfänger empfohlen, damit die Anwendung der im folgenden beschriebenen Methoden nicht im Theoretischen befangen bleibt,
sondern für die Praxis anwendbar wird!

Wie bereits angedeutet, gehören zur Beobachtung als Hauptform der Analysemethoden
nicht nur die individuelle Inaugenscheinnahme und Ansprache der verschiedenen Objekte,
sondern z. B. auch die Zählung von Besuchern bestimmter Örtlichkeiten, deren gezielte
Befragung nach Motiven, Herkunftsorten, Aufenthaltsdauer, Eindrücken usw., sowie die
Auswertung statistischer, literarischer und archivalischer Quellen. Wie diese verschiedenen
Methoden angegangen und eingesetzt werden können, läßt sich am besten aus den vielen,

zumeist in den Schriftenreihen der einzelnen Geographischen Institute erschienenen Fall-studien erschließen. Dabei ergeben sich in der Regel auch schon die Ansatzpunkte für Vergleiche mit anderen Orten oder Regionen. Die Beherrschung der geographischen Dar-stellungstechniken ist sodann die Voraussetzung für die sachgerechte Wiedergabe der gewonnenen Erkenntnisse. Dazu gehören neben Text und Karten alle Arten von Tabellen, Diagrammen und nicht zuletzt auch Bildern.

## 4.2.
# Die Klassifizierung und Typisierung in der Rekreationsgeographie

### 4.2.1.
### *Zum Wesen von Klassifizierung und Typisierung*

Klassifizierung und Typisierung machen bei der Erläuterung der wichtigsten Methoden in der rekreationsgeographischen Forschung den Anfang, weil beide zu den Grundanliegen jeder wissenschaftlichen Arbeit gehören und den ersten und zweiten Schritt einer Synthese der beobachteten Sachverhalte bilden.

Während die Klassifizierung die Ordnung der untersuchten Objekte nach *bestimmten* Merkmalen vornimmt, im einfachsten Falle nach einem einzigen ausgewählten Merkmal und seinem Vorhandensein oder Nichtvorhandensein, strebt die Typisierung eine syntheti-sierende Ordnung der Objekte nach *wesentlichen* Merkmalen an. „Typisieren ist (nicht nur in der Geographie) ein häufig benutztes Verfahren, um Vielzahl und Vielfalt in einem Objektbereich zu ordnen" (THÜRMER 1985, S. 11).

Klassifizierung bedeutet die Gliederung, Einteilung oder Zusammenstellung von Objek-ten nach einem oder mehreren Merkmalen. Die Kriterien der Klassifizierung rekreations-geographischer Sachverhalte werden aus der Spezifik der Erholungsprozesse und der Eigenart der jeweiligen Freizeitaktivitäten und ihrer räumlichen Einbindung gewonnen. Verständlicherweise sind dabei sehr viele Kriterien möglich. UTHOFF (1988, S. 4) klassi-fiziert „Tourismusformen als Beschreibungskategorien nach einzelnen Eigenschaften der Nachfrage" und listet als Beispiele auf: nach der *Reisedistanz* Binnen- oder Ferntourismus, nach dem *Reiseziel* Städte- oder Gebirgstourismus, nach dem benutzten *Verkehrsmittel* Flug- oder Bustourismus, nach der *Art der Unterkunft* Camping- oder Hoteltourismus, nach der *Organisationsform* Individual- oder Pauschaltourismus, nach der *Reisezeit* Wochenend- oder Wintertourismus, nach der *Reisedauer* Kurzzeit- oder Langzeittourismus, nach dem *Reisemotiv* Bildungs- oder Erholungstourismus, nach den *beteiligten Gruppen* Jugend- oder Sozialtourismus.

Die Vielfalt der von Geographen praktizierten typologischen Ansätze macht WOLLKOPF (1995) deutlich. „Grundsätzlich ist festzustellen, daß die Bildung von Typen (= das Typisie-ren, gelegentlich auch als Typologisieren oder Typung bezeichnet) der ideellen Aneignung und Beherrschung der Mannigfaltigkeit der realen Erscheinungen dient. Die Typenbildung stützt sich auf die *vergleichende Analyse gleichartiger Objekte*. Jedes Objekt besitzt eine bestimmte Merkmalsstruktur. Die gemeinsamen wesentlichen (invarianten) Objektmerk-male bilden die Ausgangsbasis für das Typisieren. Je nach dem Erkenntnisziel erfolgt eine Merkmalsauswahl, die in die Typen eingeht (Typenextraktion).

Die Typenbildung ist zugleich *gedankliche Synthese.* Typen bilden Objekte in idealisierter Form ganzheitlich ab. Die ausgewählten Merkmale werden mittels eines Typs in ein bestimmtes Verhältnis zueinander gebracht, zusammengefaßt, synthetisiert. Die Formen der typisierenden Synthese reichen von einfacher Merkmalskombination bis in die Bereiche höherer theoretischer Verarbeitung" (a. a. O., S. 11). „Ein wesentliches Kennzeichen der holotaxonomisch-typologischen Durchdringung des geographischen Erkenntnisprozesses schließlich ist, *daß Typenbildung und Fachterminologie wie auch Typenbildung und geographische Methodenlehre in einen engeren funktionalen Zusammenhang treten" (a. a. O., S. 150).*

Typen bilden also Objekte in idealisierter Form ganzheitlich ab. Das ist der Gedanke, der hier an Hand verschiedener Beispiele verfolgt werden soll. *Das erste Beispiel ist der Fremdenverkehr selbst.* Ein von MONHEIM (1979) entwickeltes „Ordnungsschema der Typen von Freizeit und Fremdenverkehr" wurde von BECKER (1989) in die „Daten zur Raumplanung, Teil C, Fachplanungen und Raumordnung" (S. 477) der Akademie für Raumforschung und Landesplanung und auch von STEINECKE u. BENTHIEN (1993) in einen Studienbrief „Geographie des Freizeit- und Fremdenverkehrs" übernommen (Abb. 22). Unter Bezugnahme auf diesen Ordnungsrahmen schreibt STEINECKE (a. a. O., S. 7): „Die Erfassung, Beschreibung, Analyse und Ursachenerklärung dieser Raumtypen und raumbezogenen Verhaltensweisen sind die zentralen Aufgaben der Geographie des Fremden- und Freizeitverkehrs."

Bei der Typisierung – auch der eben erwähnten des Fremden- und Freizeitverkehrs – geht es vorrangig nicht um die Aufstellung eines Ordnungsrahmens, in den unter Beachtung vorgegebener oder abgeleiteter Kriterien und Prinzipien alle konkreten Objekte eingepaßt werden können, sondern um eine Ordnung, die die Objekte nach deutlich hervortretenden Merkmalen, die bestimmten Gruppen von ihnen eigen sind, charakterisiert und sie zugleich abstrahiert, um daraus neue Erkenntnisse zu gewinnen. Typologien gehen deshalb stets von einer Menge von Individuen aus, die miteinander verglichen, auf gemeinsame Merkmale hin untersucht und nach dem Grad der Ausprägung dieser Merkmale (Merkmalsverdichtung) als Typen geordnet werden. In diesem Sinne kann der „Typ" als „eine Menge von verschiedenen Objekten gleicher Grundqualität" aufgefaßt werden (THÜRMER 1985, S. 14).

## 4.2.2.
## *Die Klassifizierung rekreationsgeographischer Erscheinungen*

Eine erste Gruppe von Klassifizierungen stützt sich auf *Zeitbereiche.* Sie berücksichtigt als Merkmal die für Erholungszwecke verfügbaren „freien Zeiten" und verknüpft diese gegebenenfalls mit den jeweils erreichbaren Räumen (vgl. Abb. 1-A):
– in den Arbeitspausen Erholung auf dem Betriebsgelände,
– am Feierabend Freizeitaktivitäten im Wohnbereich und Wohnumfeld,
– am Wochenende vorrangig Nutzung von Naherholungsmöglichkeiten,
– im Urlaub Erholung in weiter entfernten Erholungsgebieten.
Klassifiziert wird auch nach der *Dauer des Aufenthaltes* zu Erholungszwecken:
– 1 bis 3 Tage = kurzfristige Erholung,
– 4 bis 9 Tage = mittelfristige Erholung,
– 10 und mehr Tage = langfristige Erholung.

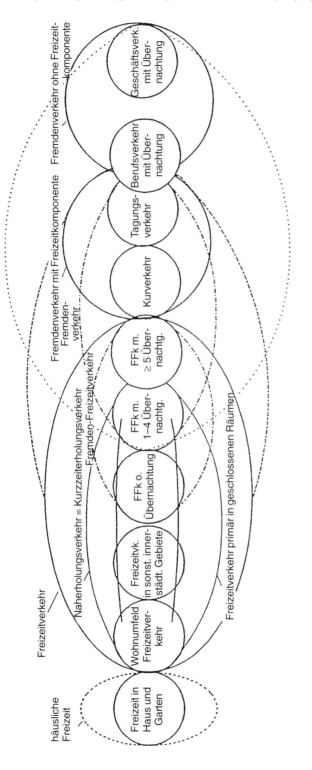

Abbildung 22
Ordnungsschema der Typen von Freizeit- und Fremdenverkehr (MONHEIM 1979)
FFk – Fremden-Freizeitverkehr

Zu beachten ist: Diese Abgrenzungen werden von den einzelnen Autoren festgelegt, sie sind keine „Legaldefinitionen"! So kann zur Klassifizierung nach der Aufenthaltsdauer durchaus auch die Anzahl der Übernachtungen zu Grunde gelegt werden.

Eine weitere zeitliche Bezugsbasis bilden die *Jahreszeiten*: Aufenthalt im Sommer bzw. im Winter, im Frühling oder Herbst. Mit ihnen kann die Saisonalität des Fremdenverkehrs beschrieben werden. Eine andere zeitliche Ebene stellen die *Lebensalter* dar: Kinder-, Jugend-, Erwachsenen- und Seniorenerholung. Bei dieser Klassifikation schwingt aber schon eine Typenbildung mit, weil man unwillkürlich an die unterschiedlichen Inhalte der Erholung einer bestimmten Gruppe denkt. Dies Beispiel zeigt, daß es zwischen Klassifizierung und Typisierung in bestimmten Fällen auch fließende Übergänge gibt.

Eine zweite Gruppe von Klassifizierungen geht vom *Verhalten* der Rekreanten aus und unterscheidet davon abgeleitete *Erholungsformen*. Dabei ergibt sich eine grundsätzliche Unterscheidungsmöglichkeit zunächst zwischen denjenigen Formen der Erholung, die sich *im Freien* abspielen („outdoor recreation"), und all jenen, die *in geschlossenen Räumen* praktiziert werden („indoor recreation"). „Erholung im Freien" würde dem Begriff „outdoor recreation" sprachlich wie inhaltlich am nächsten kommen und wird von uns als Synonym dafür verwendet. „Indoor recreation" läßt sich leider nicht in gleicher Kürze im Deutschen wiedergeben.

SCHÖNEICH (1975, S. 50) klassifiziert in folgende Gruppen: passive Formen der Erholung, aktive körperlich-kulturelle Erholungsformen und geistig-kulturelle Formen oder kulturell-geistiges Erleben. Die *passiven Erholungsformen* gliedern sich in körperlich-kulturelle Formen, wie das Ruhen, Sitzen, Liegen, Sonnen und Luftbaden im Freien, und in die gesellig-unterhaltenden Verhaltensformen, wozu Ausflüge zu Fuß, mit dem Fahrrad, dem Bus, dem eigenen Auto, auf Fahrgastschiffen, auch Aufenthalte in Gaststätten (z. B. in den bayerischen Biergärten), in Kultur- und Freizeitparks (vgl. die vielen Varianten im Freizeitpark-Atlas), Spiele und gesellige Unterhaltung gehören. Für beide Formen, die aktive und passive Erholung teilweise miteinander verbinden, kann man in den Seen-Wald-Landschaften des Tieflandes und in den bewaldeten Mittelgebirgslagen die besten Voraussetzungen finden.

Zur *aktiven Erholung* des Körpers und des Geistes sollten eigentlich bereits in der Nähe der Wohnstätten Möglichkeiten für die Leichtathletik und für Ballspiele, aber auch für den Schwimm- und Wassersport bestehen. Je nach den jahreszeitlichen klimatischen Bedingungen gehören auch Gelegenheiten für den Eissport, den Skisport und das Rodeln dazu. Solche Sportmöglichkeiten sind besonders für Jugendliche wichtig, um ein Gegengewicht zur „indoor recreation" in Diskotheken und Spielhallen zu schaffen. Aber welche Kommune ist wirklich um eine gute und bedürfnisgerechte derartige rekreative Infrastruktur bemüht und kann sie auch finanzieren?

Von den auf Unterhaltung, Geselligkeit, Sport und Spiel orientierten Formen unterscheiden sich die *touristischen Erholungsformen* im engeren Sinne. Für sie sind erhebliche Ortsveränderungen der Beteiligten charakteristisch. Dazu gehören das Wandern und Radeln über größere Strecken, das Reiten, das Wasserwandern und vor allem die Motorrad- und Autotouristik.

Der Erholung wie der Entwicklung der Persönlichkeit dient das *bewußte Erleben der Landschaft* mit ihrer natürlichen Eigenart und den historischen, technischen oder künstlerischen Sehenswürdigkeiten. Diese *geistig-kulturellen Erholungsformen* gliedert SCHÖNEICH (1975, S. 53/54) in:

a) d*as kulturell-künstlerische Erleben* von Kulturveranstaltungen, bei Besichtigungen von Baudenkmalen und Museen u. ä., wobei der ästhetische Genuß durch die Gewinnung von Erkenntnissen bereichert wird;

b) *das landschaftsästhetische Erleben* von Blickbeziehungen in der Landschaft, etwa von Aussichtspunkten oder Panoramastraßen aus, beim Besuch von geologischen, geomorphologischen, botanischen oder faunistischen Sehenswürdigkeiten;

c) *das Bildungserleben*, die Bereicherung des Wissens, zumal der Mensch im Rekreationsprozeß gleichzeitig körperlich erfrischt und geistig-kulturell bereichert wird, was wiederum seine Bindung an die Heimat festigt und sein Verantwortungsbewußtsein stärkt, sich für deren Erhaltung und schönere Gestaltung einzusetzen.

Diese Erholungsformen finden sich gebündelt im Kultur-, Bildungs- und Städtetourismus wieder. Bei der Klassifizierung der Erholungsformen ist aber noch auf weitere Bedürfnisse von Rekreanten zu verweisen, die deren Verhaltensweisen beeinflussen, die Nachfrage in dieser oder jener Richtung verstärken und Kapazitätserweiterungen sowie infrastrukturelle Veränderungen auslösen. Es sind spezifische Freizeitinteressen, die sich nicht ohne weiteres einer der oben genannten Klassen zuordnen lassen. So spielt z. B. an den Meeresküsten verschiedener Länder, besonders in Ostdeutschland, und an den Ufern von Seen, wo Schwimmen und Sonnenbaden im Vordergrund der Erholungsaktivitäten stehen, die Freikörperkultur zunehmend eine Rolle.

Die Badegewohnheiten haben sich in diesem Punkte seit einhundert Jahren völlig geändert. Dem Kompromiß „oben ohne" der Frauen z. B. an den mediterranen Küsten oder auch in Freibädern mancher Länder steht andernorts, in Mecklenburg und Vorpommern schon seit den 50er Jahren, also schon seit der frühen sozialistischen Zeit, die natürliche Unbefangenheit des Nacktbadens an vielen Strandabschnitten gegenüber. Auf jeden Fall sind „textilfreie" Strände wesentlich ästhetischer und sauberer als die „Hundestrände", an die manche ZeitgenossInnen ihre vierbeinigen Lieblinge mitschleppen dürfen. Aber dieser Gedanke enthält bereits eine Wertung. Ohne diese wäre er zur Klassifizierung der Strände nach bestimmten Merkmalen geeignet: Textilstrände, textilfreie Strände, Hundestrände. Ein solcher Gedanke bereichert – wenn auch nur scherzhaft – die in der Küstenmorphologie übliche Einteilung in Sand-, Kies-, Geröll-, Block- und Felsstrände.

Eine Klassifizierung drückt auch die von FREYER (z. B. 1993, S. 201/202 in der Tourismus-Konzeption Rügen) getroffene Unterscheidung der verschiedenen Zielgruppen von Touristen aus, wenn er zwischen einem „Blauen Tourismus" (alle wasserbezogenen Aktivitäten wie Segeln, Surfen, Yachtsport, Baden usw.), „Weißen Tourismus" (Kur- und Bäderwesen, Kliniken, Gesundheitstourismus), „Grünen Tourismus" (ökologiebezogene Aktivitäten, Naturlehrpfade, Urlaub in und mit der Natur u. ä.), „Gelben Tourismus" (alle sonnenbezogenen Aktivitäten wie Erholung am Strand u. a.), „Roten Tourismus" (alle gruppen- und gesellschaftsbezogenen sowie „sozialen" Aktivitäten, Gruppenurlaub, Jugend- und Seniorenangebote usw.) und schließlich dem „Internationalen Tourismus" unterscheidet.

Hier wird indirekt bei einigen Arten des Tourismus schon ein *Grad der Organisiertheit der Besucher* angesprochen. Auch dieser wird zu Klassifizierungen herangezogen, z. B. zwischen *organisierten* Gruppen und *nicht organisierten* (zufälligen) Gruppen von Touristen innerhalb der kollektiven Form des Reisens im Gegensatz zur individuellen Reisegestaltung. „Zufällig" sind die Teilnehmer eines Busausfluges zusammengewürfelt, aber auch die Teilnehmer einer Pauschalreise großer Reiseunternehmen. Ein Betriebsausflug hinge-

gen führt eine organisierte Gruppe zusammen. In jedem der drei Fälle muß das Erholungs-
angebot großenteils gemeinsam „verbraucht" werden, wenn sich auch die Verhaltensweisen
der Gruppen unterscheiden.

Die Reihe der Beispiele zur Klassifikation rekreationsgeographischer Erscheinungen
ließe sich fortsetzen. So sei abschließend – um das Prinzip zu verdeutlichen – noch eine
Möglichkeit genannt: Nach den *zu rekreativen Zwecken aufgesuchten Räumen* könnte man
daran denken, die Erholung an den Meeresküsten als *litorale* Rekreation, die auf dem Meer
als *marine* Rekreation, die Erholung an und auf Seen, Flüssen und künstlichen Gewässern
als *lakustre* Rekreation, die in Waldgebieten des Flach- und Hügellandes als *silvestre*
Rekreation und die in Mittelgebirgen als *montane* Rekreation zu bezeichnen. Erholung in
Hochgebirgen würde *alpine* Rekreation, die in Städten *urbane* und diejenige auf dem Lande
*rurale* Rekreation heißen. Für die Erholung in der Stadtrandzone ließe sich die Bezeichnung *periurbane* Rekreation verwenden.

## 4.2.3.
## Varianten der rekreationsgeographischen Typisierung

Über das Wesen der Typisierung im allgemeinen und ihre Anwendung in der Geographie
wurde bereits gesprochen. *Auf eine kurze Formel gebracht, kann man die Funktion des
Typisierens als Veranschaulichung, zweckbestimmte Merkmalsreduktion und ganzheitliche
Charakteristik von Untersuchungsobjekten begreifen.* Dabei bleibt zu beachten, daß Typi-
sierungen stets einen bestimmten wissenschaftlichen oder praktischen Zweck verfolgen.
Dieser beeinflußt oder determiniert die Analyse des Materials und die Auswahl der Krite-
rien, die der Typisierung im Einzelfall zu Grunde gelegt werden.
Von den Kriterien muß verlangt werden, daß sie

1. *lokalisierbar sind*, handelt es sich doch um geographische Typen, die ausgesondert werden sollen, bei denen man eine bestimmte Lage im geographischen Raum voraussetzt;
2. *für den beabsichtigten Zweck wesentlich sind*, soll das Material doch zweckentsprechend
   aufbereitet und die betrachtete Menge von Objekten sinnvoll ausgesondert werden;
3. *innerhalb der zu betrachtenden Menge vergleichbar sind*, da nur bei Vorhandensein
   vergleichbarer Eigenschaften deren Ausprägung bewertet werden kann:
4. *generalisierbar sind*, was den Aufbau von Typenreihen überhaupt erst ermöglicht.

WIRTH (1979, S. 134) konstatierte, daß „die Problematik der Typenbildung ... wissen-
schaftstheoretisch noch nicht befriedigend gelöst" sei. Nach WIRTH lag dieser Rückstand in
der Vielfalt der umgangssprachlichen Bedeutungen des Wortes „Typ" begründet, für den
Eigenart, Art, Aussehen die gebräuchlichsten Synonyme wären, beim „Typus" seien es
Abbild, Muster, Vorbild, Urform, Grundform, Durchschnittsbild u. a. m. Hinter „Typisierung" (oder „Typung") verberge sich ferner ein von den technischen Wissenschaften
beeinflußter Wortsinn Vereinheitlichung bzw. Normierung oder Standardisierung.
Für eine befriedigende Typenbildung in der Geographie war nach WIRTH (1979, S. 135)
„das klassische methodische Hilfsmittel des geographischen Vergleichs nach wie vor unent-
behrlich". Damit kann nämlich herausgefunden werden, was der Mehrzahl der Individuen
der untersuchten Menge gemeinsam ist und was bei Individuen einer anderen Menge selten
oder nie vorkommt, denn nur das kann als charakteristisches oder wesentliches Merkmal in

den Typus aufgenommen werden. Genau diesen Weg schlug die disziplingeschichtliche Studie zum Typbegriff in der Geographie von WOLLKOPF (1988 bzw. 1995) ein, auf die eingangs dieses Abschnittes bereits Bezug genommen wurde: *Typen bilden Objekte in idealisierter Form ganzheitlich ab.*

Das ist allerdings, wie das meiste in der Wissenschaft, „leichter gesagt als getan". Grundsätzlich besteht die Möglichkeit der Entwicklung von *Typenreihen*, das sind nebengeordnete Typen gleichen Ranges, und von *Typenhierarchien*, das sind über- bzw. untergeordnete Typen unterschiedlichen Ranges, was isolierte Einzeltypen nicht ausschließt. Bei allen genannten geographischen Typen handelt es sich um Funktions- und Strukturtypen von (bzw. für) Flächen, Standorten und Gebieten der Rekreation. Aber auch die Erholer selbst lassen sich nach FINGERHUT u. a. (1973) mit Hilfe von Motivpaaren und spezifischen Verhaltensweisen „typisieren" (Tab. 3).

Von HAHN (1974) stammt eine persönlichkeitspsychologische Typisierung der Urlauber, auf die in der Literatur verschiedentlich Bezug genommen wird:

1. *Der S-Typ (sonne-, sand- und seeorientierter Erholungsurlauber)*; Kennzeichen: passives Verhalten, Wunsch nach Geruhsamkeit und Geborgenheit; lehnt massentouristischen Rummel ab; generell aber kontaktwillig; sehen und gesehen werden.

2. *Der F-Typ (ferne- und flirtorientierter Erlebnisurlauber);* Kennzeichen: unternehmungslustig; sucht Entspannung und Erholung in Kombination mit Erlebnissen; Suche nach Vergnügen, Abwechslung, Geselligkeit und Luxus.

3. *Der W-1-Typ (wald- und wanderorientierter Bewegungsurlauber)*; Kennzeichen: gesundheitsbewußt; sucht frische Luft und körperliche Bewegung; witterungsunabhängig.

4. *Der W-2-Typ (wald- und wettkampforientierter Sporturlauber)*; Kennzeichen: sportorientiert; von den Möglichkeiten zur Ausübung des sportlichen Hobbys hängt die Wahl des Urlaubszieles ab (z. B. Alpinisten, Flieger usw.).

5. *Der A-Typ (Abenteuer-Urlauber)*; Kennzeichen: sucht Abenteuer und Aufregung; nicht auf ein Hobby fixiert; interessiert an Neuem, Überraschendem und unerwarteten Situationen.

6. *Der B-Typ (Bildungs- und Besichtigungsurlauber)*
   *B-1-Typ*: interessiert an der Absolvierung vieler Sehenswürdigkeiten und Zielländer (sight-seeing);
   *B-2-Typ*: eher interessiert an eigenen Emotionen, die durch Besichtigung von kulturellen Denkmälern oder Landschaften in ihm ausgelöst werden;
   *B-3-Typ*: bewußtes rationales Interesse an der Kultur oder Landschaft des besuchten Fremdenverkehrsgebietes.

Der geographischen Typisierung – um die es uns in erster Linie gehen muß – sind schon die kleinsten homogenen Erholungsflächen zugänglich: Waldflächen, Parks, Liegewiesen, Strände, Seeufer und andere Flächen topischer Dimension, die unter rekreationsgeographischen Aspekten ausgesondert werden können. Flächennutzungstypen lassen sich auf unterschiedlicher hierarchischer Stufe in chorischer, regionischer und zonaler Dimension nach der Art bzw. Kombination und Intensität der Erholungsnutzung bestimmen. Es ist möglich, neben Struktur- und Funktionstypen des Ist-Zustandes unter Zugrundelegung einer beabsichtigten Vorrang- oder Mehrfachnutzung der Flächen potentielle Funktionstypen auszuweisen, was für die Erholungsplanung praktische Bedeutung besitzt und in Planungsmodelle, z. B. Raumordnungsprogramme, einmündet.

| Typ | Motive (Wünsche, Erwartungen) | Aktivitäten des Erholungstypen |
|---|---|---|
| Wandertyp | traditionsgeleitet, Suche nach Harmonie, Aufsuchen der Restflächen der „noch heilen Welt", Distanz zum Alltag sowie zu anderen Erholungstypen, Wunsch nach „Naturnähe" | wandern, spazieren, sich bewegen, Natur beobachten, Ausschau halten, sammeln (Früchte, Pflanzen), rasten, Aussicht genießen, skiwandern |
| Freiraumtyp | Suche nach Freiheit, Ungestörtsein, bewußtes Antinormverhalten, Erproben von neuen Rollen und Reizen, Selbstbestimmung, Distanz zum Alltag, Spontaneität | wild lagern, campieren, picknicken, feuermachen, klettern, bergsteigen, herumtollen, (Gelände- und Jagdspiele), wild baden, nackt baden, fischen, sonnen |
| Landschaftstyp | Suche nach Harmonie und Kontakten, Gruppenerlebnis, starkes Regelverhalten, soziale Kontrolle, Suche nach „Heim im Grünen" | lagern, picknicken, campieren, zelten, Caravaning, spielen (Rasen- und Ballspiele), ruhen, sitzen, ausspannen, sonnen, Reviere bilden, Reviere ausgestalten (Camping und Wochenendhaus), baden (an frei zugänglichen Ufern), Skilanglauf, skiwandern, schlittenfahren |
| Rundfahrertyp | traditionsgeleitet, Prestige- und Bildungsgewinn durch Reisen, räumliche Dynamik, Suche nach der Ferne, Entdeckungen, „Sehenswürdigkeiten" | autofahren, autowandern, radfahren, besichtigen, einkehren, promenieren, spazierengehen, rundwandern |
| Promeniertyp | Suche nach Kontakten, „Sehen und Gesehenwerden", Suche nach Massenerlebnis, keine Strapazen | promenieren, flanieren, einkehren, zuschauen, Leute beobachten, gesehen werden, ausruhen, sitzen |
| Sporttyp | trainieren, anpassen, Zurschaustellen des eigenen Leistungsvermögens, sportliche Aktivität als Erlebnis und Körperertüchtigung, aktive Zerstreuung, Fitness, Erhaltung der körperlichen Leistungsfähigkeit | Leichtathletik treiben, trainieren, Ballspiele (Tennis usw.), schwimmen, wasserskifahren, segeln, rudern, bootfahren, golfspielen, reiten, schießen, Wintersport treiben (skifahren, Skilanglauf, Eislauf, Hockey, Curling) |
| Bildungstyp | Suche nach kreativem und selbstbestimmtem Verhalten, Erprobung von neuen Rollen und Reizen, Prestigegewinn | sich weiterbilden (diskutieren, lesen), besichtigen, Veranstaltungen und Anlässe besuchen, einkehren |

*Tabelle 3*
*Erholertypen nach Motiven und Verhaltensweisen (FINGERHUT 1973)*

Eine *Typologie rekreativ genutzter Flächen* erarbeitete SCHÖNEICH für die Schweriner Seenlandschaft „aus der Merkmalskombination des Flächenwertes zwischen erholungswirksamen Land- und Gewässerflächen (Seen, Wälder, Parks, trockene Wiesen und Gebüsch, Heiden, Villenviertel, Grünanlagen der Städte, Strände) und nicht erholungswirksamen Flächen (Äcker, Weiden, Feuchtwiesen, eng bebaute Wohnflächen, Industriegelände, Unland),... aus der Höhe und Streuung des LE-Bruttowertes (= Erholungswert der Landschaft, vgl. Kapitel 4.4.2.), aus der Flächenaufteilung, aus Wert, Verteilung, Art und Streuung der Sehenswürdigkeiten und ihrer Kombination mit Relief- und Vielfältigkeitsbewertung sowie resultierend aus der Lage in der Erreichbarkeitszone" (1972, S. 251).

Auf diese Weise gelangte der genannte Autor zu einer Abgrenzung „potentieller Erholungslandschaften" eines jeweils charakteristischen Eignungs- bzw. Strukturtyps (Abb. 23). SCHÖNEICH ordnete diesen Erholungslandschaften unterer Ordnung durch weitergehende Verfahren potentielle Funktionstypen zu und kam so zur Abgrenzung von Funktionszonen. Das leitet bereits zu rekreationsgeographischen *Gebietstypen* über. Bei ihnen handelt es sich nicht mehr um eine homogene Fläche, d. h. ein einheitliches Areal hinsichtlich seiner Voraussetzungen für die Erholung, sondern um eine rekreative Nutzung eines Territoriums in Verbindung mit anderen Nutzungen.

Die von einer Erholungsnutzung geprägten *Siedlungen* stellen neben den rekreativ genutzten Flächen eine zweite Gruppe von Objekten dar, deren Typisierung zweckmäßig erscheint. Für eine Typenreihe von „Fremdenverkehrssiedlungen" kommen als qualitative und quantitative Kriterien die vorhandene infrastrukturelle Ausstattung, besonders auf dem Dienstleistungs- und Verkehrssektor, die Übernachtungskapazitäten, die Größe des Einzugsgebietes, die Erreichbarkeit, das kulturelle Leben und vieles andere mehr in Betracht. Die Entscheidung liegt beim jeweiligen Bearbeiter.

In der Siedlungsgeographie werden *Fremdenverkehrssiedlungen* als ein „besonderer Siedlungstyp in wirtschaftlicher Hinsicht" angesprochen (SCHWARZ 1959, S. 278). Sie sind Ziel- und Auffangpunkte eines Verkehrs, der dem Zwecke der Erholung oder des Ferienaufenthaltes dient. Daraus resultiert ihre mehr oder weniger stark ausgeprägte Eigenart als Saisonsiedlungen. Letzteres gilt für die Heilbäder der römischen Kaiserzeit ebenso wie für jene des 17. und 18. Jh., das trifft für die seit dem Ende des 18. Jh. entstehenden Seebäder in England (Brighton) und Deutschland (Heiligendamm) ebenso zu wie für die ersten Berggasthöfe, z. B. in den Alpen. Das gilt aber gleichermaßen für die Gegenwart, wo in den entwickelten Ländern Rekreation und Tourismus zu Massenerscheinungen geworden sind und manche Entwicklungsländer vom einreisenden Tourismus wirtschaftlich profitieren (wollen).

SCHWARZ unterscheidet nach ihrer Form und Struktur als wichtigste der vom Fremdenverkehr – wir würden sagen: von der Rekreation – geprägten Ortstypen:

a) *Einzelsiedlungen*, die teilweise nur der Bewirtung von Gästen, teilweise auch deren Beherbergung dienen, in den Gebirgslandschaften oft durch extreme Lebensbedingungen gekennzeichnet, insgesamt von sehr unterschiedlicher Art (von einfachsten Herbergen bis zu komfortablen Hotels, vgl. dazu DAHLMANN 1983);

b) *Fremdenverkehrs-Durchgangsorte*, die durch den notwendigen Wechsel von Verkehrsmitteln, aber auch durch ihre Sehenswürdigkeiten Anlaß zu kurzfristigen Aufenthalten geben, deren Lage sie als „Tore" zu ausgeprägten Erholungsgebieten erscheinen läßt, insgesamt ein Grundtyp mit erheblicher Variantenbreite;

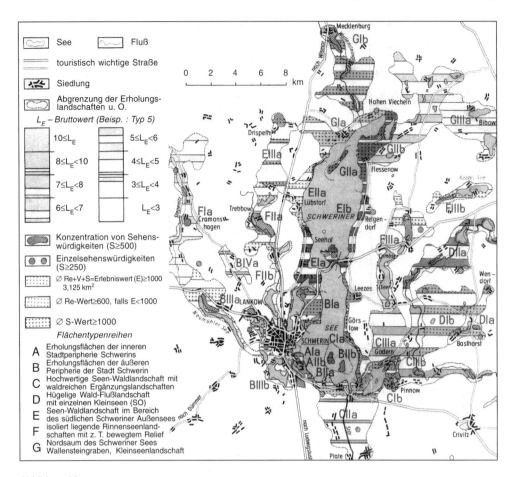

Abbildung 23
Flächentypen in Erholungslandschaften unterer Ordnung (SCHÖNEICH 1972)

c) *ländliche Fremdenverkehrssiedlungen*, die man für längere Zeit zur Erholung aufsucht;
   sie sind in der Regel aus ländlichen Siedlungen hervorgegangen, haben diesen Charakter
   auch lange Zeit einigermaßen bewahrt, treten sowohl im Gebirge als auch an Meeresküsten auf, ändern unter dem Einfluß des Fremdenverkehrs jedoch ihre Form und Struktur gerade in jüngerer Zeit erheblich;

d) *städtisch geprägte Fremdenverkehrssiedlungen*, die z. T. mit steigender Besucherzahl
   aus bestehenden kleinen ländlichen Orten hervorgegangen sind, teils Gründungen neben
   solchen, teils völlige Neugründungen der jüngsten Zeit ohne Anschluß an bestehende
   Orte darstellen, charakterisiert etwa durch eine Konzentration großer Hotels parallel zum
   Strand der Seebäder bzw. in Hanglage in Mittelgebirgen (vgl. Abb. 18).

In dieser Aufstellung fehlen noch zwei Typen, deren Entwicklung sich in den letzten Jahrzehnten schnell vollzog und die erhebliche Flächen beanspruchen: die Freizeitsiedlungen und die Campingsiedlungen. Bei den *Freizeitsiedlungen* („second homes"), für die in der Literatur verschiedene Begriffsbestimmungen vorliegen (z. B. ALBRECHT 1992, KULINAT u. STEINECKE 1984), lassen sich Typen verschiedener Art ausgliedern: nach ihrer topographischen Lage, nach ihrer Lage zu den Herkunftsorten bzw. -gebieten der Eigentümer und Nutzer, nach der Nutzungsdauer und -jahreszeit, nach Bauweise, Baumaterial, Ausstattung, nach Eigentumsformen, nach der Bindung an bestimmte bevorzugte Erholungsformen (Baden, Wandern, Wasserwandern, Skilaufen, Rodeln, Gartenarbeit usw.).

Die *Campingsiedlungen* sind teils echte Saisonsiedlungen, d. h. sie bestehen, wie an den Meeresküsten und Binnenseen, nur während der Jahreszeit, wo das Baden möglich ist, teils sind sie durch das Dauercamping, d. h. das Aufstellen von Wohnwagen (Caravans) zu Dauersiedlungen geworden, die jedoch nicht ganzjährig bewohnt werden („quasistationäres Camping", bei dem die Behausung stationär ist, das Verhalten der Bewohner aber dem der Camper entspricht). Zum Thema Camping hat STEINHARDT (1992) einen interessanten innerdeutschen Vergleich geliefert.

Die Möglichkeiten der Ausgliederung von *Gemeindetypen* hängen stark von der Verfügbarkeit über statistisches Material ab. Die Zahl der Übernachtungen, deren saisonale Verteilung, ihr Verhältnis zur Zahl der Einwohner (= Fremdenverkehrsintensität), die Aufenthaltsdauer der Gäste, die Relation der Gästezahlen zu den Unterbringungskapazitäten und andere verfügbare Daten bieten Ansatzpunkte für derartige Typenbildungen. Aus der Struktur der wirtschaftlich Tätigen leitete v. KÄNEL (1975) den Typ der „*Erholungsgemeinde*" ab (s. Atlas DDR, Karte 21). Dabei handelt es sich um Gemeinden mit überwiegendem Anteil des Gesundheits- und Erholungswesens, d. h. solche mit > 60 % der berufstätigen Wohnbevölkerung im Dienstleistungsbereich. Andere Typenreihen von Fremdenverkehrsorten entwickelten MARIOT (1970) und KULINAT (1972). MARIOT bezog in seine „Teiltypisierung" die Fremdenverkehrsintensität ein, um Beziehungen zwischen Fremdenverkehr und Landschaft zu verdeutlichen. Seine Übersicht der verschiedenen Typen der Fremdenverkehrsorte zielt deutlich auf die Gewinnung von Kartensymbolen ab (1970, Abb.1).

KULINATs Ansatz ist auf einen großräumigen Vergleich der Orte abgestellt und benutzt dazu relativ viele Merkmale der Nachfrage- und Angebotsseite mit deren Unterteilungen. „Die Grundeinteilung der Fremdenverkehrsorte erfolgt nach der vorherrschenden Fremdenverkehrsart, die übrigen beteiligten Fremdenverkehrsarten werden jedoch angegeben (Artengefüge). Die Typen der Fremdenverkehrsorte ergeben sich aus der Kombination dieser Grundeinteilung mit der Fremdenverkehrsintensität (Nachfrageseite) und der vorherrschenden Beherbergungsart (Angebotsseite)". Eine Vorstellung von der vorgeschlagenen Typisierung vermittelt KULINATs im Original farbige, aber auch in Schwarzweiß umgesetzte Legende (Abb. 24). Für eine derart detaillierte Darstellung dürfte aber leider nicht überall das erforderliche statistische Datenmaterial vorhanden ist.

RUPPERT u. MAIER (1969, S. 95) nannten als Typisierungsdaten, die für das Gebiet der (damaligen) Bundesrepublik Deutschland statistisch leicht greifbar und für ein größeres Gebiet auch vorhanden seien: 1. die Zahl der Übernachtungen, 2. den Anteil der Fremdenübernachtungen während der Sommer- bzw. Wintersaison, 3. die Fremdenverkehrsintensität, 4. die durchschnittliche Aufenthaltsdauer und 5. die durchschnittliche Auslastung der

DIE TYPISIERUNG VON FREMDENVERKEHRSORTEN[1]

Die Typen der Fremdenverkehrsorte ergeben sich aus der Kombination von
I. Grundeinteilung (Fremdenverkehrsarten und Artengefüge) mit
II. Fremdenverkehrsintensität (Nachfrageseite) und
III. Beherbergungsart (Angebotseite). Weitere Informationen liefern
IV. die Zusatzmerkmale. Für nähere Angaben zur Typenbildung siehe
Teil V der Legende

I Grundeinteilung nach der vorherrschenden Fremdenverkehrsart und dem Artengefüge

1. Fremdenverkehrsarten (nach Aufenthaltsgründen und -zwecken)

Kurverkehr
(ohne Seebäderverkehr): K

Geschäftsreiseverkehr: G
Ausflugs- und Durchgangsverkehr: A
(einschl. aller ähnlichen Fremdenverkehrsarten mit dem vorwiegenden Zweck kurzfristiger Erholung, Entspannung und Zerstreuung (z. B. der Besichtigungs- u. Besuchsfremdenverkehr

Seebäderverkehr
(einschl. Kurverkehr an der See): SE

Sommerfrischenverkehr: SO

Winterfrischen- und Wintersportverkehr: W

vorherrschende Fremdenverkehrsart
(angegeben z. B. Sommerfrischenverkehr)

andere beteiligte Fremdenverkehrsarten

z. B.

vorherrschende Fremdenverkehrsart: Kurverkehr K

andere beteiligte Fremdenverkehrsarten
Sommerfrischenverkehr SO, Ausflugs- und Durchgangsverkehr A

2. Artengefüge

e einfache Artengefüge
m mehrteilige Artengefüge

Beteiligt ist/sind

1 oder 2 Fremdenverkehrsart(en)
3 oder mehr Fremdenverkehrsarten

Die Grundeinteilung erfolgt nach der vorherrschenden Fremdenverkehrsart und nach der Anzahl der insgesamt beteiligten Fremdenverkehrsarten (einfaches oder mehrteiliges Artengefüge), so daß sich 6 x 2 = 12 Grundtypen ergeben;
z. B. I (K.m): Kurverkehr und mehrteiliges Artengefüge
I (Se.e): Seebäderverkehr und einfaches Artengefüge

II Einteilung nach der Fremdenverkehrsintensität

 Fremdenverkehrsintensität   Fremdenübernachtungen je Einwohner

| | |
|---|---|
| II a Ort mit Fremdenverkehr | bis unter 10 |
| II b Fremdenverkehrsort | 10 bis unter 50 |
| II c Fremdenverkehrsort mit starkem Fremdenverkehr | 50 bis unter 100 |
| II d Fremdenverkehrsort mit sehr starkem FV | 100 und mehr |

(II c und II d: Bedeutender Fremdenverkehrsort)

III Einteilung nach der Beherbergungsart

 Beherbergungsart

Ort mit vorwiegendem Fremdenbettenangebot in

| | |
|---|---|
| III a Hotels, Gasthöfen, Pensionen | Mehr als 50 % der Fremdenbetten in Hotels, Gasthöfen, Pensionen (in Privatquartieren < 50 %, in Heimen < 40 %) |
| III b Privatquartieren | Mehr als 60 % der Fremdenbetten in Privatquartieren (in Hotels < 40 %. in Heimen < 40 %) |
| III c Heimen | Mehr als 40% der Fremdenbetten in Sanatorien, Kurheimen, Erholungsheimen u. a. (in Hotels < 60 %, in Privatquartieren < 60 %) |
| III d Ort mit stark gemischtem Fremdenbettenangebot | Fremdenbettenangebot ist stark gemischt (Fremdenbetten in Hotels < 50 %, in Privatquartieren < 60 %, in Heimen < 40 %) |

[1] Legende zu den im Originaldruck farbigen Karten zur Typisierung der Fremdenverkehrsorte 1967/68 an der Niedersächsischen Küste (Ausschnitt), in der Lüneburger Heide (Ausschnitt) und im Westharz

Abbildung 24
Die Typisierung von Fremdenverkehrsorten (KULINAT 1972)

### IV Zusatzmerkmale
#### 1. Zahl der Fremdenübernachtungen (FÜ)

| | 50 000 | 150 000 | 500 000 |
| bis unter | bis unter | bis unter | und mehr |
| 50 000 | 150 000 | 500 000 | |

#### 2. Jahresgang des Fremdenverkehrs     3. Durchschnittliche Aufenthaltsdauer

Anteil der Fremdenverkehrsüber-
nachtungen im Sommerhalbjahr
(1. April – 30. Sept.) an den Gesamt-
Fremdenübernachtungen eines Jahres

in %                                     in Tagen
(verstärkter Innenkreis)     (Kennzeichnung am oberen Kreisring)

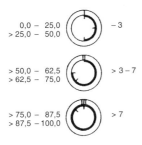

```
 0,0 –  25,0          – 3
>25,0 –  50,0

>50,0 –  62,5         >3 – 7
>62,5 –  75,0

>75,0 –  87,5         >7
>87,5 – 100,0
```

#### 4. Zunahme der Fremdenübernachtungen in den letzten 5 Jahren

in %
ohne Kennzeichnung     Abnahme oder Zunahme – 10

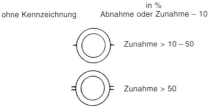

Zunahme > 10 – 50

Zunahme > 50

5. Anmerkung: Die Campingplätze wurden bei der vorliegenden
   Darstellung nicht berücksichtigt.

Sofern Daten vorhanden sind, sollten die beiden folgenden Zusatzmerkmale angegeben werden:
a) Zweithäuser bzw. Zweitwohnungen
b) Fremdenplatzangebot im Verhältnis zum Fremdenbettenangebot
   (als Kennzeichnung des nicht übernachtenden Ausflugsverkehrs,
   vgl. RUPPERT u. MAIER 1970, S. 27)

### V Die Typen der Fremdenverkehrsorte

ergeben sich aus der Kombination der Grundeinteilung
(Grundtypisierung) mit den Merkmalen II und III, z. B.:

1) Tewel/Lüneburger, Heide[2]
   I (SO.e); Sommerfrischenverkehr und einfaches Artengefüge
   II a: Ort mit Fremdenverkehr
   III a: Vorw. Fremdenbettenangebot in Hotels, Gasthöfen,
   Pensionen u. a.
   also: I (SO.e), II a, III a: Ort mit Sommerfrischenverkehr, ein-
   fachem Artengefüge und vorw. Hotelbettenangebot

2) Goslar/Harz
   I(A.m), II a, III a: Ort mit vorherrschendem Ausflugs- und
   Durchgangsfremdenverkehr, mehrteiligem Artengefüge
   und vorw. Hotelbettenangebot

3) Esens-Bensersiel/Niders. Küste
   I(SE.m), II b, III b: (vorherrschend) Seebad mit mehrteiligem
   Artengefüge und vorw. Hotelbettenangebot

4) Bad Lauterberg/Harz
   I/K.m), II d, III c: (vorherrschend) Kurort mit mehrteiligem
   Artengefüge und vorw. Heimbettenangebot

5) Wangerooge/Nieders. Küste
   I(SE.e), II d, III d: Seebad mit sehr starkem Fremdenverkehr
   (bedeutendes Seebad), einfachem Artengefüge und
   gemischtem Fremdenbettenangebot

6) Altenau/Harz
   I(SO.m), II d, III a: (vorherrschend) Sommerfrische mit sehr
   starkem Fremdenverkehr (Bedeutende Sommerfrische),
   mehrteiligem Artengefüge u. vorw. Hotelbettenangebot

Die vorliegende Typisierung ist so angelegt, daß die vierfache
Untergliederung der Merkmale II und III auf 3 oder gar 2 Unterteilungen (je nachTypisierungsziel) verringert werden kann, um
die Anzahl der theoretisch möglichen Typen zu reduzieren. Die
12 Grundtypen bleiben jedoch in jedem Fall erhalten. Die folgende Reduzierung der Merkmale II und III auf je 3 Unterteilungen bietet sich z. B. an:
II a, II b, II c/d
III a/c, III b, III d

[2] Genannte Beispiele aus den Karten des Originaldrucks

Bettenkapazität. Auf dieser Basis führten sie eine Typisierung der Fremdenverkehrsgemeinden der deutschen Alpen durch, die folgende Gruppenbildung ergab:

1. Fremdenverkehrsort mit weitgehendem Saisonausgleich und starker Abhängigkeit vom Fremdenverkehr (z. B. Bad Wiessee),
2. Fremdenverkehrsort mit vorherrschender Sommersaison, überwiegend tertiär betont, neben primärer und sekundärer Funktion (Chiemseegemeinden),
3. ländlicher Fremdenverkehrsort mit steigender Bedeutung des Fremdenverkehrs und beachtlicher primärer Funktion (Alpenvorlandgemeinden),
4. Fremdenverkehrsort mit überwiegendem Geschäfts- und Dienstreiseverkehr, meist Städte und Gemeinden im Einflußbereich von größeren Städten (Starnberger See),
5. Fremdenverkehrsort mit stärkeren Urbanisierungstendenzen (z. T. Tegernseer-Tal-Gemeinden).

Die rekreationsgeographische Typisierung erstreckt sich nicht nur auf Flächen, Standorte, Siedlungen und Gemeinden, sie schließt auch die *Erholungsgebiete* ein, abgrenzbare, vorrangig für Erholungszwecke genutzte Raumeinheiten. So gelangen wir zur dritten Gruppe von Typen, den *Gebietstypen*. Ohne den im nächsten Abschnitt zu erörternden Fragen der Regionierung vorzugreifen, muß hier festgestellt werden, daß in diesen „Gebieten" jeweils mehrere und verschiedenartig rekreativ genutzte Areale (und auch Flächen ohne Erholungsrelevanz) zu komplexen räumlichen Funktionsbereichen vereinigt sind.

Auf der Grundlage qualitativer, aber auch quantitativer Unterschiede der als „Territoriale Rekreationssysteme" (TRS) verstandenen räumlichen Einheiten (s. Kapitel 2.3. und 2.4.) mit ihrer Struktur aus Elementen und Relationen werden typologische Gruppierungen möglich, zum Beispiel

1. nach der Ausprägung des Rekreationspotentials und der Kombination der darin enthaltenen Geokomplexe, wodurch sich *Eignungstypen* ergeben, die ausdrücken, für welche Erholungsform ein Gebiet am besten nutzbar wäre;
2. nach der Zusammensetzung und Nutzung der Rekreationskapazitäten und der Lage der Erholungsgebiete zu den Bedarfszentren, was zu *Funktionstypen* von Gebieten führt;
3. nach dem Belastungsgrad als Ausdruck des Verhältnisses von Frequentierung zu räumlichen Voraussetzungen, woraus *Problemtypen* ableitbar sind, und
4. nach dem Erschließungsgrad unter Beachtung der Potentiale, Kapazitäten und der Erreichbarkeit, was Aussagen zu *Planungstypen* von Gebieten (Eignungsräume, Entwicklungsräume, Gestaltungsräume, Ordnungsräume u. a.) untersetzt.

Auch diese Aufzählung rekreationsgeographischer Typen ist unvollständig und soll in erster Linie das Prinzip erläutern. Möglich sind weitere Ansätze und Varianten. So betrachtete HAVRLANT (1980) die Wälder als einen der Basisfaktoren des Rekreationspotentials der Tschechoslowakei und sonderte darauf gegründete Gebietstypen aus. SCHÖNEICH (1980) unterschied im südwestmecklenburgischen Kreis Hagenow zwischen Naherholungsgebieten in Stadtnähe, Wandergebieten in peripherer Lage zu den Städten mit lokaler Bedeutung und solchen mit (über)kreislicher Bedeutung. TIMMEL (1985) typisierte 231 Gemeinden an der Ostseeküste des damaligen Bezirks Rostock mittels EDV nach 20 Kennziffern je Gemeinde unter Nutzung von Daten, die aus der Urlauberstatistik des Bezirks entnommen oder daraus errechnet werden konnten (Abb. 25).

Eine in ihrer farbigen Wiedergabe ebenfalls instruktive Karte der Typologie der Urlaubsorte der mecklenburg-vorpommerschen Küstenregion für das Jahr 1988 (unter Beachtung
der Urlauberzahlen pro Ort und der jeweils dominierenden Organisationsform der Unterbringung der Urlauber) von BREUSTE ist im 1995 herausgegebenen „Historischen und
geographischen Atlas von Mecklenburg und Pommern, Bd. 1, Mecklenburg-Vorpommern.
Das Land im Überblick“, S. 83, im Rahmen des Beitrages „Erholung und Tourismus“ von
BENTHIEN u. BÜTOW enthalten (s. auch Hintere Vorsatzkarten dieses Buches).

# 4.3.
# Die rekreationsgeographische Regionierung

## 4.3.1.
## *Zum Problem der Regionierung*
## *unter rekreationsgeographischem Blickwinkel*

*Ein spezifisches Anliegen und eine zentrale Aufgabe der geographischen Wissenschaft ist
die Regionierung (oder Regionalisierung), d. h. die räumliche Ordnung ihrer Gegenstands-
bereiche.* Die Regionierung erfaßt diese Ordnung, beschreibt sie, stellt sie kartographisch
oder in anderer Form modellhaft dar und trägt so zu ihrer Erklärung bei. Mit der Regionierung werden Einheiten des Natur- und Kulturraumes bestimmt, deren Struktur annähernd einheitlich ist, und räumliche Beziehungsgefüge oder Wirkungsnetze erkennbar
gemacht, die gegenüber anderen abgegrenzt werden können. Dabei sind Überlagerungen
verschiedener Wirkungsnetze im selben Raum durchaus möglich.

Bei der *rekreationsgeographischen Regionierung* handelt es sich

1. um die Darstellung der *elementaren Erholungsflächen*, also um die kleinsten homogenen
   räumlichen Einheiten topischer Dimension, die für Rekreationszwecke genutzt werden.
   Sie bilden noch keine selbständigen räumlichen Systeme, sondern müssen als deren
   Elemente gelten;
2. um die *Abgrenzung größerer rekreationsgeographischer Raumeinheiten unterschiedlichen Ranges*, die die topische Dimension überschreiten und von der chorischen über die
   regionische bis in die zonale Dimension reichen. Sie stellen im chorischen und regionischen Bereich räumliche Erholungssysteme mit vielfältigen Innen- und Außenbeziehungen dar, während in der zonalen Dimension die Größenordnung räumlicher
   Rekreationssysteme (TRS) überschritten wird. Rekreativ genutzte Raumeinheiten bilden
   in der Regel kein Kontinuum, sondern einen disjunkten räumlichen Verband, weil sie von
   nichterholungsrelevanten Arealen durchsetzt sind.

Hinter der Regionierung steht auch die Absicht, Grundlagen für *die planerische Gestaltung
von Erholungsgebieten* zu erarbeiten, in denen unter dem Blickwinkel unterschiedlicher
Interessen bei der Mehrfachnutzung der Flächen und damit der räumlichen Ressourcen
negativ wirkende Interferenzen vermieden werden sollen. Bei der rekreationsgeographischen Regionierung handelt es sich stets um die Abgrenzung von Raumeinheiten, in
denen naturräumliche und wirtschafts- bzw. sozialräumliche Gegebenheiten zu einer Ganzheit neuer Qualität verknüpft sind.

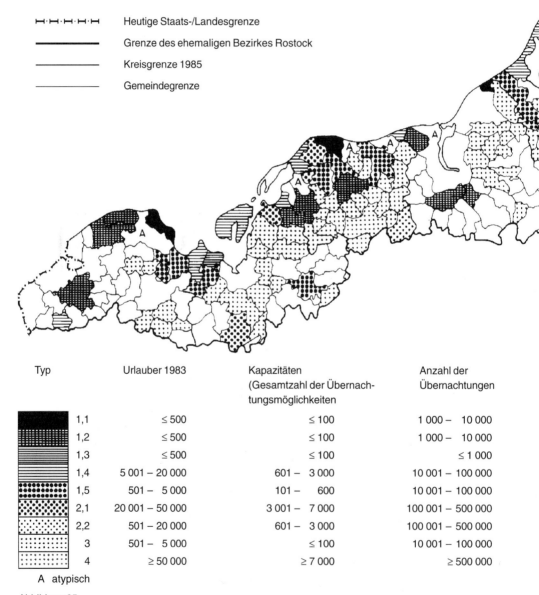

Abbildung 25
Rekreationsgeographische Gemeindetypen des ehemaligen Bezirks Rostock (TIMMEL 1985)

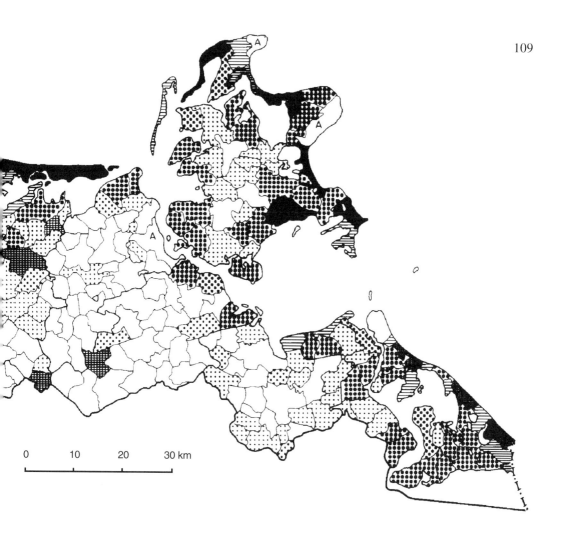

| Fremdenverkehrsdichte (Übernachtungen je Anzahl der Einwohner der Gemeinde) | Intensität des Fremdenverkehrs Fremdenübernachtungen je 100 Einwohner (%) | Durchschnittliche Aufenthaltsdauer (d) |
|---|---|---|
| ≤ 10 | ≤ 10 | 11 – 15 |
| ≤ 10 | ≤ 10 | 11 – 15 |
| ≤ 10 | ≤ 10 | ≤ 6 |
| 11 – 100 | 11 – 50 | 11 – 15 |
| 11 – 100 | 50 | 11 – 15 |
| 201 – 500 | 101 – 200 | 11 – 15 |
| 201 – 500 | 51 – 100 | 11 – 15 |
| 11 – 100 | ≤ 100 | 7 – 10 |
| 201 – 500 | 51 – 100 | 11 – 15 |

## 4.3.2.
## *Erholungsflächen topischer Dimension und Erholungsflächengefüge*

Die kleinsten Bausteine in der hierarchischen Stufung der Rekreationsräume bilden die jeweiligen Örtlichkeiten oder Flächen, an bzw. auf denen aktive oder passive Erholung praktiziert wird. Nach ihrer Nutzung für bestimmte Freizeitaktivitäten lassen sie sich als einheitlich und gleichartig genutzte Flächen in der untersten Dimension geographischer Untersuchung, der *topischen* (oder topologischen) Dimension bestimmen. Man kann sie als *Rekreotope* bezeichnen, als die Mikrostandorte der Erholung. Im Englischen werden sie als „recreational site", im Französischen als „localisation récréative", im Russischen als „рекреационный пункт" bezeichnet.

Eine Strandfläche z. B. ist ein derartiges Rekreotop. Naturgeographisch mag sie einheitlich sein, rekreationsgeographisch kann sie unter Umständen weiter unterteilt werden, in eine öffentliche bzw. nichtöffentliche Fläche, in einen bewachten oder unbewachten Abschnitt, in eine Ruhe- oder Spielfläche, in einen gepflegten oder ungepflegten Strand, in einen FKK- oder Textilstrand usw. Aber auch kulturgeographisch einheitliche Rekreotope können naturgeographisch differenziert sein, eine Strandfläche z. B. nach Steinigkeit, Breite, Farbe, Dynamik usw. Das belegt auch in dieser Dimension die Nichtübereinstimmung naturgeographischer (geosphärischer) und kultur- bzw. wirtschaftsgeographischer (kommunikativer) Raumeinheiten.

Als Mikrostandorte der Erholung sind die einzelnen Rekreotope in der Regel zugleich in größere Standortgefüge eingebunden, z. B. die Ruhe- oder Spielfläche auf einem Strand in das Gefüge von Flachwasserbereich zum Baden und Schwimmen – Spielfläche auf dem Strand – Ruhe-(Liege-)fläche zum Sonnen – bewachsene Düne und Küstenwald als Schutzzonen – Strandpromenade, an die sich der Hotelbereich anschließt. Ein solches Gefüge ist im rekreationsgeographischen Sinne ein Erholungsflächengefüge. Im Gegensatz zu den einzelnen Rekreotopen stellt deren Vergesellschaftung die kleinsten TRS mit deutlich ausgeprägten Relationen dar. Ein solches *Rekreotopgefüge* überschreitet die topische Dimension.

WIEK (1977) erläuterte in seiner stark „rechtsgeographischen" Arbeit die Arten, Aufgaben und Raumansprüche von städtischen Erholungsflächen sowie die Festsetzung ihrer Standorte im kommunalen Planungsbereich. Er definierte Erholungsflächen in den Städten als „städtische Freiflächen, die potentiell oder tatsächlich durch ein optimales geographisches Merkmalsbündel hohe Wahrscheinlichkeit bieten, daß von ihnen städtische Erholungsuchende angezogen werden" (ebenda, S. 9). Als Mindestgröße eines voll funktionsfähigen innerstädtischen Kleinstparks errechnete WIEK vier Hektar.

## 4.3.3.
## *Erholungsräumliche Einheiten chorischer Dimension*

In der *chorischen* (oder chorologischen) Dimension werden geographische Objekte untersucht, die Gefüge aus Geotopen und damit in sich heterogene Areale darstellen. „Eine Geochore ist eine heterogene (Klein-)Landschaft, die aus mehreren bis zahlreichen Geotopen bzw. Geotopgefügen besteht. Der Inhalt von Geochoren wird durch Merkmale des

Inventars (Menge von Geotopen, Verschiedenartigkeit der Geotope, ihre Vergesellschaftung u. ä.), ihre innere Ordnung durch Merkmale der Vernetzung, der Maß- und Größenverhältnisse und durch die Anordnung der die Chore aufbauenden unteren Einheiten charakterisiert" (BILLWITZ 1982, S.19).

Diese Beschreibung von Choren trifft auch auf die erholungsräumlichen Einheiten chorischer Dimension zu. Sie sind aus mehreren Rekreotopen bzw. Rekreotopgefügen *und* aus erholungsungeeigneten Geotopen aufgebaut. Die zunächst verwirrend erscheinende Vielfalt der Größe und des Gefüges rekreationsräumlicher Einheiten der chorischen Dimension wird überschaubar, wenn man unterscheidet zwischen

– *Erholungsbereichen* als Vergesellschaftung von Erholungsflächengefügen mit nicht rekreativ genutzten Landschaftsausschnitten,
– *Erholungsgebieten* als räumlichem Verbund mehrerer Erholungsbereiche mit weiteren, nicht für Erholungszwecke genutzten oder nutzbaren Raumeinheiten chorischer Dimension und
– *Erholungslandschaften* als Aggregierung von Erholungsgebieten im obigen Sinne.

Dabei müßte allerdings eine Voraussetzung erfüllbar sein: die Begriffe Bereich, Gebiet und Landschaft nicht mehr im umgangssprachlichen Sinne, sondern in Verbindung mit dem Bestimmungswort „Erholung" als fachsprachliche Termini zu verwenden.

Bei einer näheren Betrachtung konkreter erholungsräumlicher Einheiten chorischer Dimension in der aufsteigenden Folge *Erholungsbereich* (eines Ortes), *Erholungsgebiet* (mehrere Orte umfassend) und *Erholungslandschaft* (z. B. einen größeren See, eine Insel umfassend) wird deutlich, daß die Bandbreite sehr groß ist und die Übergänge zwischen den Dimensionsstufen teilweise fließend sind. So ist es auch kaum möglich, Größenangaben zu machen. Die Abgrenzung und Untersuchung rekreationsräumlicher Einheiten chorischer Dimension ist vor allem für die Planung der Erholung und des Tourismus auf der örtlichen Ebene von Wert, wenn die räumliche Ausdehnung unterschiedlicher Flächennutzungen festgelegt werden soll.

## 4.3.4.
## Erholungsregionen

Analog der naturräumlichen Einheit „Großlandschaft" kann in einer Hierarchie rekreationsräumlicher Einheiten von Erholungsregionen gesprochen werden, wenn in größeren wirtschaftsräumlichen Einheiten – in Deutschland flächenmäßig mehreren Kreisen – die Erholungsnutzung von besonderer wirtschaftlicher Bedeutung ist. Das äußert sich in einem starken Zustrom von Erholungsuchenden und Touristen, durch eine darauf abgestimmte wirtschaftliche Struktur und infrastrukturelle Basis, durch eine Mehrfachnutzung der Fläche unter deutlicher Einbeziehung der Erholung, teilweise auch durch eine Vorrangnutzung für die Rekreation, zumindest in Teilgebieten.

Die Größenordnung solcher Erholungsregionen verdeutlicht die Abgrenzung der „Eignungsgebiete des Fremdenverkehrs/Tourismus in Mecklenburg-Vorpommern" in der makro- und mesoregionischen Dimensionsstufe (Abb. 26) Als *Makroregionen* werden die Mecklenburgisch-Vorpommersche Küstenregion und die Mecklenburgische Binnenregion ausgewiesen. Sie gliedern sich in insgesamt 14 *Mesoregionen*: Wismarbucht, Warnowküste,

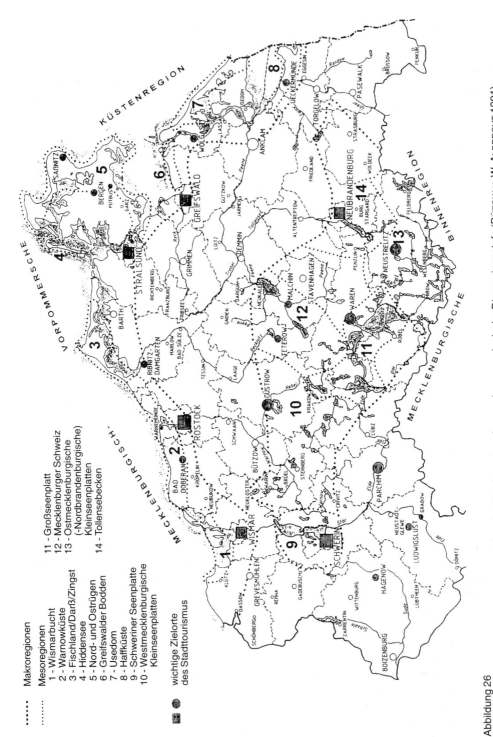

Abbildung 26
Mecklenburg-Vorpommern: Eignungsgebiete des Tourismus, makro- und mesoregionische Dimensionsstufe (BÜTOW u. W. ALBRECHT 1991)

Makroregionen

Mesoregionen
1 - Wismarbucht
2 - Warnowküste
3 - Fischland/Darß/Zingst
4 - Hiddensee
5 - Nord- und Ostrügen
6 - Greifswalder Bodden
7 - Usedom
8 - Haffküste
9 - Schweriner Seenplatte
10 - Westmecklenburgische
　　Kleinseenplatten

11 - Großseenplatt
12 - Mecklenburger Schweiz
13 - Ostmecklenburgische
　　(-Nordbrandenburgische)
　　Kleinseenplatten
14 - Tollensebecken

●　wichtige Zielorte
　　des Stadttourismus

Fischland/Darß/Zingst, Hiddensee, Nord- und Ost-Rügen, Greifswalder Bodden, Usedom, Haffküste, Schweriner Seenplatte, Westmecklenburgische Kleinseenplatten, Großseenplatte, Mecklenburger Schweiz, Ostmecklenburgische (Nordbrandenburgische) Kleinseenplatten, Tollensebecken.

Vergleichbare rekreationsräumliche Gliederungen weisen entsprechende *Regionen* aus. DINEV (1975) unterscheidet in Bulgarien sieben „touristische Hauptregionen": Donau-Region, Balkan-Region, Subbalkanische Region, Bergregion von Vitoscha-Ossogovo, Region Rila-Pirin, Rhodopen-Region und Schwarzmeer-Region (Abb. 27). STAUSKAS (1977,

Abbildung 27
Touristische Regionierung der bulgarischen Schwarzmeerküste (DINEV 1975)
I: Zone des aktiven wasserorientierten Kurort- und Seebädertourismus
II: Zone des landschaftsorientierten Tourismus
1: Mikroregion Slânčev brjag/Nesebâr, 2: Mikroregion Burgas, 3: Mikroregion Sozopol,
4: Mikroregion Primorsko, 5: Mikroregion Mičurin/Ahtopol, 6: vorhandener Erholungskomplex,
7: vorgesehener Erholungskomplex, 8: touristisches Zentrum,
9: touristisch interessante Stadt

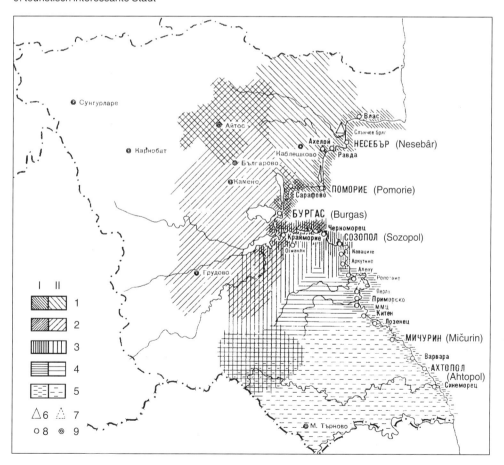

Abbildung 28
Regionale Differenzierung
der Erholungsnutzung in
Südschweden
(RASMUSSON 1965)

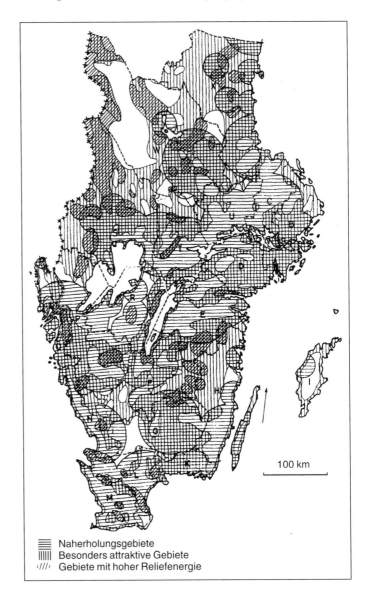

≡ Naherholungsgebiete
||||| Besonders attraktive Gebiete
⫽⫽ Gebiete mit hoher Reliefenergie

100 km

Abb.13) faßt die drei baltischen (damals Sowjet-) Republiken als eine Erholungsregion auf, jede der Republiken als Subregion. Wie sich die Abgrenzung von Erholungsregionen jahreszeitlich und in Abhängigkeit von den saisonal unterschiedlichen Freizeitaktivitäten unterschiedlich gestaltet, hat RASMUSSON (1965, Fig. 1–10) am Beispiel Schwedens gezeigt. Für Südschweden entwickelte er aus der Überlagerung der örtlich und regional für Erholungszwecke genutzten Gebiete, der für eine Erholungsnutzung besonders attraktiven Räume und der Räume mit hoher Reliefenergie eine komplexe Karte der regionalen Differenzierung der Erholungsnutzung (Abb. 28).

## 4.3.5.
### Erholungszonen

Den Erholungsflächen oder Rekreotopen stehen am anderen Ende der hierarchischen Reihe großräumige, mit unterschiedlicher Intensität rekreativ bzw. touristisch genutzte geographische Einheiten gegenüber, wie sie sich z. B. um die Ostsee, das Mittelmeer, das Schwarze Meer, die Alpen, den Kaukasus usw. erstrecken. Diese sollen als *Erholungszonen* oder *Rekreozonen* bezeichnet werden, als Zirkumbaltische, Zirkummediterrane, Zirkumpontische, Alpidische, Kaukasische usw. Erholungszone.

Die geographische Problematik einer „Zirkumbaltischen Erholungszone" stellte – unter den damaligen politischen Bedingungen in der Ostseeregion – BENTHIEN (1974) zur Diskussion. Sie bedarf eines neuen Durchdenkens angesichts der heutigen und angestrebten künftigen Entwicklung einer „Baltic Sea Region 2010". BAČVAROV und MIRONENKO sprachen (1976, S. 146 ff.) von einer „Black Sea Tourism Zone" mit den Küstenanteilen der damaligen Sowjetunion, Rumäniens und Bulgariens. Auch diese „Zone" umfaßt nach dem Zusammenbruch des sozialistischen Systems in den genannten Ländern unter Einschluß der Türkei und Georgiens einen größeren Raum.

Analoge Gedanken lassen sich für andere Meere und die großen Gebirge entwickeln, wenn man die Karten 2 und 3 der „Fremdenverkehrsgebiete in Europa" von RITTER (1965) oder seine Karte „Europa und benachbarte Länder – Fremdenverkehrsgebiete und Reiseziele" von 1966 betrachtet (Ausschnitt als Vordere Vorsatzkarte dieses Buches). Obwohl seit ihrem Erscheinen drei Jahrzehnte vergangen sind, haben diese Karten kaum etwas von ihrer Aussagekraft hinsichtlich der großräumigen Gegebenheiten und Zusammenhänge verloren. Für die damalige Sowjetunion gliederten PREOBRAŽENSKIJ u. VEDENIN (1980) vier bzw. fünf Rekreationszonen mit 20 bzw. 27 Regionen aus. Ihre Regionierung sollte zu jener Zeit Grundlagen für die perspektivische Entwicklung der Erholungszonen liefern.

Die Erholungszonen greifen sowohl über die Grenzen naturräumlicher (geosphärischer) Einheiten als auch über nationale Grenzen (Territorien) hinweg. Sie ordnen die nationalen regionalen Einheiten jeweils in einen supranationalen rekreationsgeographischen Verbund, ein kommunikatives Raumsystem, ein, für dessen weitere Entwicklung – wie z. B. in der Alpenregion – auch eine grenzübergreifende Planung angestrebt werden sollte.

## 4.4.
# Bilanzierung und Modellierung in der Rekreationsgeographie

## 4.4.1.
### Von der Bewertung des Ist-Zustandes zu Modellen künftiger Entwicklung

Mit dem Blick auf eine Anwendung rekreationsgeographischer Forschungsergebnisse in der Praxis, etwa bei der Planung auf örtlicher und regionaler Ebene, machen sich Bewertungen und Bilanzierungen notwendig. Dazu ist der aktuelle Zustand zu erfassen und nach seiner Bewertung in Modelle oder auch Szenarien umzusetzen. Dabei kommen Fragen auf, wie z. B. die Prozesse von Erholung und Tourismus in den Regionen oder Territorien künftig gestaltet und wie ein bestimmter Erholungsbedarf befriedigt werden könnte, welche

Angebote angesichts einer bestimmten Nachfrage auf dem Markt Chancen hätten, welche Potentiale dafür noch unerschlossen zur Verfügung stünden und welche Ressourcen gegebenenfalls bereits übermäßig genutzt und deshalb geschädigt werden könnten. In der Regel wird die Kernfrage lauten: Welche Flächennutzung soll angestrebt werden?

Zur Beantwortung solcher Fragen und zur Aufhellung und Darstellung derartiger räumlicher Zusammenhänge können verschiedene Verfahren angewandt werden. Manchmal genügt eine verbale Beschreibung, meistens ist jedoch ein Vergleich der Stärken und Schwächen und damit zugleich der Chancen und Probleme erforderlich. Man spricht dann von Stärken-Schwächen-Analysen (oder auch Stärken-Schwächen-Chancen-Probleme-Analysen), deren Aussagen möglichst anschaulich in Form von Abbildungen, Schemata, Tabellen und Kartogrammen zusammengefaßt und veranschaulicht werden müssen. So gelangt man zu Modellen oder auch Szenarien einer erstrebenswerten künftigen Entwicklung.

Von den verschiedenen Problemkreisen der rekreationsgeographischen Bilanzierung und Modellierung, die bei solchen Stärken-Schwächen-Analysen eine Rolle spielen, sollen hier

– die Methoden zur Bewertung des Rekreationspotentials,
– die Erfassung der Belastung der Umwelt durch Rekreation und Tourismus,
– die Möglichkeiten einer Aufwertung der Umwelt mittels ihrer touristischen Nutzung,
– die Wege der Erarbeitung verschiedenartiger Modelle und
– Fragen der kartographischen Abbildung, d. h. der thematischen Kartographie, soweit diese mit Erholung und Tourismus verbunden ist, erörtert werden.

## 4.4.2.
## *Die Bewertung des Rekreationspotentials als methodisches Problem*

Im allgemeinen Sprachgebrauch wird die positive Bewertung eines Rekreationspotentials durch dessen Nutzer mit dem Eigenschaftswort „attraktiv" umschrieben. Man spricht von einer attraktiven Landschaft, einem attraktiven Ort o. ä. Aus der Umgangssprache wurde der Begriff „Attraktivität" in die wissenschaftliche Terminologie übernommen, ohne daß man sich bemühte, ihn zu definieren. Nur soviel steht fest: Die „Attraktivität" drückt eine Bewertung aus.

Die Attraktivität ergibt sich als eine Funktion oder, besser gesagt, als eine Art Integral über dem jeweiligen Rekreationspotential, der Rekreationskapazität, der Erreichbarkeit und dem Empfinden, wie ein Besucher seine Wünsche und Vorstellungen in dem betreffenden Zielort oder -gebiet erfüllt sieht. Die Wünsche, die seinem Verhalten zu Grunde liegen, spielen eine große Rolle dabei, ob eine Wertung als „attraktiv" zustande kommt (vgl. BENTHIEN 1974, S. 39).

So bezeichnet es auch JÜLG (1974, S. 40/41) als „Irrweg", mit mathematischen Modellen einer Bewertung dieser „Anziehungskraft" auf die Spur kommen zu wollen, weil in der Praxis eindeutig subjektive Momente eine wichtige Rolle spielen. In wissenschaftlicher Hinsicht geht es nicht um die Attraktivität schlechthin, sondern um die Bewertung des Potentials. Aus der subjektiv beeinflußten Aussage zur Attraktivität muß eine möglichst objektivierte Aussage zu den rekreativ bzw. touristisch nutzbaren Ressourcen werden. An eine ökonomische Bewertung des Rekreationspotentials (als eines Teils des Naturraumpotentials) ist kaum zu denken, denn die ökonomische Bewertung von Naturressourcen ist ein sehr umstrittenes Feld und wird von vielen Faktoren beeinflußt.

Weil man aber in der Praxis Entscheidungen über die Nutzung bestimmter Flächen, Areale und Gebiete in erster Linie auf der Basis nachweisbarer oder anzunehmender wirtschaftlicher Ergebnisse trifft, ist es nicht überraschend, daß Bewertungen des Rekreationspotentials nach ökonomischen Kriterien versucht worden sind. HARTSCH, mit der NEEFschen Schule der Landschaftsforschung eng verbunden, unternahm 1968 bzw. 1970 als Grundlage für Entscheidungen über zweckmäßige Mehrfach- oder Vorrangnutzungen Versuche in dieser Richtung.

Der kritische Punkt seines Ansatzes liegt in der notwendigen Prämisse, „daß die nicht materiell produktiven Lebensbereiche ebenfalls ein ökonomisches Produkt (Gebrauchswert) hervorbringen in dem Sinne, daß z. B. Erholung, Schlaf, Nahrungsaufnahme usw. einen ‚Wert‘ besitzen" (HARTSCH 1970, S. 500). Diese Annahme – getroffen unter MARXschen Gedankengängen – ist zwar theoretisch richtig, aber praktisch schwer umsetzbar. Obwohl die „Freizeit" heute ohne Zweifel ein Ausdruck gesellschaftlichen Reichtums ist, kann ein „Freizeitwert", z. B. der Wert einer Stunde in einer bestimmten geographischen Umgebung verbrachter individueller Freizeit, nicht in Mark und Pfennig, also in Geldwert (und damit Tauschwert), sondern nur als ein Gebrauchswert ausgedrückt werden.

Angesichts der genannten Schwierigkeiten, zu einer ökonomischen Bewertung zu gelangen, laufen die bisherigen Bemühungen der Geographen und der ihnen benachbarten Fachleute auf eine *außerökonomische Bewertung* hinaus, d. h. auf die *Formulierung von Eignungsrangstufen*. In der Theoriediskussion wurde der Begriff „Bewertung" von GRAF (1982) in der allgemeinen (abstrakten) Form als eine deterministisch-modellhafte Darstellung von Beziehungen zwischen der Ausprägung von Eigenschaften eines Objekts (einer Erscheinung, eines Gegenstandes, eines Prozesses) und einer Meßnormale, die durch ein Bewertungssubjekt vorgegeben wird und die den Grad der Ausprägung dieser Eigenschaften auf Skalen abzubilden gestattet, aufgefaßt.

In diesem Rahmen bewegen sich eigentlich alle aus der Literatur bekannten Bewertungen des Rekreationspotentials. Nur auf grundlegende von ihnen kann hier eingegangen werden. Sie alle lassen den offensichtlich unvermeidbaren subjektiven Spielraum der wertenden Person erkennen, ermöglichen aber dennoch gleichzeitig durch die in der Meßnormale reflektierten Eigenschaften der Teilpotentiale und durch ihre Zusammenfassung in einem „Erholungswert" eine weitgehende Objektivierung der Beurteilung des erholungsrelevanten Raumes in seiner Ganzheit. Dem dient auch die Wahl einer geeigneten Dimensionsstufe.

An die Stelle des mit der „Attraktivität" nur beschreibend faßbaren subjektiven Verhältnisses der Rekreanten zur jeweiligen Erholungsumwelt tritt in Näherung ein darstellbares Bild des objektiv in dieser Umwelt vorhandenen, durch entsprechende infrastrukturelle Erschließung und Ausstattung (Kapazitäten) mobilisierbaren Erholungspotentials. Insofern ist die Bewertung des Rekreationspotentials ein wichtiges Erkenntnismittel, das die ökonomische Nutzung (oder auch ökologische Schonung) von Erholungsgebieten wissenschaftlich begründen hilft.

Priorität unter den in Deutschland durchgeführten Untersuchungen gebührt der „Methode zur Bewertung von Erholungsmöglichkeiten an der Küste", die 1963 als Forschungsaufgabe im damaligen Entwurfsbüro für Gebiets-, Stadt- und Dorfplanung des Rates des Bezirkes Rostock durch MAROLD erarbeitet und 1965 von ihm publiziert wurde. Das

Planungsziel war unter den damaligen Bedingungen in der DDR, bei Gewährleistung optimaler Erholungsbedingungen die Zahl der Urlaubsplätze zu erhöhen.

„Wesentlicher Punkt der Methode" – so MAROLD in seinem nur in begrenzter Anzahl veröffentlichten, als „graue Literatur" zu bezeichnenden Forschungsbericht von 1963, S. 2 – „ist die Herausarbeitung der Wertigkeit der einzelnen Erholungsgebiete. Um subjektive Einflüsse weitgehend auszuschalten, werden die Flächen eines bestimmten Landschaftsteils, die in sich annähernd gleich sind, mit gleichen Wertzahlen belegt im Unterschied zu anderen Flächen, denen andere Wertzahlen zugeordnet sind, die etwa das Verhältnis der Wertigkeit zwischen den einzelnen Arten der Flächen charakterisieren." Damit ist das Prinzip klargelegt, dem in ähnlicher Weise alle späteren Bewertungen anderer Autoren folgten.

Für die Bewertung einer Erholungslandschaft im Küstenbereich – auf eine solche schränkt MAROLD seine Methode ausdrücklich ein – legte er ein Quadratraster von 4 km$^2$ Flächeninhalt über die zu bewertende Fläche und bewertete Bodenbedeckung und Relief. Bei der Bodenbedeckung unterschied er in der Rangfolge des „Erholungswertes": 1. Heide oder parkartige Flächen, 2. Moor mit Gehölzbestand, 3. Laub- oder Mischwald, 4. Nadelwald, 5. Binnengewässer, 6. Moor ohne Gehölzbestand, 7. Grünland, 8. Acker. Zusätzlich führte er Faktoren für die Durchgrünung offener Bodenbedeckungsarten und die Vielseitigkeit der Bodenbedeckung ein.

Beim Relief erfaßte MAROLD sowohl die Höhenunterschiede als auch die Bewegtheit des Reliefs, insbesondere die Kleinformen wie z. B. die Dünen. Im Küstenraum hielt er es außerdem für unbedingt erforderlich, den Strandbereich als den Hauptanziehungsraum für die Erholungsuchenden während der Sommermonate gesondert zu bewerten. Dabei berücksichtigte er

– Strandmaterial (Sand, Kies, Gerölle, Blöcke),
– Strandbreite (in Metern, über 40 m als höchster Wert),
– Strandbegrenzung (Düne, inaktives bzw. aktives Kliff, Uferschutzbauten),
– Strandhinterland (überwiegend Wald/Acker als Extremfälle).

Um bei der Beurteilung der natürlichen Erholungsvoraussetzungen nicht zu sehr die einzelne Zahl (zwischen 1,0 und 6,0) zu sehen, sondern mehr die Wertstufe, empfiehlt MAROLD die Bildung von Bewertungsgruppen. Dafür enthält seine Studie Beispielabbildungen der Strandbeschaffenheit, der Reliefverhältnisse bzw. der Bodenbedeckung, um Meßnormale festzulegen. Für die Kapazitätsberechnung der Nutzung des Küstenhinterlandes wird bei der Bewertungsgruppe „sehr gut" eine Belastung von 150 Personen/km$^2$ angesetzt, bei der Gruppe „sehr gut – gut" 100 Personen/km$^2$, bei der Gruppe „gut" 50 und bei „geeignet" 25 Personen/km$^2$. Für den Strand setzt MAROLD ein Optimum von 20 qm Strand pro Person an, bei sehr ungünstigen Verhältnissen 40 bis 60 m$^2$ pro Person. Eine Strandfläche von 1 000 m$^2$ wird folgendermaßen aufgeschlüsselt: 150 m$^2$ Wegfläche, 250 m$^2$ (5 m$^2$/Person) Spielfläche, 100 m$^2$ nicht belegbare Zone am Dünenfuß, d. h. eine nicht belegte Fläche von 500 m$^2$, wodurch sich die belegbare Fläche auf 500 m$^2$ reduziert.

Es ist wissenschaftsgeschichtlich bezeichnend, daß die Inventarisation der für Erholungszwecke nutzbaren Flächen Anfang der 60er Jahre gleichzeitig in mehreren Ländern einsetzte. Besonders bekannt wurde der 1962 in den USA auf der Grundlage der „United States National Tourism Policy Act" von 1961 vorgelegte vielbändige Report der Outdoor Recreation Resources Review Commission „Outdoor Recreation for America" (Washington

1962) sowie die 1963 erfolgte Errichtung des Bureau of Outdoor Recreation im US-Department of the Interior mit der gesetzlich verankerten Aufgabenstellung, ein System der Klassifikation der Ressourcen für die Erholung im Freien auszuarbeiten und an dem effektiven und wohltätigen Gebrauch sowie Management solcher Ressourcen mitzuwirken (vgl. FRIDGEN 1991, Appendix A, S. 337–346).

Für Kanada warf TAYLOR (1965) diese Fragen auf. „Die Rekreation verlangt gewöhnlich begrenzte Flächen mit ziemlich speziellen Eigenschaften" (S. 84). Er nennt als Beispiele einen Skihügel und einen Badestrand. Beide gehören zur Kategorie der *„people intensive recreation"*, wo eine große Anzahl von Menschen eine beachtliche Befriedigung ihrer Bedürfnisse auf einer relativ kleinen Fläche erhalten. Dem steht die *„people extensive recreation"* gegenüber, bei der (z. B. Jagen und Fischen) relativ wenige Menschen sich über sehr große Landflächen verteilen. Der Flächenbedarf pro Person (oder Nutzer) ist in beiden Fällen sehr unterschiedlich. TAYLOR fügt noch eine dritte Klasse hinzu: spezielle Erholungsaktivitäten, die besondere Anforderungen an die Fläche stellen, z. B. Surfen oder Wasserski.

Für die Bewertung hält TAYLOR neben einem zahlenmäßigen Wertesystem auch ein solches für möglich, das sich auf „sehr geeignet", „gut", „möglich" und „ungeeignet" beschränkt. Beispiele dafür werden durch Landschaftsaufnahmen dokumentiert. Mit der Einteilung in drei nutzbare und eine ungeeignete Klassen steht man aber erst am Anfang des Problems, zumal – so TAYLOR – „ein System auf dem Papier sich sehr von dem System im Gelände unterscheiden kann" (S. 90).

In der (alten) Bundesrepublik wurden seit 1965 mehrere Verfahren zur Landschaftsbewertung für die Erholung entwickelt, die BECKER (1980) einem kritischen Vergleich unterzog, um herauszufinden, ob und wenn ja welche Verfahren in der ganzen Bundesrepublik anwendbar wären. Von den vier verglichenen Verfahren hat dasjenige von KIEMSTEDT (1967) in der Folgezeit die häufigste Anwendung gefunden, u. a. weil es relativ einfach nachvollziehbar war. KIEMSTEDT berücksichtigte allein die natürliche Eignung, die er über fünf Bewertungsmerkmale erfaßte und in einem Vielfältigkeitswert (V-Wert) ausdrückte (Tab. 4).

Ein anderes Bewertungsverfahren mit einer größeren Zahl berücksichtigter Strukturmerkmale entwickelte BECKER (1976). Es zielte auf die Ausweisung von Vorranggebieten für den Erholungsreiseverkehr im Lande Hessen ab, was im wesentlichen gelang. Die benutzten Strukturmerkmale und ihre Definition in Kurzfassung zeigt Tab. 5. Wieweit man hinsichtlich der Kriterien zur Bewertung von Räumen für Freizeit- und Erholungszwecke gehen kann (oder welche Kriterien in Auswahl von dem einzelnen Bearbeiter je nach Sachlage herangezogen werden könnten), machte WOLF (1980) deutlich (Tab. 6).

Aus sehr detaillierten Geländestudien in relativ kleinen Teilen von Erholungsregionen, z. B. der Westmecklenburgischen Seenlandschaft oder des Kreises Hagenow, sind die Bewertungsvorschläge und -methoden von SCHÖNEICH (1972, 1975, 1980 und 1984) erwachsen, die auf die Erfahrungen von MAROLD (1965), KIEMSTEDT (1967), GEYER (1970) und HARFST (1975) zurückgreifen. Sein Anliegen war es, die aufwendige Bewertungs- und Regionierungsmethode bei gleicher bzw. präzisierter Informationsdichte mathematisch handhabbarer und überzeugender zu gestalten sowie die Beziehungen zwischen der Dimension des Betrachtungsraumes, dem Bewertungsziel und der Bewertungsmethode aufzudecken. Deshalb erscheint ihm das Bewerten in mehreren chorischen Dimensionsstufen sinnvoll.

| Bewertungsmerkmale | Erfassung | Gewichtung |
|---|---|---|
| Waldränder | m/km² | Waldrandzahl: m/km² × 1; Hecken: Länge in m × $\frac{1}{4}$ – $\frac{1}{10}$ |
| Ufer stehender Gewässer | m/km² | Gewässerrandzahl: m/km² × 3 |
| Ufer fließender Gewässer | m/km² | Gewässerrandzahl: ab 100 m Breite wie stehende Gewässer, beide Uferlängen in m/km² × 3, darunter je nach Breite oder Rangordnung des Gewässers Faktor bis 3 ansteigend |
| Reliefenergie | Relativer Höhenunterschied zwischen dem höchsten und tiefsten Punkt einer Fläche in m | Reliefzahl nach Bewertungsrahmen: steigende Punktzahl bei zunehmender Reliefenergie<br>10 – 20 m = 220,    30 – 60 m = 400,    100 – 250 m = 860<br>20 – 30 m = 300,    60 – 100 m = 590,    250 – 500 m = 1200 |
| Nutzungsarten | Anteile an Acker, Grünland, Wald, Moor, Heide, Wasser und Ödland in Prozent einer Fläche | Nutzungszahl nach Bewertungsrahmen: Prozent-Anteile × Gewichtungsfaktor, steigend mit abnehmender Bewirtschaftungsintensität und zunehmender "Naturhaftigkeit"<br>Acker × 6, Moor × 12, Grünland × 15, Wald × 19, Heide, Ödland × 21, Wasser × 50 |
| Klima | als Gesamtkomplex in Bioklimazonen | Klimafaktor nach Bewertungsaufnahmen: steigend mit zunehmenden bioklimatischen Reizen<br>Stadtklimate    0,65 – 0,8<br>Beckenlagen    0,7 – 0,9<br>Norddeutsches Tiefland    0,9 – 1,1<br>Küstenzone (Ostsee – Nordsee)    1,3 – 1,6<br>Submontane Zone    1,1 – 1,2<br>Montane Zone    1,2 – 1,4<br>Hochmontane Zone    1,3 – 1,5<br>Zentrale Hochalpen    1,3 – 1,8 |

$$\text{V-Wert} = \frac{\text{Waldrandzahl + Gewässerrandzahl + Reliefzahl + Nutzungszahl}}{1000} \times \text{Klimafaktor}$$

*Tabelle 4*
*Bewertung der Merkmale und Erfassung des Vielfältigkeitswertes (KIEMSTEDT 1967)*

| Strukturmerkmal | Strukturkomplex | Definition der Meßzahlen |
|---|---|---|
| Klima | Höhenlage | In 100 m nach Topogr. Karte 1 : 50 000 |
| Landschaft | Reliefenergie | Größter Höhenunterschied zu den Erhebungen im Umkreis von 2 km in Höhenstufen |
| | Geologische Formation | Bei Gemeinden, die z. B. im Buntsandstein liegen: Entfernung bis zum nächsten anderen Gestein |
| | Wasserfläche | Entfernung zu Talsperren und für Wassersport geeigneten Flüssen |
| | Waldanteil | Anteil des Waldes an der Fläche im Umkreis von 2 km |
| | Sozialbrache | Nicht mehr genutzte landwirtschaftliche Fläche je Gemarkung |
| | Steinbruch/Bergwerk | Entfernung zu größeren Steinbrüchen, Bergwerken oder deren Halden |
| | Sperrgebiet | Entfernung zu einem Truppenübungsplatz |
| Ortschaft | Gemeindegröße | Wohnbevölkerung |
| | Durchgangsverkehr | Durchgangsverkehr auf Straßen, die durch den Kernbereich der Gemeinden führen |
| | Lärm überregionaler Verkehrswege | Entfernung zu stark befahrenen Eisenbahnstrecken oder Autobahnen |
| Erwerbsbedingungen der einheimischen Bevölkerung | Ertragszahl | Ertragszahl für Acker und Grünland je Gemarkung |
| | Produzierendes Gewerbe | Beschäftigte im Produzierenden Gewerbe in v. H. der Wohnbevölkerung |
| | Auspendler | Auspendler in v. H. der Wohnbevölkerung |
| | Ausländer | Ausländer in v. H. der Wohnbevölkerung |
| Verkehrslage | Erreichbarkeit | Erreichbarkeit von den Ballungsgebieten unter Berücksichtigung der Größe und Entfernung der Ballungsgebiete, des Südtrends der Urlauber und der Möglichkeiten, die Gemeinden auf einer Autobahn günstig oder per Bus oder Eisenbahn direkt zu erreichen |
| | Naherholung | Beeinträchtigung des Erholungsverkehrs durch Ausflügler unter Berücksichtigung der Entfernung auf der Straße zu den Verdichtungsgebieten, der Einwohnerzahl der Verdichtungsgebiete und dem Rang der Straßen |

*Tabelle 5*
*Beispiele von Strukturmerkmalen und ihre Definition (nach BECKER 1976)*

Im einzelnen können folgende Kategorien von Eignungskriterien für die Bewertung und damit auch für die Abgrenzung von Freizeiträumen herangezogen werden:

– relevante naturräumliche und landschaftliche Ausstattung
– relevante Infrastruktur für Freizeit und Erholung
– relevante sozio-ökonomische und kulturelle Kriterien und
– relevante touristische Nachfrage.

Die Kriterien aus diesen vier Bereichen sind mit Hilfe aussagefähiger Indikatoren oder Meßgrößen darzustellen. Durch die Bildung von Schwellenwertklassen, die sich nach dem verfolgten Abgrenzungsziel und der jeweiligen Region zu richten haben, sind die Merkmalgebiete abzugrenzen (vgl. BECKER 1976).

*Relevante naturräumliche* und *landschaftliche Ausstattung*

Relief
– Geländeform
– Höhenlage
– Hangneigung
– Exposition

Klima
– Niederschläge (Häufigkeit, Verteilung)
– Schneesicherheit (Schneedauer)
– mittlere Temperaturen
– Sonnenscheindauer
– Bewölkungsgrad
– Nebelbildung
– Windeinflüsse

Gewässer
– Wasserflächen (Bäche, Flüsse, Teiche, Seen)
– Uferbeschaffenheit
– Zugänglichkeit
– Wasserflächenangrenzender Raum (Ausdehnung, Nutzbarkeit)
– evtl. Wasserqualität

Wald
– Flächenanteil
– Geschlossenheit, Alter und Art der Bestände
– Waldränder, Randeffekt (evtl. V-Wert nach KIEMSTEDT)

*Tabelle 6*
*Kriterien zur Bewertung von Räumen für Freizeit- und Erholungszwecke (nach WOLF 1980)*

Landwirtschaft
- Anteil landwirtschaftlicher Nutzfläche (= LN)
- Verhältnis Wald, LN, Grünland
- extensive (Weiden, Brachen) und
  besonders intensive (Reben, Obstkulturen) LN

Besondere landschaftliche Vorzugsgebiete
- besondere Aussichtspunkte
- Schutzgebiete
- Naturparks

*Relevante Infrastruktur für Freizeit und Erholung*

Beherbergung, Verpflegung, sonstige Versorgung
- Betten, gegliedert nach gewerblichen Beherbergungsbetrieben
  und Privatquartieren
- Gaststätten und Sitzplätze in Gaststätten
- Geschäfte für den täglichen und längerfristigen Bedarf
- Einzelhandelsdienstleistungen (Friseure, Apotheken u. ä.)
- ärztliche Versorgung
- Krankenhäuser, Kliniken
- Zahl der Übernachtungen
- Anteil der Übernachtungen während der Sommer- bzw. Wintersaison
- durchschnittliche Aufenthaltsdauer der Gäste (evtl. gegliedert nach Alters-
  gruppen, Herkunftsgebieten: Inland/Ausland, soziale Struktur der Gäste)
- Fremdenverkehrsintensität (Zahl der Übernachtungen pro mittlere Einwoh-
  nerzahl des Fremdenverkehrsortes, evtl. mit Erfassung ihrer Veränderung
  über mehrere Jahre)
- durchschnittliche Auslastung der Bettenkapazität (evtl. nach gewerblichen Betrieben und Privatquartieren)

Erholungseinrichtungen und -flächen
- Einrichtungen für die Sommersaison
  (Freibad, Minigolfplatz, Tennisplatz, Wanderwege u. ä.)
- Einrichtungen für die Wintersaison
  (Schlepplift, Langlaufloipe, Rodelbahn, Skischule u. ä.)
- ganzjährig zu nutzende Einrichtungen
  (Hallenbad, Sessellift, Kurhaus, Bücherei, Lesesaal u. ä.)
- Parks, Rast- und Picknickplätze
- Radwege, Autowanderstrecken, Reitwege
- Tierparks
- Campingplätze, Ferienhäuser

*Tabelle 6 (Fortsetzung)*

Erreichbarkeit
- Verkehrslage (Verkehrsnetz, Verkehrsmittel)
- Erreichbarkeit mit privatem Verkehrsmittel
- Erreichbarkeit mit öffentlichem Verkehrsmittel

Siedlungsstruktur
- Besiedlungsdichte (z. B. Einwohner/ha)
- Siedlungscharakter (attraktive, unattraktive Ortsbilder)
- historische Bauten, Sehenswürdigkeiten
- Bautätigkeit
- Hochhausbebauung
- Industriedichte
- Lärmbelastung
- Belastungen durch Immissionen und Emissionen

*Relevante sozio-ökonomische und kulturelle Kriterien*

Bevölkerung
- Zahl
- Altersaufbau
- Beschäftigte nach Wirtschaftsbereichen

Wirtschaft
- Zahl und Art der Industriebetriebe
- Bruttoinlandsprodukt
- Auspendler
- Zahl und Art der Dienstleistungsunternehmen (z. B. freie Berufe)

Kulturelle Einrichtungen
- Theater
- Volkshochschule
- Vereine
- kirchliche und kommunale Einrichtungen

Touristische Aufgeschlossenheit
- Mitarbeit im Verkehrsverein
- Bildungsniveau
- Mitarbeit in freizeitrelevanten Zusammenschlüssen

*Relevante touristische Nachfrage*

- Auslastung der Einrichtungen für Freizeit und Erholung durch die Gäste
- Einschätzung der Freizeitorte und -einrichtungen durch die Gäste
- touristische Nachfrage nach Werbematerial

*Tabelle 6 (Fortsetzung und Schluß)*

Das Fortschreiten von höherer Betrachtungsebene mit kleinem Objektmaßstab zu niederer Betrachtungsebene mit großem Objektmaßstab rationalisiert zugleich die Analyse, weil dabei Gebiete mit geringem oder überhaupt fehlendem Rekreationspotential „herausfallen". Damit wird wiederum deutlich, daß es im Regelfall kein großräumig ausgedehntes Rekreationspotential im Sinne eines geographischen Kontinuums gibt, sondern nur räumlich begrenzte Potentiale, die erst in ihrer Verknüpfung untereinander bzw. mit den Bedarfsgebieten als territoriale Rekreationssysteme (TRS) zur Wirkung gelangen.

Für die Bewertung in der *oberen chorischen Dimensionsstufe* – dem Aussagegehalt zufolge eine Grobanalyse – schlägt SCHÖNEICH vor, je nach Kammerung der Landschaft als Bezugsflächen Quadrate von 4, 5 oder 6 km Seitenlänge (d. h. 16, 25 oder 36 km² Flächeninhalt) zu wählen. Den Trägern des Erholungspotentials – Relief, Gewässer, terrestrische Flächen und Sehenswürdigkeiten – werden abhängig von quantitativen und qualitativen Merkmalen (z. B. Flächenanteil, Länge bzw. Wassergüte u. ä.) die Wertkategorien 0...7 zugeordnet. Die Wertkategorie 0 drückt das Fehlen jeglichen Erholungs- oder Erlebnispotentials aus, die Zahl 7 hingegen das höchstmögliche Potential, während die 3 („mittelmäßig") die Schwelle zwischen wertvollen und geringen Potentialen kennzeichnet. Die Sehenswürdigkeiten sind in 6 Gruppen eingeteilt. Ihr kunsthistorischer Rang kann mit Hilfe in der Literatur (Kunstführer, Touristenführer, Denkmallisten u. a.) vorliegender Angaben eingeschätzt werden.

Das bei der Analyse in der nächstniederen, der *mittleren chorischen Dimensionsstufe* gewählte Gitternetz umschließt Quadrate von 1 km² Flächeninhalt. Diese Größenordnung hat mehrere Vorteile. Sie ist mathematisch leicht handhabbar. Die Quadrate sind noch groß genug, um mit vertretbarem Arbeitsaufwand die jeweiligen Gegebenheiten detailliert einzuschätzen und dem im jeweiligen Zentrum gedachten Betrachter einen bildhaften Landschaftseindruck zu vermitteln. Andererseits ist diese Fläche bereits so klein, daß sie als Baustein erholungsgeographischer Raumeinheiten angesehen werden kann.

Während die Grobbewertung in der oberen chorischen Dimensionsstufe noch keine speziellen Anhaltspunkte für eine *Differenzierung des Erholungspotentials in Nutz- und Erlebniswert* liefert, müssen bei der Feinbewertung in der mittleren chorischen Dimension Kriterien gewonnen werden, in denen sich beide Aspekte des Erholungswertes als – je nach Bedarf trennbare – Einheit abbilden. Erst auf dieser Grundlage können auch spezielle Eignungspotentiale erfaßt werden.

Die Integration der Potentialkomponenten, die den Bruttonutz- und -erlebniswert einer Raumeinheit, den LE-Wert (= Eignungswert der Landschaft für Erholung und Fremdenverkehr) nach SCHÖNEICH ergibt, entspricht sinngemäß dem Vielfältigkeitswert (V) nach KIEMSTEDT (1967).

Zu den nicht obligaten Komponenten zählen das Makro- und (lokale) Bioklima. Aus speziellen Komponentensynthesen lassen sich Teilpotentiale und spezielle Eignungspotentiale ablesen, wie der Erlebniswert bzw. Potentiale für Wandertouristik, für Bade- und Bootssportnutzung und für die Aktivität Besichtigen. Betrachten wir die Bewertungsmethode im einzelnen:

Der *Flächenwert* (F) jeder Bezugseinheit bringt für jede Flächenart (Wiese, Laubwald, Strand, Acker, Park u. a.) die Einheit von Nutz- und Erlebniswert zum Ausdruck. Um es verständlich zu machen: Ein historischer Park zeichnet sich durch einen gleichermaßen hohen Nutz- und Schauwertanteil aus, während bei einem noch intensiver genutzten Badestrand der Nutzwertanteil denjenigen des Schauwertes bei weitem übersteigt.

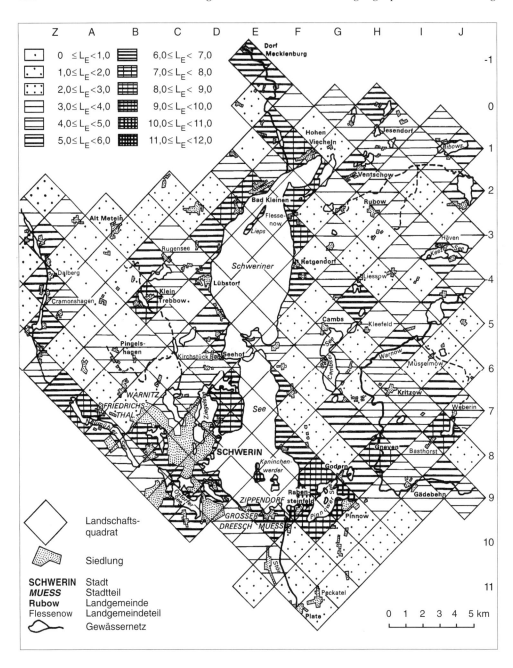

Abbildung 29
Eignungswert der Landschaft für Erholung und Fremdenverkehr (SCHÖNEICH 1972)

Die Wertzahl (F) einer Flächennutzart ihrerseits ist eine Funktion ihres Anteils am Gesamtquadrat (quantitativer Aspekt) und einer jedem Flächennutzungswert als Qualitätsmerkmal zugeordneten Wägezahl (WzF):

$$F = f \, (WzF; \, A)$$

A bedeutet den prozentualen Flächenanteil. Jeder Flächennutzform läßt sich mit guter Näherung eine der 8 Wertkategorien oder Eignungsrangstufen von 0...7 zuordnen, z. B. Acker = 1, Industriefläche = 0, Laubwald 4–7, Strand 6–7, denen ihrerseits die *Wägezahlen* als „Reizträger" entsprechen, wobei diese jeweils mittlere Proportionale der den benachbarten Wertkategorien adäquaten Wägezahlen sind (stetige Teilung). Dazu werden die Zahlen auf Vielfache von 5 und 10 gerundet.

Aus der Summe aller Produkte für die Einzelflächen des Quadrates resultiert der F-Wert der betreffenden Raumeinheit. Die Höhe des Flächenwertes entscheidet vor allem im Flachland und in städtischen Erholungsgürteln über die Wertgröße des Gesamtpotentials. Die räumliche Anordnung verschiedenartiger Flächen-stücke in der Grundeinheit des Rasters beeinflußt den Rand- und Vielfältigkeitswert, die Anteile der Flächenwerte typischer Nutzformen determinieren den Erholungslandschaftstyp. Aktive Eingriffe in die Landschaft in Form von Hangbepflanzung, Aufschüttung von Badeständen an Seen oder am Rande aufgelassener Tagebaurestlöcher oder durch Klärung der in Seen geleiteten Abwässer und andere Maßnahmen zeichnen sich in einer Erhöhung der F-Zahl ab, erhöhen gegebenenfalls auch die F-Wertekategorie.

An der Grenzlinie verschiedener, farblich und im Aufriß kontrastierender erholungsrelevanter Flächennutzungsarten (z. B. Wald – Wiese, Meer – Strand, Siedlung – Umland) entsteht der physiognomisch sehr eindrucksvolle *Randeffekt*. Da er den Abwechslungsreichtum vergrößert und den Bildeindruck belebt, ist er die wesentlichste Komponente des *Erlebnisgehalts* der Landschaft. Dementsprechend bevorzugen Erholungsuchende lange bzw. mäandrierende Randlinien, während Land- und Forstwirtschaft auf Verkürzung drängen. Dieser Gegensatz zwischen zwei Anforderungen ist durch eine entsprechende Landschaftsgestaltung und über die Festlegung von Vorrangnutzungen (z. B. in Biosphärenreservaten) überwindbar.

Den *Randwert* (R) errechnet man als Produkt aus der Wägezahl der randerzeugenden Flächennutzungsart und der Länge des Randes, gemessen in Metern. Die Wägezahl wird nach den gleichen Grundsätzen wie beim Flächenwert bestimmt. Die Eichung der Wägekoeffizienten erfolgt derart, daß im Durchschnitt aller Fälle der Randwert (R) dem Niveau des Flächenwertes (F) entspricht. Die Wasserrandlinie erhält im allgemeinen höhere Wägezahlen als der Wald, dieser größere als etwa ein Obst- oder Weingarten.

Die durch den Randwert noch nicht gebührend erfaßte Vielfalt des Mosaiks der Flächenstücke gleicher oder unterschiedlicher Nutzform, das Malerische ihrer Grundriß- und Aufrißkonturen, widerspiegelt der *Vielfältigkeitswert* (V). Seine Höhe ist abhängig von der Art und der Zahl der in der Raumeinheit des Rasters vertretenen Flächennutzungsarten sowie von der Anzahl der sich im Mosaik durchdringenden Einzelflächenstücke.

Für viele Erholungsaktivitäten hat das Relief eine große Bedeutung. Die Parameter des *Reliefwertes* (Re) werden so gewogen, daß die Reliefwertzahl im Gebirge maßgeblich das Gesamtpotential zum Ausdruck bringt, während sie es in Raumeinheiten des Hügellandes nur ergänzt oder bereichert. Wie auch KUGLER (1975, S. 270 ff.) hervorhebt, wohnen der Oberflächengestaltung sowohl Nutzpotentiale für die aktive *Erholung* (Bergwanderungen,

Klettersport) als auch hohe *Erlebnisinhalte* (Überraschungseffekte, Panoramen, Abwechslungsreichtum, ästhetische Skulpturformen) inne.

Um die Gesamtheit dieser Wirkungen in Zahlen auszudrücken, empfiehlt es sich, den Reliefwert (Re) nach drei Aspekten zu synthetisieren: aus der Einschätzung der Reliefenergie, aus der Formendichte und – besonders im Gebirge und an Steilküsten – nach dem Formenskulpturtyp im Sinne von KUGLER (1975).

In der so entstehenden Formel finden sowohl die mit steigender Reliefenergie geringer werdende Zunahme der Reizwirkung der Oberflächenformen (als Wurzelfunktion) als auch die Plastik und die Formendichte (als Korrekturkoeffizienten) Berücksichtigung. Der Parameter für den Landschaftstyp bringt zum Ausdruck, daß z. B. im Flachland eine bestimmte relative Höhe eindrucksvoller wirkt als die gleiche in Landschaften mit insgesamt lebhafterem Relief, etwa den Mittelgebirgen.

Im Gebirge wie im Hügelland, bedingt auch in Ebenen, tragen *Panoramen* wesentlich zur Erhöhung des ästhetischen Landschaftsgenusses bei. Man denke dabei nur an die Malerei der deutschen Romantik, die Landschaftspanoramen stark bevorzugte (z. B. der Greifswalder Maler CASPAR DAVID FRIEDRICH mit Gemälden des Riesengebirges, der Steilküste Rügens, aber auch der ebenen Landschaft um Greifswald). Der *Wert eines Panoramas* (Pa) , das zu genießen der Erholungsuchende oft strapazenreiche Wanderungen unternimmt und welches zugleich einen Blick in und über die Nachbarlandschaften erlaubt, ist zwar indirekt reliefbedingt, hängt aber direkt von der Größe des Bildsektors, der durch die relative Höhe bedingten Weite des Ausblicks und von der Qualität der Physiognomie der betrachteten Landschaft ab.

Für den Panoramawert (Pa) werden innerhalb eines Rasterquadrates nur die qualitativ verschiedenen Panoramen der jeweils höchsten Qualität summiert und gewertet. Da Panoramen – zumindest im Flachland – nicht vollzählig und ihrem objektiven Wert nach aus der Karte ablesbar sind, sollte die ihnen zugeordnete Wertzahl nicht als obligate Komponente des komplexen Erholungswertes, sondern nur als ergänzende Komponente, vor allem des *Erlebniswertes* (E) aufgefaßt werden.

Die *Wertzahl für Sehenswürdigkeiten* (S) kennzeichnet den Rang (gemäß den Wertkategorien 1...7) interessanter und attraktiver, meist punkt- oder linien-, selten auch flächenförmiger, im F-Wert nicht faßbarer, da nicht von der Arealgröße abhängiger Objekte der Natur und des Menschen. Nach der Rangbestimmung der Einzelobjekte – Wertkategorie, Wertzahl – werden letztere addiert. Je nach Summe (= Wertzahl des Quadrates) und Rang der wertvollsten Objektgruppe – natürliche und kulturhistorische Sehenswürdigkeiten, Gedenkstätten, Bildungsstätten – wird der Rang des S-Wertes der Quadrateinheit abgeleitet.

*Durch die skizzierten Potentialkomponenten werden näherungsweise beide Aspekte des Erholungswertes (Erholung und Erlebnis) ihrer Bedeutung gemäß erfaßt. Die Summe der sechs Wertzahlen verdeutlicht das dem jeweiligen Landschaftselement innewohnende Brutto-Erholungspotential, den LE-Wert oder Eignungswert der Landschaft für Erholung und Fremdenverkehr (vgl. Abb. 29).* Dabei gilt – so SCHÖNEICH – die Beziehung:

$$LE = 0,001 \times ( F + R + V + Re + Pa + S )$$

Die hier vorgestellten Bewertungsschritte bilden ein ganzes methodisches System zu einer sukzessiv differenzierten Einschätzung des Rekreationspotentials beliebig gewählter Landschaftsräume der regionischen, chorischen und topischen Dimension.

Unter den international bekannteren Bewertungsverfahren, die alle um den Beginn der siebziger Jahre entstanden sind, wurde – wie bereits erwähnt – das von KIEMSTEDT (1967) veröffentlichte am häufigsten zitiert und benutzt. Eine methodisch weiterführende rechnergestützte Variante bot VOLKART (1979) mit seinem Modell ERPLAN (= Erholungsplanung) an. Es berücksichtigt natur- und kulturgeographische Elemente der betreffenden Landschaft (d. h. das Rekreationspotential in unserem Sinne), die Raumansprüche der Erholer (d. h. Bedürfniskomponenten), das Angebot an Erholungseinrichtungen (d. h. die Rekreationskapazität) sowie kalkulierbare Störfaktoren.

Das gut nachvollziehbare Bewertungsmodell ERPLAN gliedert sich in fünf Arbeitsschritte:

1. Problemstellung (Ziel der Bewertung)
2. Raumanalyse (Bestandsaufnahme)
3. Bewertung
   a. Auswahl und kartographische Erfassung der erholungswirksamen Faktoren,
   b. Bestimmung der Erholungseignung, d. h. Gewichtung der erholungswirksamen Faktoren nach zugeordneten Kriterien, Messung mit einer ordinalen Skala und ordinale Aggregierung, dann automatische Merkmalsanalyse und Printerkartierung, die eine Abstufung der Eignung in 7 Typen erlaubt
4. Ausscheidung der Erholungsgebiete, d. h. Regionalisierung z. B. für Winter- und Sommererholung
5. Koordination mit anderen Planungen in Form eines sog. Landschaftsrichtplanes. Die kartographische Verarbeitung erfolgt mittels eines 1-km-Rasters.

WIEMANN (1985) räumte in ihrer Untersuchung ein, daß es immer eine Vielzahl von Verfahren geben wird, und entwickelte ein modellunabhängiges, (angeblich) ohne tiefere EDV-Kenntnis anwendbares Programmsystem, das vor allem den Aufwand für eine EDV-gestützte Raumbewertung reduzieren sollte. Dieses Modell „bezieht erholungsfördernde und erholungshemmende naturgeographische und anthropogene Ausstattungsfaktoren ein. Aktivitätsspezifische Aktionsradien und Distanzhemmschwellen in der Naherholung und im sekundären Ausflugsverkehr führen zu einem Erreichbarkeitskonzept, das als speziell sozialgeographisches Moment des Modells gewertet werden kann. Der Begriff der landschaftsgebundenen Erholung wird durch naturorientierte, nicht verortete, hinreichend präferierte Freiraumaktivitäten durch Auswertung der Literatur zur Qualifizierung des Freizeitverhaltens bestimmt. Die Raumansprüche werden von den ausgewählten Aktivitäten und innerhalb der jeweiligen Aktivität von den betrachteten Erholungsarten abhängig gemacht und durch Indikatoren operationalisiert, zu denen die Datenerhebung aus vorhandenen kartographischen Unterlagen vorgenommen werden kann. Indikatorenauswahl, Bestimmung der Güteskalen und Aggregationsvorschriften orientieren sich an Veröffentlichungen, wenn dadurch eine intersubjektive Akzeptanz erreicht werden kann" (WIEMANN 1985, S. 26/27).

WIEMANNs Konzeption des „problemunabhängigen Programmsystems für Landschaftsbewertungen mittels der mathematisch-logischen Nutzwertanalyse PLONWA" führt – wie die von der Autorin veröffentlichten zahlreichen Tabellen und spezifizierten Rasterkartogramme des Modellgebietes Südhessen, das in 846 Bewertungseinheiten mit 2 km Quadratseitenlänge zerteilt wird, belegen – dennoch erneut zu einem arbeitsaufwendigen Verfahren, das von Praktikern aus Mangel an Daten und eigener Erfahrung in der EDV-

Anwendung kaum nachvollzogen werden kann. Insofern wird WIEMANN zwar der akademischen Aufgabe einer Adressierbarkeit der Ergebnisse gerecht, aber nicht dem selbst formulierten Ziel einer einfachen Wiederholbarkeit der Methode.

Die Grundprinzipien der geschilderten Bewertungsmethoden wiederholen sich mit unwesentlichen Abweichungen in zahlreichen Arbeiten. Darunter sind auch die vielen Bewertungen zu nennen, die nach der Wende in den neuen Bundesländern im Rahmen von Gutachten und Konzeptionen vorgenommen wurden. Ihr Echo bei den eigentlichen Adressaten, den kommunalen Entscheidungsträgern, fiel jedoch unterschiedlich aus. Offensichtlich werden Planer und politische Entscheidungsträger von einer komplizierten Bewertungsmethodik in der Regel überfordert, um sie gedanklich nachvollziehen zu können. So bleiben wissenschaftliche Erkenntnisse auf der Strecke, weil sie für den Außenstehenden nicht verständlich genug sind. Auch das sollte zu denken geben.

Wie in dieser Hinsicht die umfangreiche Potsdamer Studie von BARSCH, SAUPE u. a. (1994) zur „Bewertung und Gestaltung der naturnahen Landschaft in Schutzgebieten, Erholungs- und Freizeitgebieten" ein Echo in der Praxis finden wird, bleibt abzuwarten. Sie macht theoretisch umfassend und zugleich an praktischen Beispielen die Bewertungsproblematik deutlich, setzt aber eine schon vorhandene breite Kenntnis der Problembereiche und des Methodenspektrums voraus, die der „Einsteiger" in die rekreationsgeographische Bewertung noch nicht besitzt.


## 4.4.3.
## Die Belastung der Umwelt durch Erholung und Tourismus und die Belastbarkeit

*Rekreation und Tourismus wirken auf die Umwelt ein. Zumeist wird auf negative Einflüsse verwiesen, die in stark frequentierten Erholungslandschaften unter dem Einfluß des Massentourismus zu beobachten sind.* Daraus resultierte gegen Ende der 70er Jahre die Forderung nach einem „sanften", d. h. umwelt- und sozialverträglichen Tourismus. Es darf aber nicht übersehen werden, daß eine rekreative Nutzung auch positive Folgen in ökologischer Hinsicht bewirken kann, wenn man die Tourismusentwicklung „intelligent" betreibt. So wird „umweltorientiertes Tourismusmanagement" zu einer höchst aktuellen Forderung (vgl. HOPFENBECK u. ZIMMER 1993).

„Fast alle wollen ihre Freizeit im Freien verbringen – aber kaum einer zu Fuß", schreibt OPASCHEWSKI (1991) im Vorwort seines Buches „Ökologie von Freizeit und Tourismus" und fährt fort: „Es muß frühzeitig auf die Folgen einer rücksichtslosen Ausbeutung der Natur aufmerksam gemacht werden, damit wir nicht eines Tages Natur nur noch in Reservaten, Tiere nur im Zoo und Pflanzen nur noch im Botanischen Garten erleben". Es ist zutreffend: Die Entwicklung des Tourismus kann durch eine rücksichtslose Vermarktung der Erholungs- und Erlebnismöglichkeiten zu Störungen und zur Dezimierung der Pflanzen- und Tierwelt, zur Zerschneidung, Zersiedlung und Versiegelung von Flächen, zu einer Beeinträchtigung des ästhetischen Gesamteindrucks einer Landschaft und schließlich zur Vernutzung ganzer Landstriche führen.

Im Rahmen der Diskussion um die negativen Auswirkungen des Tourismus entstand Ende der 70er Jahre der Begriff „Sanfter Tourismus". HAMELE (1989, S. 147) beschreibt ihn so: Umweltverträglichkeit bedeutet Verträglichkeit mit der Umwelt als gesamte räumliche

Umgebung, in der Menschen, Tiere und Pflanzen leben, mit den Grundlagen, die sie zum Leben brauchen. Sozialverträglichkeit bedeutet Verträglichkeit mit der gesellschaftlichen Ordnung und Entwicklung. Im Idealfall soll ein „sanfter Tourismus" für die Urlaubsregion eine optimale wirtschaftliche Wertschöpfung und für die Urlaubsgäste eine optimale Erholung und persönliche Entfaltungsmöglichkeit gewährleisten. Aber ist ein solcher Idealfall zu erreichen, zumal unklar ist, was unter „optimal" verstanden werden kann?

Die räumlichen Auswirkungen der Erholungs- und Freizeitaktivitäten können aber durchaus auch durch die wirtschaftliche Erschließung von Flächenressourcen, die Nutzung bisher ungenutzter oder die Umwidmung künftig aus der Nutzung herausfallender landwirtschaftlicher Flächen, den Schutz und die Pflege der Umwelt, über die Aufwertung der Bausubstanz durch „Dorferneuerung" usw. positiver Art sein. Die verschiedenen Formen der Erholung und die unterschiedlichen Arten von Freizeitaktivitäten wirken eben differenziert auf die Umwelt ein. Ihre Intensität, Dauer, räumliche Ausdehnung, Häufigkeit und ihr absoluter Umfang haben jeweils unterschiedliche Auswirkungen.

Der Einfluß rekreativer Nutzungen auf die Umwelt war zwischen 1975 und 1980 Gegenstand gemeinsamer Forschungsarbeiten der Geographen der damaligen RGW-Länder (vgl. HAASE, HÖNSCH u. GRAF 1983). Allgemeines Ziel dieser Untersuchungen war es, die Beziehungen zwischen Gesellschaft und Natur zu optimieren. Dazu sollten Modelle der Belastung erarbeitet und Aussagen zur Belastbarkeit getroffen werden. Ein Ergebnis dieser internationalen Arbeit war ein „Grundschema für die Bewertung der Einflüsse der Erholung auf die Umwelt" (Abb. 30).

Der Begriff **„***Belastung***"** wird im allgemeinen relativ unscharf gefaßt (ähnlich dem schon erörterten Begriff „Attraktivität"). „*Belastbarkeit*" wird von NEUMEISTER (1974, S. 45) definiert als das „Vermögen von Objekten in der Landschaft mit gegebenen natürlichen Eigenschaften und bestimmter Nutzung bei einer Belastung durch gesellschaftliche und natürliche Einflüsse so zu reagieren, daß eine Erhaltung und Regeneration ihrer Zustände möglich ist". Ähnlich definieren BARSCH u. SAUPE (!994). Zwei Aspekte sind NEUMEISTERs Meinung nach hervorzuheben: Erstens, daß man die Belastbarkeit immer auf bestimmte Nutzungsziele beziehen muß (in unserem Falle die differenzierten Erholungsnutzungen), und zweitens, daß die Belastbarkeit keine statische Grenzsituation beschreibt, sondern durch gesellschaftliche Aktivitäten erhöht oder vermindert werden kann.

Jeder von uns hat in seiner Umgebung wohl schon die Beobachtung machen können: Je mehr die Rekreation an einzelnen Orten Massencharakter annimmt und immer größere Teile der Landschaft von Rekreanten in Anspruch genommen werden, umso stärker belastet sie auch die Erholungsumwelt. Es kommt zu Minderungen der ästhetischen, biologischen und hygienischen Qualität des Rekreationspotentials. Weggeworfene Abfälle an den Wegrändern sind nur ein Beispiel dafür. Auftretende Schäden zeigen an, daß bei der Belastung von Erholungsflächen eine kritische Schwelle überschritten wurde, z. B. wenn Wege durch die Erosion verstärkt angegriffen werden. Unter Umständen sind solche Schäden unumkehrbar, irreversibel. Bedenklich ist, daß erst eine hohe Belastung der Umwelt eine technische Stützung durch Pflegemaßnahmen „rentabel" macht.

Überbelastungen können schon durch eine zeitlich, örtlich und gebietlich kurzfristig überhöhte Frequentierung verursacht werden, z. B. durch Verkehrsstaus. Längerfristige Überbelastungen rufen Vegetations- und Landschaftsschäden hervor, wie sie JESCHKE (1985) für die mecklenburg-vorpommersche Küstenlandschaft beschrieb. Störkomponenten wirken sich in Seenlandschaften und an Meeresküsten oft als Minderung der wasser-

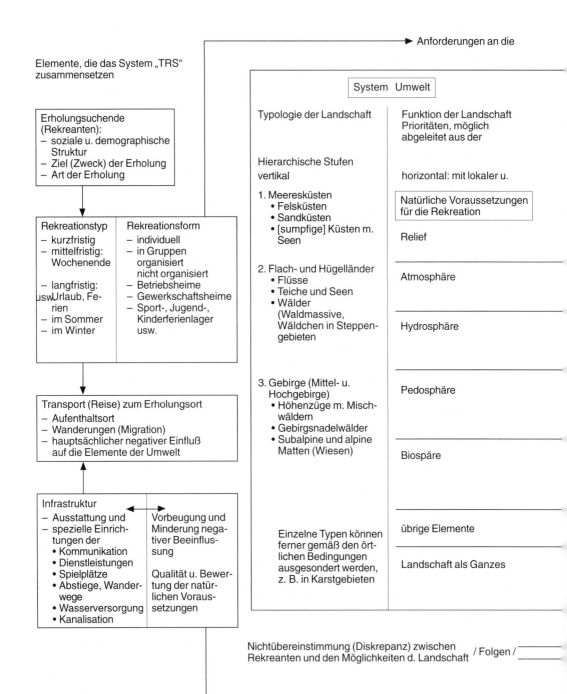

Abbildung 30
Grundschema für die Bewertung der Einflüsse der Rekreation auf die Umwelt (BENTHIEN)

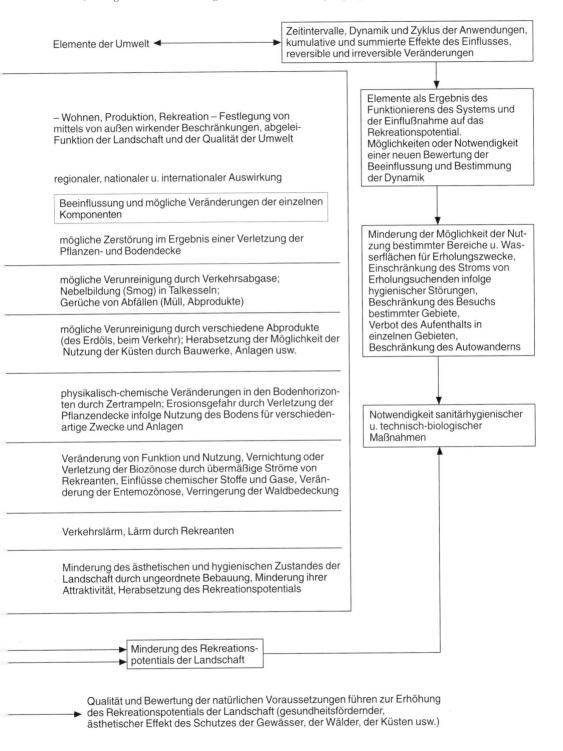

Elemente der Umwelt ⟷ Zeitintervalle, Dynamik und Zyklus der Anwendungen, kumulative und summierte Effekte des Einflusses, reversible und irreversible Veränderungen

Elemente als Ergebnis des Funktionierens des Systems und der Einflußnahme auf das Rekreationspotential. Möglichkeiten oder Notwendigkeit einer neuen Bewertung der Beeinflussung und Bestimmung der Dynamik

– Wohnen, Produktion, Rekreation – Festlegung von mittels von außen wirkender Beschränkungen, abgelei-Funktion der Landschaft und der Qualität der Umwelt

regionaler, nationaler u. internationaler Auswirkung

Beeinflussung und mögliche Veränderungen der einzelnen Komponenten

mögliche Zerstörung im Ergebnis einer Verletzung der Pflanzen- und Bodendecke

mögliche Verunreinigung durch Verkehrsabgase; Nebelbildung (Smog) in Talkesseln; Gerüche von Abfällen (Müll, Abprodukte)

mögliche Verunreinigung durch verschiedene Abprodukte (des Erdöls, beim Verkehr); Herabsetzung der Möglichkeit der Nutzung der Küsten durch Bauwerke, Anlagen usw.

physikalisch-chemische Veränderungen in den Bodenhorizonten durch Zertrampeln; Erosionsgefahr durch Verletzung der Pflanzendecke infolge Nutzung des Bodens für verschiedenartige Zwecke und Anlagen

Veränderung von Funktion und Nutzung, Vernichtung oder Verletzung der Biozönose durch übermäßige Ströme von Rekreanten, Einflüsse chemischer Stoffe und Gase, Veränderung der Entemozönose, Verringerung der Waldbedeckung

Verkehrslärm, Lärm durch Rekreanten

Minderung des ästhetischen und hygienischen Zustandes der Landschaft durch ungeordnete Bebauung, Minderung ihrer Attraktivität, Herabsetzung des Rekreationspotentials

Minderung der Möglichkeit der Nutzung bestimmter Bereiche u. Wasserflächen für Erholungszwecke, Einschränkung des Stroms von Erholungsuchenden infolge hygienischer Störungen, Beschränkung des Besuchs bestimmter Gebiete, Verbot des Aufenthalts in einzelnen Gebieten, Beschränkung des Autowanderns

Notwendigkeit sanitärhygienischer u. technisch-biologischer Maßnahmen

Minderung des Rekreationspotentials der Landschaft

Qualität und Bewertung der natürlichen Voraussetzungen führen zur Erhöhung des Rekreationspotentials der Landschaft (gesundheitsfördernder, ästhetischer Effekt des Schutzes der Gewässer, der Wälder, der Küsten usw.)

hygienischen Verhältnisse aus. Sie ergeben sich aus erholungswidrigen Nutzungen (Verbauung der Ufer mit Boots- und Freizeithäusern, Verhinderung des direkten freien Zuganges durch Parzellierungen), aus Lärmbelästigungen (durch Kraftfahrzeuge, die bis in die Erholungsareale gelangen können), durch Luftverunreinigungen (aus Abgasen der Kraftfahrzeuge). Ebenso führen wilde Mülldeponien zu Störungen des ästhetischen Gesamtbildes und zu Geruchsbelästigungen.

Wie groß und irreversibel unbedachte, aber als „geplant" ausgegebene Eingriffe sein können, hat BARBIER (1983) für die französischen Alpen aufgezeigt: Durch den Wald geschlagene und von Bulldozern eingeebnete Skipisten. dadurch zerstörte Pflanzendecke und erhebliche Verstärkung der Erosionsprozesse. Auch der beliebte „Frühlingsski" hinterläßt durch die Stahlkanten der Skier Zerstörungen der Grasnarbe mit negativen Auswirkungen für die sommerliche Beweidung, Einschnitte in den Baumstämmen und vor allem Vernichtung der gerade den Schnee durchdringenden Wachstumsspitzen der Sträucher. Solche unheilbar beschädigten Flächen müssen dann für den Skisport gesperrt werden. Hier vernichtet der Tourismus im wahrsten Sinne des Wortes seine eigene Grundlage! Auch die Skistationen in den französischen Alpen selber rufen mit ihren Abwässern schwerwiegende Probleme hervor. Obwohl Lösungen technisch relativ leicht möglich wären, scheitern diese angesichts eines mangelnden ökologiepolitischen Drucks an dem angeblich erforderlichen hohen ökonomischen Aufwand.

Methodisch erweist es sich als zweckmäßig, bei einer Kennzeichnung der Belastbarkeit zwischen *aktueller* und *potentieller* Belastbarkeit zu unterscheiden. Der aktuellen Belastbarkeit liegen die augenblicklichen räumlichen Voraussetzungen zugrunde, d. h. das vorhandene Potential und die vorhandene Kapazität unter Einschluß der existierenden Erreichbarkeit. Die potentielle Belastbarkeit berücksichtigt, wie durch landeskulturelle Veränderungen (z. B. bessere Reinhaltung der Gewässer, Erhaltung und Mehrung des Baumbestandes u. a. m.) und die Ausstattung mit der erforderlichen Infrastruktur (Schaffung von Badestränden, Anlage von Wanderwegen, Einrichtung der notwendigen Ver- und Entsorgungsmöglichkeiten) die räumlichen Voraussetzungen verbessert werden können. Die potentielle Belastbarkeit schließt auch die perspektivischen Anforderungen, soweit sie vorhersehbar sind, ein (eine erhöhte Nachfrage, eine Anhebung des Anspruchsniveaus, einen allgemeinen Wertewandel usw.). Schwierig ist es in beiden Fällen, die Schwellenwerte der Belastbarkeit exakt festzulegen.

Bilanzierungen von Flächennutzung, Belastung und Belastbarkeit, wie sie in dem „Grundschema" (Abb. 30) generalisiert, aber überschaubar dargestellt sind, liefern Hinweise für eine eventuell erforderliche *Flächen- bzw. Freiraumsicherung* für rekreative Zwecke und für eine *Mehrfachnutzung*, die auf die ökologische Verträglichkeit der Erholungsnutzung abzielt. Diese muß mit der sozialen und kulturellen Verträglichkeit, aber auch mit der wirtschaftlichen Effizienz der touristischen Unternehmen in Übereinstimmung gebracht werden.

Geht man so vor, dann wird der Vorwurf gegen die Touristen, „Landschaftsfresser" zu sein (KRIPPENDORF), gegenstandslos. Es ist inzwischen allgemeine Erkenntnis auch bei der Tourismus„industrie", daß der Tourismus überall auf der Welt auf eine „intakte" Landschaft – wenn auch nicht immer im ökologischen Sinne – als seine erste und unabdingbare Grundlage angewiesen ist. So besteht eine „Zielharmonie" zwischen Landschaftsschutz und Tourismuswirtschaft, die für eine *„touristisch motivierte Landschaftserhaltung"* genutzt werden kann (SCHENEL u. a. 1987). Die Autoren belegen an zahlreichen Fallbeispielen

(z. B. Wacholderheiden auf der Schwäbischen Alb, Wasservogelreservat Wallnau auf der Insel Fehmarn, Anlage blütenreicher Wiesen bei Bad Zwischenahn, Offenhaltung von Wiesentälern in waldreichen Mittelgebirgen u. a.), wie an bestimmten Schnittstellen Landschaftsschutz und touristische Nutzung nicht nur konform gehen, sondern im Sinne einer naturnahen Erholung genutzt werden können.

„Sanfte" touristische Nutzungen sind auch eine – nicht unproblematische – Zielstellung bei der Ausweisung von *Großschutzgebieten* in Deutschland. ZUNDEL (1993) macht darauf aufmerksam, daß man an Stelle der früher zu beklagenden Übernutzung der Landschaft heute sein Heil „in der totalen Nichtnutzung möglichst vieler großflächiger Landschaftsteile" sucht (S. 370). Stillzulegende Agrarflächen sollen der natürlichen Sukzession statt einer Aufforstung überlassen werden, Schutzgebiete möglichst nicht betreten werden. Solche (und andere) „Auswüchse einer nutzungsfeindlichen anti-anthropozentrischen Welle", die den Menschen auf großen Flächen möglichst heraushalten will, um – wie es oft so schön heißt – „die Natur an sich zu ihrem Recht kommen zu lassen", können auch aus tourismuswissenschaftlicher Sicht nicht akzeptiert werden.

Die „Ideologen" dieser supergrünen Richtung übersehen meines Erachtens (oder wollen übersehen), daß unsere heutige Kulturlandschaft (deshalb heißt sie ja so) das Ergebnis jahrhundertelanger wirtschaftlicher Nutzung und nicht einer entsprechend langen Zeit der Naturbelassenheit ist. Selbst die unter „Naturschutz" stehenden Wiesen in den Flußtälern des norddeutschen Tieflandes sind das Ergebnis unermüdlicher Tätigkeit der Bauern, die diese Jahr für Jahr mähten, und die Feuersteinfelder auf Rügen wurden nur dadurch von Bewaldung freigehalten, daß sie als Weiden für Rinder und Schafe genutzt wurden. „Im übrigen ist es unlogisch, wenn wir einen Einfuhrstopp für Tropenholz zur Schonung der dortigen Wälder verlangen und bei uns in Nationalparks das zum Ersatz mögliche Buchenholz im Walde verfaulen lassen" (ZUNDEL 1993, S. 374).

Auf diesem Hintergrund ist die Forderung zu verstehen und zu unterstützen, daß die zukünftige Gestaltung der Beziehungen zwischen Erholung und Tourismus auf der einen und der Umwelt und ihrem Schutz auf der anderen Seite nicht durch lautstark vorgetragene Forderungen, sondern nur durch ein sachliches Zusammenwirken vieler gesteuert werden kann. Das „Prinzip der gemeinsamen Verantwortung" aller Beteiligten auf dem Aktionsfeld Tourismus – der Reisenden selbst, der Betriebe unterschiedlichster Art und Größe, der privaten Haushalte, der Behörden und Verwaltungen, der regionalen Verbände und vieler weiterer (vgl. HOPFENBECK u. ZIMMER 1993, S. 263) – ist der einzige Schlüssel zu einem Erfolg!

### 4.4.4.
### *Die Erarbeitung von Modellen und die Kartierung rekreationsgeographischer Sachverhalte*

In Modellen laufen die gedanklichen Abstraktionen zu einer vereinfachten Nachbildung der Realität zusammen. Die Modellbildung ist notwendig, weil die „wissenschaftlich zu bewältigende Fülle und Mannigfaltigkeit räumlicher Systeme ... nur mit Hilfe von erheblichen Vereinfachungen zu erfassen" ist und „die fast unendliche Menge von Parametern räumlicher Systeme auf eine endliche, wissenschaftlich zu bewältigende Zahl" reduziert werden muß (WIRTH 1979, S. 128).

Es geht aber nicht nur um die wissenschaftliche Bewältigung des Problems, sondern – wie oben bei der Diskussion der Bewertung des Rekreationspotentials bereits angedeutet – gleichzeitig auch um die Gewährleistung der Überführung wissenschaftlicher Ergebnisse in die Praxis. Die Modellierung von Sachverhalten ist ebenso wie ihre Darstellung auf thematischen Karten mit verständlicher textlicher Erläuterung ein Schlüsselproblem für die planungspraktische Umsetzung und entscheidet mit über das Ansehen der Geographen und ihrer Wissenschaft in der Öffentlichkeit (vgl. MARQUARDT-KURON u. MANGER 1993).

Der Modellbegriff wird von den Geographen für Arbeitshypothesen und Theorien, für gedachte Idealbilder ebenso wie für anschaulich-konkrete Abbildungen an sich unanschaulicher Sachverhalte, für die mathematische Formulierung von Sachverhalten, für Analogien und für Idealtypen verwendet. WIRTH schlägt vor zu definieren: „Ein Modell ist eine Abbildung von für die jeweilige Fragestellung bedeutsamen Teilaspekten der Wirklichkeit zu einem vereinfachten System" (1979, S. 130/131).

Die in der Geographie verwendeten Modelle sind vom Prinzip her in erster Linie *Raummodelle*, die in unterschiedlicher Darstellungsweise und auf differenziertem Abstraktionsniveau räumliche Sachverhalte abbilden. Ihr Spektrum reicht von Diagrammen (z. B. der Kapazitätsentwicklung und der Frequentierung von Orten oder Gebieten in bestimmten Zeiteinheiten) über *Bildmodelle* (z. B. Fotografien von Erholungsorten, Luftbilder von Erholungsgebieten und Aufnahmen ganzer Regionen aus dem Weltraum) und *thematische Karten* (z. B. in wissenschaftlichen Arbeiten und in Atlanten) bis zu *theoretischen Raummodellen* (wie z. B. dem TRS-Modell).

Beispiele und damit methodische Hinweise für die eigene Arbeit wurden bereits in Gestalt der bisher beigefügten Abbildungen geboten, und in der einschlägigen Literatur steckt eine nahezu unerschöpfliche Fülle von Anregungen. Einige Gesichtspunkte seien vertiefend erläutert. Für die Veranschaulichung von Erscheinungen in kleinräumigen Untersuchungsgebieten, etwa zur Charakteristik eines Rekreotopgefüges, haben *Bildmodelle* wie Fotos oder Luftaufnahmen großen Maßstabs eine erstrangige Bedeutung, weil sie das Original selbst anschaulich und mit allen Einzelheiten abbilden (vgl. BÜTOW 1988). *Darstellungsmodelle* hingegen bedürfen schon einer Zeichenerklärung. Erst diese macht es möglich, dem Betrachter das Original vereinfacht und auf Wesentliches reduziert verständlich zu machen. Sobald größere Raumeinheiten dargestellt werden sollen, tritt die *thematische Kartographie* auf den Plan.

Der Grund dafür ist einfach: Das Informations- und Arbeitsmittel Karte ist „in seiner Fähigkeit, die Anordnung und das Beziehungsgefüge komplexer oder singulärer räumlicher Erscheinungen übersichtlich darzustellen, durch andere Ausdrucksmittel nicht zu ersetzen. Karten sind deshalb für die Öffentlichkeit wie für viele Fachwissenschaften unentbehrliche Informations-, Arbeits- und Demonstrationsmedien. Karten können auch als Modelle räumlicher Strukturen und funktionaler Beziehungen aufgefaßt werden" (ROUBITSCHEK 1976, S. 108). „In der Karte werden einerseits der konkrete Raum der Objekte, d. h. die Lage und Lagebeziehungen der Objekte detailliert anschaulich abgebildet, andererseits werden die einzelnen räumlichen Objekte (Standorte, Areale, Interaktionen usw.) nach ihren qualitativen und quantitativen Merkmalen, Eigenschaften und Strukturen modelliert, jedoch zumeist allgemeiner, d. h. auf höherem Abstraktionsniveau als die konkrete Lage bzw. die Lagebeziehungen der Objekte" (BENEDICT 1985, S. 26).

Auf Einzelheiten der Aufnahme, Gestaltung und Herstellung thematischer Karten kann hier nur kurz eingegangen werden. Verwiesen sei auf die von OGRISSEK herausgegebene

BROCKHAUS-Kartenkunde (1983) sowie auf die „Einführung in die Kartographie und die Luftbildinterpretation" von SCHOLZ, TANNER u. JÄNCKEL (1983). Gerade letztere kann als „Anleitung zum Handeln" gelten, weil sie das Handwerkliche beim Entwurf und der Herstellung thematischer Karten beschreibt.

Über die „Freizeitkarte als erholungsorientiertes Kommunikations- und Informations-mittel" äußerte sich ausführlich ULBERT (1985). Wichtig sind insbesondere seine Aussagen zu den Gestaltungsmöglichkeiten solcher Karten. Er verweist auf PILLEWIZER (1961, S. 95), der bei Wander- und Touristenkarten nur zwischen amtlichen topographischen Karten mit touristischem Überdruck, Wanderkarten, die durch Neuzeichnung nach topographischen Karten entstanden sind, und frei gestalteten Wanderkarten unterschied. Die Freizeitkarte hingegen soll dem Benutzer diejenigen Informationen bereitstellen, die nötig sind, um die gewünschten Freizeitaktivitäten ausüben und sich im Gelände orientieren zu können. Dabei sollen möglichst umfassende und saisonal aufbereitete Informationen für die Ausübung vieler Freizeitaktivitäten geboten werden. Am Beispiel der Biggetalsperre bei Olpe im Siegerland liefert ULBERT den Nachweis für die Machbarkeit seiner „Freizeitkarte 1 : 50 000 (FK 50)" als Sommer- bzw. Winterkarte mit jeweils ganzjährigen und saisonalen Freizeit-angeboten.

Wie sehr thematische Karten unter Umständen von Rahmenbedingungen abhängig sind, kann an Hand weniger Beispiele gezeigt werden. HAHN (1958) sah sich auf Grund der Quellenlage gezwungen, seine Darstellung der „Erholungs*gebiete* der Bundesrepublik" durch eine Karte der Fremdenverkehrs*gemeinden* mit mehr als 5 000 Übernachtungen im

Abbildung 31
Zonierungsschema regionaler Naherholungs- und Urlaubsgebiete (JURCZEK 1979)

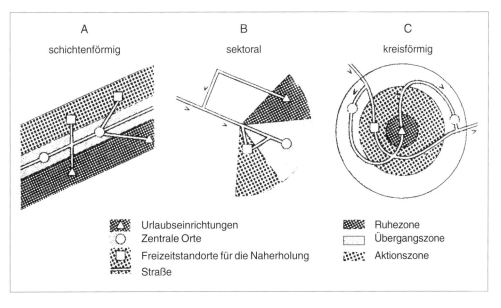

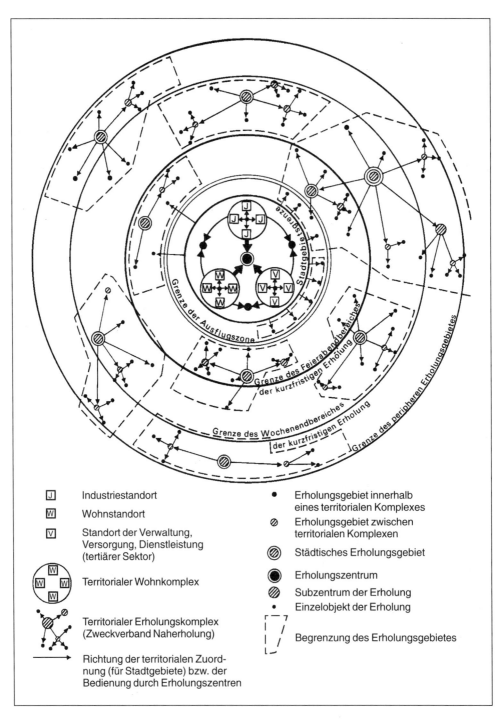

Abbildung 32
Modell zur territorialen Sicherung der kurzfristigen Erholung (WEHNER 1975)

Maßstab 1 : 1 000 000 zu untersetzen, in der er auf eine Abgrenzung von Gebieten verzichtete. Auf der Karte „Reiseland DDR" 1 : 600 000 des Tourist Verlages Berlin (16. und zugleich letzte Auflage 1989) wurde die Abgrenzung der Erholungsgebiete in erster Linie nach naturräumlichen Kriterien vorgenommen (BENTHIEN 1989) und von einer klassifizierenden Unterscheidung der touristischen Zielorte abgesehen, weil die verfügbaren Daten dafür nicht ausreichten. Ähnliche Begrenzungen galten auch für die bereits erwähnte Karte „Erholungswesen und Tourismus" des „Atlas DDR".

Während bei den thematischen Karten immer noch eine *Ähnlichkeit mit der Realität* erhalten bleibt, sie demzufolge noch zu den deskriptiven Modellen zu rechnen sind, entfällt diese Ähnlichkeit bei den *theoretischen Raummodellen*. Sie abstrahieren völlig von konkreten geographischen Räumen und ihrer lokalisierten materiellen Realität. Einige Beispiele seien hier vorgestellt. Das „Zonierungsschema regionaler Naherholungs- und Urlaubsgebiete" von JURCZEK (1979 bzw.1981) generalisiert, abstrahiert und modelliert Ruhezonen, Übergangszonen und Aktionszonen als *Funktionsbereiche* in Gebieten, in denen sich Naherholung und Urlaubserholung überschneiden (Abb. 31). Aus der Gliederung in diesem Modell, bei dem die Anschaulichkeit im Vordergrund steht, werden Vorschläge für die Planung abgeleitet. Eine ähnliche Absicht verfolgte auch WEHNER (1975) mit seinem aus der Dresdener Situation abgeleiteten Modell zur territorialen Sicherung der kurzfristigen Erholung (Abb. 32).

Die ganze *Kompliziertheit der Wechselbeziehungen* zwischen Wohnen, Arbeiten und Naherholung versuchte STREHZ (1984) in einem theoretischen Raummodell zu erfassen. Es ist ein Beispiel dafür, daß nur eine begrenzte Zahl von Sachverhalten in einem derartigen Modell erfaßt und dargestellt werden kann. Die Schwelle zur Unübersichtlichkeit wird hier überschritten. Ein Modell von KRIPPENDORF (1987) dagegen, das die „Wachstumsprozesse im Tourismus" ausdrücken soll und deshalb zu Recht auch „Tourismuswachstumsmaschine" genannt worden ist, weil in ihm das Prinzip des notwendigen Zusammenspiels vieler Mechanismen aufgezeigt wird, belegt, welch starke Vereinfachung erforderlich ist, um *Planungsmodellen* zum Erfolg zu verhelfen.

*Planungsmodelle* werden durch ihre Zielsetzung charakterisiert. Sie finden ihren Niederschlag in thematischen Karten wie den Flächennutzungsplänen, den Karten in Regionalplänen und Raumordnungsprogrammen, aber auch verbal in Entwicklungskonzeptionen für Regionen der Erholung und des Tourismus. Sie nehmen das auf, was Geographen und andere Fachleute aus ihren auf räumliche Analysen, Bewertungen, Bilanzierungen und Modellierungen unterschiedlichster Art gegründeten „angewandten" Forschungen ermittelt haben.

## 4.5.
## Probleme der Terminologie

### 4.5.1.
### *Die nationalsprachliche Begriffsbildung*

In der Geographie ist wie in anderen Wissenschaften das Begriffsgebäude in der Regel durch die nationale Forschung errichtet und dann erforderlichenfalls internationalisiert worden.

Jeder weiß, wie schwierig es ist, ein umgangssprachliches Wort zu einem wissenschaftlichen Begriff zu machen. Welche Vieldeutigkeit läßt z. B. das Wort „Landschaft" zu, und doch wurde es zu einem Basisbegriff der Geographie. Ein solcher aus der Umgangssprache übernommener Terminus ist immer dort, wo er (wie „Landschaft" im Russischen oder „City" im Deutschen) als wissenschaftlicher Begriff verwendet wird, sogar schärfer umrissen als in der Ausgangssprache. Auch der Begriff „Kulturlandschaft" hat neben der geographischen Definition als „höchste Integrationsstufe der anthropogenen Geofaktoren" (DIERCKE-Wörterbuch der Allgemeinen Geographie 1984, Bd. 1, S. 332) eine Inhaltsbestimmung seitens der Kulturwissenschaftler, die auf Verbreitungsgebiete kultureller Einrichtungen wie Theater, Museen u. ä. ausgerichtet ist.

In der Rekreationsgeographie ist es nicht anders. Das beginnt – wie an anderer Stelle bereits gezeigt (BENTHIEN 1980, S. 26/27) – bei Begriffen wie „Fremder" oder „Reisender", „Erholungsuchender" oder „Erholer", „Rekreant" oder „Tourist". Ist ein „Tourist" ein „Rekreant", der länger als 24 Stunden unterwegs ist und auswärts übernachtet, oder einer, der eine Landesgrenze überschreitet? Oder ist er gar, wie es scherzhaft heißt, „einer, der immer, wenn er auf Tour ist, in einer Tour ißt"? Wann hört der „Fremde" auf, ein Fremder zu sein und wird zum „Reisenden" oder „Rekreanten"? Heißt im Deutschen jemand, der zeltet, „Camper", „Zelter" (wie „auf Paßgang abgerichtetes Damenpferd", so der DUDEN, 21. Aufl., 1996, als selten gebrauchte Form) oder „Zeltler", obwohl er doch „zeltet" und nicht „zeltelt"?

Standen die „Außenbetten" des Feriendienstes der Gewerkschaften zu DDR-Zeiten draußen oder waren es die außerhalb der FDGB-Erholungsheime in Privathäusern angemieteten Betten? Es gibt sicher keinen Unterschied zwischen einem „Erholungsuchenden" und einem „Erholer", aber kann man von einem „Freizeitler" oder besser „Freizeiter" sprechen? Oder von einem „Freizeithäusler"? Wer oder was ist ein „Rekreator", eine Bezeichnung, die in der russischen Literatur auftaucht (GALKIN 1978)? Ist es ein Fachmann für die Behandlung von Krankheiten mittels Erholung? Sind nicht alle, die sich mit Fragen der sinnvollen Gestaltung der Erholung in geographischen Räumen beschäftigen, solche „Rekreatoren"? Und wie steht es um die „Animateure"?

Als vorwiegend „hausgemachtes" deutsches Sprachproblem bezeichnet FREYER (1991) den Streit um „Fremdenverkehr" und „Tourismus", denn beide Begriffe werden seit Jahren im Bereich der Tourismuswissenschaft „fast einhellig als identisch angesehen". Beide Male handelt es sich um einen vorübergehenden Ortswechsel und die damit verbundenen Aktivitäten. „Fremdenverkehr" ist eine deutschsprachige Besonderheit, enthält die Aspekte „Verkehr" und „Aufenthalt in der Fremde", ist zwar seit dem 19. Jh. eingeführt, läßt sich jedoch nicht übersetzen. „Tourismus" hingegen tauchte im deutschen Sprachraum erst nach dem Zweiten Weltkrieg auf, hat sich indessen zwischenzeitlich mehr und mehr eingebürgert.

Deshalb ist es auch abwegig, wenn Praktiker der deutschen Tourismusbranche einen Unterschied zwischen Fremdenverkehr und Tourismus in dem Sinne konstruieren, daß „Fremdenverkehr" eher die nationalen, „Tourismus" hingegen die internationalen Aspekte des Reisens betone, die „Fremdenverkehrswirtschaft" somit für den „Incoming tourism" und die „Tourismusunternehmen" für den „Outgoing tourism" zuständig wären. Aus der Sicht eines Ausländers, der an den Begriff Tourismus gewöhnt ist, gibt es ohnehin keinerlei Anlaß, sich sprachlich mit dem deutschen „Fremdenverkehr" herumzuschlagen, es sei denn, er muß sich, um Broschüren oder Informationen zu erhalten, an ein „Fremdenverkehrsamt" und nicht an eine „Touristinformation" wenden.

Etwas anders verhält es sich mit einem dritten Begriff: „Touristik". Auch er ist eine deutschsprachige Besonderheit ohne internationale Entsprechung. FREYER (a. a. O.) verweist darauf, daß „Touristik" als Begriff seit dem Ende des 19. Jh. existiert, zunächst auf individuelle Aktivitäten im Alpenbereich bezogen war, später für alle Reisen nicht-geschäftlicher Art Verwendung fand, dann nach dem Zweiten Weltkrieg im Geschäftsbereich von Reiseveranstaltern und Reisevermittlern Urlaubs- und Pauschalreiseangebote bezeichnete und erst in den letzten Jahren eine vierte Bedeutung annahm, nämlich die geschäftsmäßige Beschäftigung mit Reisen. „Touristiker" sind somit Leute, die sich beruflich in irgendeiner Weise mit der Organisation von Tourismus befassen, nicht nur in Unternehmen, sondern auch in Verwaltungen und Verbänden. Dennoch wäre es besser, „diese vorwiegend deutsche Sprachverwirrung baldmöglichst zu beenden" (FREYER, a. a. O.) und Tourismus, Fremdenverkehr und Touristik gleichzusetzen. In der DDR wurde Touristik als eine Sportart (Wandern, Bergsteigen) verstanden, für die sogar ein eigener Verband bestand..

Trotz der geschilderten Situation nannte der Jaeger-Verlag in Darmstadt seine Reihe, in der 1994 „GeoLex – Kurzlehrbuch und Lexikon einer angewandten Geographie für den Tourismus" erschien, „Touristiktaschenbücher". Die Herausgeber sprechen wie selbstverständlich mit dem Blick auf die Auszubildenden und Studierenden, denen dieses Standard-Nachschlagewerk „mit über 1 700 Begriffen aus der Touristik" zur Verfügung gestellt werde, von „Touristikern". Was gilt nun, Tourismus oder Touristik?

Wie problematisch terminologische Fragen sind, zeigte auch NEWIG (1975) mit seinen „Vorschlägen zur Terminologie der Fremdenverkehrsgeographie", auf die schon einmal Bezug genommen wurde. Seinem Strukturschema des Freizeitverkehrs, den er mit „Tourismus" gleichsetzt und in „Reiseverkehr" und „Freizeitkonsum" aufspaltet, ist eine Liste von 25 Definitionen und ergänzenden Erläuterungen beigefügt. Aber je mehr man das „Meer" von Begriffen aufwühlt, umso größer wird die Gefahr, in ihrer „Flut" unterzugehen, denn die Wirklichkeit des Tourismus ist so facettenreich, daß sie unsere terminologischen Systeme zu zersprengen droht, wenn wir uns nicht auf einen – wenn auch pragmatischen – Konsens in der Verwendung der wesentlichsten Begriffe beschränken. Es ist in der Tat der „Mut zur terminologischen Lücke" notwendig!

Um zu einer gemeinsamen Sprache und zu einer nationalen Terminologie zu kommen, sollte man die Unterschiede in der Wortwahl der einzelnen Wissenschaftler und Forschungsgruppen nicht überbewerten, sondern immer bemüht sein, das Wesentliche der Erscheinungen zu sehen und nicht die Hülse eines Begriffs. Das gilt auch für das Verhältnis der hier vertretenen Linie einer „Geographie der Rekreation und des Tourismus" zu einer „Geographie des Freizeitverhaltens" und einer „Fremdenverkehrs-" oder gar „Reiseverkehrsgeographie". Entscheidend ist letztlich das erkennbare Bemühen der Forscher, der wissenschaftlichen Wahrheit näherzukommen. „Doctrina multiplex, veritas una" steht über dem Portal der Universität Rostock! Es lohnt sich, auch in unserm Falle darüber nachzudenken.

## 4.5.2.
### Die internationale Korrelation der Begriffe

Jede nationale Forschung setzt heute die internationale Kommunikation voraus, und diese wird im Zeitalter der Datenautobahnen und der auf ihnen möglichen internationalen

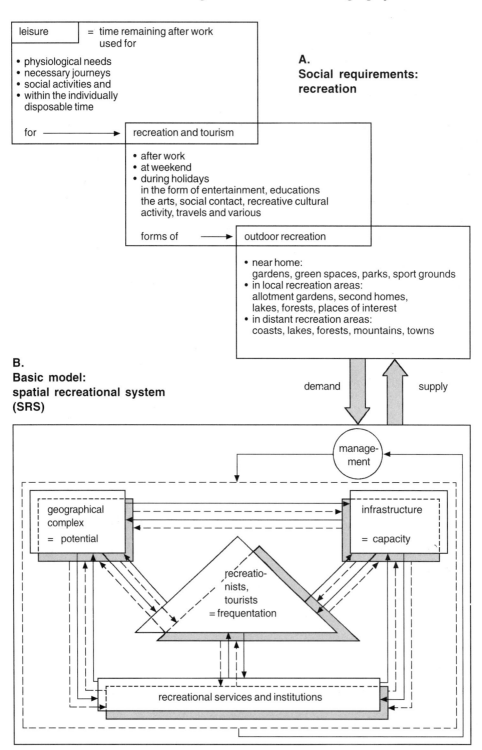

## C.
## Fields of research

### 1. Contents

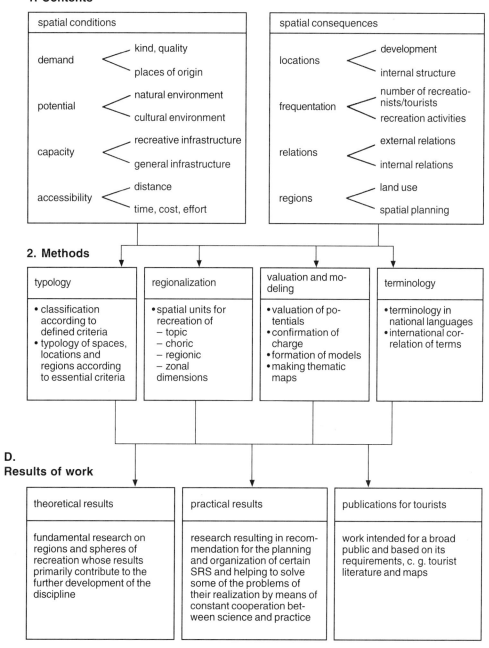

| spatial conditions | | spatial consequences | |
|---|---|---|---|
| demand | kind, quality / places of origin | locations | development / internal structure |
| potential | natural environment / cultural environment | frequentation | number of recreationists/tourists / recreation activities |
| capacity | recreative infrastructure / general infrastructure | relations | external relations / internal relations |
| accessibility | distance / time, cost, effort | regions | land use / spatial planning |

### 2. Methods

| typology | regionalization | valuation and modeling | terminology |
|---|---|---|---|
| • classification according to defined criteria<br>• typology of spaces, locations and regions according to essential criteria | • spatial units for recreation of<br>– topic<br>– choric<br>– regionic<br>– zonal dimensions | • valuation of potentials<br>• confirmation of charge<br>• formation of models<br>• making thematic maps | • terminology in national languages<br>• international correlation of terms |

## D.
## Results of work

| theoretical results | practical results | publications for tourists |
|---|---|---|
| fundamental research on regions and spheres of recreation whose results primarily contribute to the further development of the discipline | research resulting in recommendation for the planning and organization of certain SRS and helping to solve some of the problems of their realization by means of constant cooperation between science and practice | work intended for a broad public and based on its requirements, c. g. tourist literature and maps |

Abbildung 33 a
Modell Rekreationsgeographie in englischer Sprache (Deutsch S. 10/11)

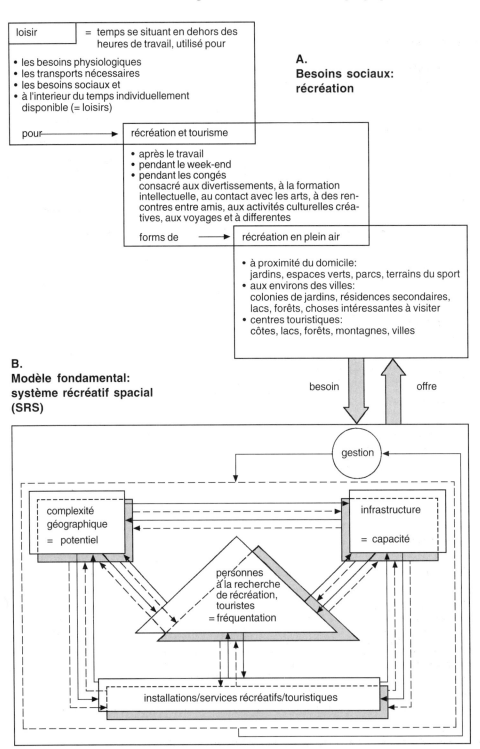

| loisir | = temps se situant en dehors des heures de travail, utilisé pour |

- les besoins physiologiques
- les transports nécessaires
- les besoins sociaux et
- à l'interieur du temps individuellement disponible (= loisirs)

**A.**
**Besoins sociaux:**
**récréation**

pour ⟶ récréation et tourisme

- après le travail
- pendant le week-end
- pendant les congés
  consacré aux divertissements, à la formation intellectuelle, au contact avec les arts, à des rencontres entre amis, aux activités culturelles créatives, aux voyages et à differentes

forms de ⟶ récréation en plein air

- à proximité du domicile:
  jardins, espaces verts, parcs, terrains du sport
- aux environs des villes:
  colonies de jardins, résidences secondaires, lacs, forêts, choses intéressantes à visiter
- centres touristiques:
  côtes, lacs, forêts, montagnes, villes

**B.**
**Modèle fondamental:**
**système récréatif spacial**
**(SRS)**

besoin          offre

gestion

complexité géographique
= potentiel

infrastructure
= capacité

personnes à la recherche de récréation, touristes
= fréquentation

installations/services récréatifs/touristiques

## C.
## Champs de recherche

### 1. Contenus

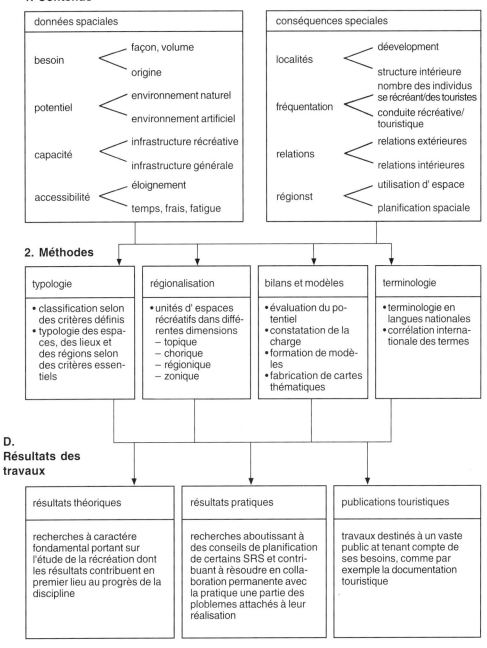

| données spaciales | |
|---|---|
| besoin | façon, volume / origine |
| potentiel | environnement naturel / environnement artificiel |
| capacité | infrastructure récréative / infrastructure générale |
| accessibilité | éloignement / temps, frais, fatigue |

| conséquences speciales | |
|---|---|
| localités | déevelopment / structure intérieure |
| fréquentation | nombre des individus se récréant/des touristes / conduite récréative/ touristique |
| relations | relations extérieures / relations intérieures |
| régionst | utilisation d'espace / planification spaciale |

### 2. Méthodes

**typologie**
• classification selon des critères définis
• typologie des espaces, des lieux et des régions selon des critères essentiels

**régionalisation**
• unités d'espaces récréatifs dans différentes dimensions
 – topique
 – chorique
 – régionique
 – zonique

**bilans et modèles**
• évaluation du potentiel
• constatation de la charge
• formation de modèles
• fabrication de cartes thématiques

**terminologie**
• terminologie en langues nationales
• corrélation internationale des termes

## D.
## Résultats des travaux

**résultats théoriques**
recherches à caractére fondamental portant sur l'étude de la récréation dont les résultats contribuent en premier lieu au progrès de la discipline

**résultats pratiques**
recherches aboutissant à des conseils de planification de certains SRS et contribuant à rèsoudre en collaboration permanente avec la pratique une partie des ploblemes attachés à leur réalisation

**publications touristiques**
travaux destinés à un vaste public at tenant compte de ses besoins, comme par exemple la documentation touristique

Abbildung 33 b
Modell Rekreationsgeographie in französischer Sprache (Deutsch S. 10/11)

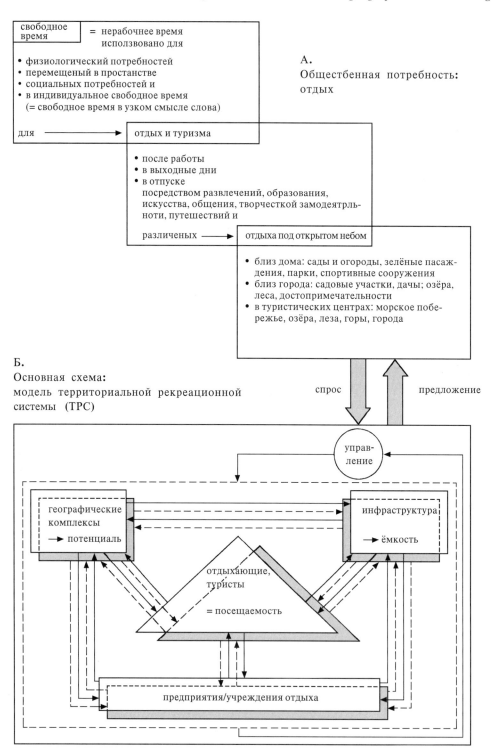

**B.**
Области исследования

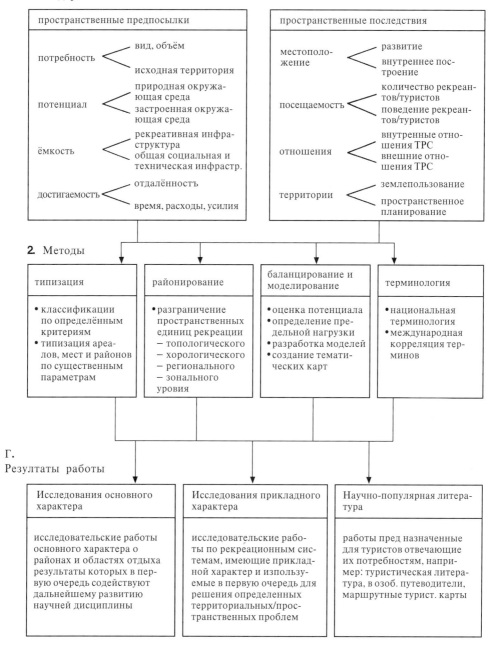

**1.** Содержание

| пространственные предпосылки | пространственные последствия |
|---|---|

потребность — вид, объём / исходная территория

местоположение — развитие / внутреннее построение

потенциал — природная окружающая среда / застроенная окружающая среда

посещаемость — количество рекреантов/туристов / поведение рекреантов/туристов

ёмкость — рекреативная инфраструктура / общая социальная и техническая инфрастр.

отношения — внутренные отношения ТРС / внешние отношения ТРС

достигаемость — отдалённостъ / время, расходы, усилия

территории — землепользование / пространственное планирование

**2.** Методы

| типизация | районирование | баланцирование и моделирование | терминология |
|---|---|---|---|
| • классификации по определённым критериям<br>• типизация ареалов, мест и районов по существенным параметрам | • разграничение пространственных единиц рекреации<br>– топологического<br>– хорологического<br>– регионального<br>– зонального уровия | • оценка потенциала<br>• определение предельной нагрузки<br>• разработка моделей<br>• создание тематических карт | • национальная терминология<br>• международная корреляция терминов |

**Г.**
Результаты работы

| Исследования основного характера | Исследования прикладного характера | Научно-популярная литература |
|---|---|---|
| исследовательские работы основного характера о районах и областях отдыха результаты которых в первую очередь содействуют дальнейшему развитию научней дисциплины | исследовательские работы по рекреационным системам, имеющие прикладной характер и используемые в первую очередь для решения определенных территориальных/пространственных проблем | работы пред назначенные для туристов отвечающие их потребностям, например: туристическая литература, в озоб. путеводители, маршрутные турист. карты |

Abbildung 33 c
Modell Rekreationsgeographie in russischer Sprache (Deutsch S. 10/11)

Vernetzung von Informationsflüssen noch erheblich zunehmen. Das wissen nicht zuletzt die Geographen, die unter den Bedingungen der sich gegen die Außenwelt mehr oder weniger stark abschottenden Länder des früheren „sozialistischen Lagers" arbeiteten, aus eigener schmerzlicher Erfahrung. Deshalb schätzen vor allem sie die seit wenigen Jahren mögliche weltweite Kommunikation. Diese macht eine Korrelation der Fachbegriffe notwendig, möglichst sogar deren Kongruenz.

Die Geographie, die überall zunächst stärker umgangssprachliche Begriffe in ihre Fachsprache übernahm und weniger auf Kunstwörter (abgeleitet aus dem Griechischen oder Lateinischen) ausgerichtet war, sieht sich hier vor einer schwierigen Aufgabe, schwieriger als in den Disziplinen, die traditionell auf einem latinisierten Wortschatz aufbauten. Und weil sich die Geographie der Rekreation und des Tourismus in verschiedenen Ländern lange Zeit unter unterschiedlichen sozialökonomischen Bedingungen eigenständig entwickkelte, gab es auch in dieser Zeit kein größeres Bemühen, wenigstens in den wichtigen Begriffen gleichsinnig zu verfahren.

In der internationalen geographischen Literatur wurden in den letzten drei Jahrzehnten große Bemühungen zu einer Korrelation der Terminologie unternommen. Es sind eine Reihe von mehrsprachigen Wörterbüchern erschienen, so z. B. das von L. DUDLEY STAMP herausgegebene „A glossary of geographical terms", London 1961, 1975 in Moskau zweibändig in russischer Übersetzung mit ausführlichen Kommentaren erschienen, oder das deutsch-französische/französisch-deutsche Taschenwörterbuch des Fremdenverkehrs, München 1987. Auf allgemeine Fragen ging LIENAU (1976) ein.

Der Überwindung der unbefriedigenden Situation in der Korrelation der Begriffe widmete sich nicht zuletzt die Internationale Geographische Union (IGU). Da im Rahmen der IGU Englisch und Französisch als offizielle Sprachen gelten, war in ihrer Arbeit zunächst die Herstellung einer Kongruenz der jeweiligen nationalsprachlichen Begriffe mit denjenigen dieser beiden offiziellen Sprachen notwendig. Das war auch ein Anliegen der über eine ganze Reihe von Jahren existierenden „Commission on Geography of Tourism and Leisure", z. B. mit ihrer bereits erwähnten Veröffentlichung zum IGU-Kongreß 1984 in Paris. Danach vollzog sich auch die Korrelation mit der teilweise in den Ländern des RGW auf dem Hintergrund der russischen Sprache erreichten Angleichung von Begriffen.

Das war auch einer der Gründe, in den ostdeutschen erholungsgeographischen Arbeiten den Terminus „Rekreation" synonym mit dem deutschen „Erholung" zu verwenden und stärker zu betonen. „Rekreation" ist im Englischen sofort verständlich („recreation"), deckt sich mit dem in der russischsprachigen Literatur angewandten Terminus „рекреация" und macht auch im Französischen keine Probleme, obwohl dort „tourisme" gegenüber „récréation" bevorzugt wird. Andere Wörter können jedoch mißverständlich werden: „Rekreant", im Deutschen verwendbar, ist im Englischen („recreant") absolut unmöglich; es bedeutet „hinterlistiger, abtrünniger Feigling".

Um es nicht bei einer verbalen Forderung nach internationaler Korrelation der Begriffe zu belassen, sondern dazu wirklich beizutragen, wird das „Modell Rekreationsgeographie" in englischer. französischer und russischer Sprache wiedergegeben (Abb. 33 a, b und c).

Dabei sind wir uns dessen bewußt, daß stets nationalsprachliche Strukturen einer vollkommenen Kongruenz der Begriffe im Wege stehen bleiben.

# 5.
# Die Ergebnisformen rekreationsgeographischer Arbeiten

## 5.1.
## Grundlagenforschung zur Weiterentwicklung der geographischen Theorie

Eine erste Gruppe rekreationsgeographischer Arbeiten hat den Charakter von *Grundlagenforschungen*. Sie dienen dem Theorieverständnis und letztlich der Weiterentwicklung der Theorie (vgl. Modell Rekreationsgeographie, Abb. 1-D). Das Wesentliche an ihnen ist, daß sie nicht vordergründig oder überhaupt nicht auf eine bestimmte Örtlichkeit oder Region Bezug nehmen. Ein bereits zitiertes Beispiel in dieser Richtung aus der Zeit der „klassischen" Fremdenverkehrsgeographie war die Arbeit von POSER (1939).

Ihr folgten nach dem Zweiten Weltkrieg eine Reihe von (west)deutschen und westeuropäischen Veröffentlichungen, die sich angesichts der wirtschaftlichen Entwicklung und der damit einhergehenden gesellschaftlichen Veränderungen (von der „Industriegesellschaft" zur „Freizeitgesellschaft" und neuerdings „Erlebnisgesellschaft") um die Neupositionierung dieses Zweiges der Geographie als „Geographie der Freizeit" bzw. „des Freizeitverhaltens" bemühten und entsprechende theoretische Konzeptionen entwickelten.

An herausragender Stelle sind die Arbeiten von RUPPERT und seiner sozialgeographisch orientierten „Münchener Schule" zu nennen, z. B. RUPPERT u. MAIER 1969, RUPPERT u. SCHAFFER 1969, RUPPERT 1975 (jeweils mit ausführlichen Literaturangaben). Auch LICHTENBERGER (1979) mit einem „erweiterten sozialökologischen Ansatz" ist in diesem Zusammenhang zu erwähnen. Ihnen folgten aktivitäts- und aktionsräumliche Ansätze, auf die MAIER (1987, S. 129) hinweist. Diese bemühten sich, „vor allem über handlungs- und konflikttheoretische Überlegungen eine Weiterführung der bisherigen Vorstellungen zu erreichen" und „von der regionalen Strukturbeschreibung zur praxisnahen Regionalforschung" vorzustoßen" (a. a. O.)

Die Studien wurden so angelegt, daß sie Möglichkeiten der Konfliktlösung aufzeigen. „Dies führte nicht nur zur Beschäftigung mit Prognosen und Projektionen, sondern auch zur Erarbeitung planerischer Konzeptionen für die Orts-, Regional- und Landesplanung" (ebenda, S. 130). Ein Beispiel für einen ländlichen Raum (Nordostbayern) gibt JURCZEK (1987). Weitere Beispiele ließen sich anführen. Alles in allem zeigte sich jedoch, daß ohne eine Verbindung mit der „Praxis" auch keine neuen theoretischen Aussagen erreicht werden konnten (und können).

In den osteuropäischen Ländern und in der damaligen DDR wandten sich die Geographen unter ihren gegebenen gesellschaftlichen Verhältnissen (sozialistische Planwirtschaft, staatlich subventionierter Sozialtourismus) der „Erholung" als raumbeanspruchender Nutzungsform zu und entwickelten unter dem Vorzeichen der Anwendung wissenschaftlicher Erkennntnisse in der Praxis ihrer Länder theoretische Modelle der Wechselwirkungen zwischen „Rekreation" und „Territorium". Dem lag die generell anerkannte Fähigkeit der Geographie zugrunde, alle Elemente und Subsysteme räumlicher Strukturen – als Systeme aufgefaßt – in ihrer vielfältigen Verknüpfung synoptisch zu betrachten und die Gleichzeitigkeit und Wechselseitigkeit aller räumlichen Beziehungen – die Einheit von Raum und Zeit – herauszuarbeiten und deutlich machen zu können.

Die große Chance der Gegenwart, nach dem Wegfall der Behinderungen wissenschaftlicher Kommunikation zwischen Ost und West, besteht darin, zu einer Synthese der in beiden „Lagern" entwickelten theoretischen Konzeptionen zu gelangen und darauf die weitere Feldforschung in Form von Fallstudien aufzubauen. Dabei müßte allerdings das jetzige (und auch schon früher bestehende) Haupthindernis, die Sprachbarriere, überwunden werden können. Dazu möchte – das ist die Hoffnung des Verfassers – auch dieses Buch einen Beitrag leisten, indem es vor allem die junge Geographengeneration zu einem intensiveren Blick über die sprachlichen „Grenzen" hinweg anregt..

Wie dabei in ganz unterschiedliche Richtungen gehende Denkanstöße „entdeckt" werden können, zeigen zwei Beispiele: aus der amerikanischen Literatur die „Dimensions of Tourism" von FRIDGEN (1991) und aus dem französischen Bereich die „Géographie du tourisme" von LOZATO-GIOTART (1993).


## 5.2.
## Angewandte Forschung zur Optimierung der räumlichen Planung, der Wirtschaft, der Politik und der Ausbildung auf dem Gebiet von Erholung und Tourismus,

Eine zweite Gruppe geographischer Untersuchungen zielt von Anfang an darauf ab, in verschiedenen Praxisbereichen Anwendung zu finden, ist „angewandte Forschung". Der für uns wichtigste Bereich ist die räumliche Planung. Man vergleiche dazu das kurzgefaßte Stichwort „Fremdenverkehrsplanung" im Handwörterbuch der Raumordnung (1995, S. 346–349) bzw. die umfangreicheren Abschnitte „Erholung und Fremdenverkehr" und „Spiel, Sport und Tageserholung" im Teil C der „Daten zur Raumplanung" (1989, S. 469–545). Aus ihnen wird deutlich: Fremdenverkehrsplanung ist einerseits *raumwirksame Fachplanung* und geht in die übergreifende Landes- und Regionalplanung ein; andererseits ist sie *kommunale Infrastruktur- und Bauleitplanung* (Flächennutzungs- und Bauplanung).

Die Fremdenverkehrsplanung berücksichtigt auf ihren verschiedenen Ebenen (Land, Region, Kommune), daß der Wirtschaftsbereich „Fremdenverkehr" (oder „Tourismus") vorrangig ein Dienstleistungsbereich ist, der als touristisches Produkt einzeln oder gebündelt (d. h. im Paket) Leistungen (Reisen, Übernachtungen, Verpflegung usw.) und Dienste (Vermittlung, Führung, Informationen u. a. m.) anbietet. Die Fremdenverkehrsplanung analysiert als ersten Arbeitsschritt die *Stärken und Schwächen der vorhandenen Angebots- und Nachfragestruktur* eines bestimmten Standortes oder einer Region und leitet daraus

*Chancen und Probleme* ab („Stärken-Schwächen-Analyse"), wie das Tab. 7 am Beispiel der Insel Rügen zeigt.

Das Prinzip eines solchen *Stärken-Schwächen-Vergleichs* wird dabei deutlich: Stärken des natürlichen Potentials sind z. B. Wald, Parks, Gewässer, Strand, Relief, Artenvielfalt; Schwächen sind Umweltschäden, keine Badegewässer, „ausgeräumte" Agrarlandschaften. Beim kulturhistorischen Potential erweisen sich Sehenswürdigkeiten, das Ortsbild, historische Feste, Traditionen und Museen als Stärken, die Erreichbarkeit und der Bau- bzw. Erhaltungszustand unter Umständen als Schwächen. Ähnliche Stärken und Schwächen lassen sich bei der infrastrukturellen Ausstattung und auch hinsichtlich der Gastfreundschaft, der Preisgestaltung, des Image und der Erfahrung der Beschäftigten beobachten. Als Fazit lassen sich Chancen und Probleme gegenüberstellen (BÜTOW 1995, Abb. 78.1).

Aus wissenschaftlicher Sicht setzt eine solche *Stärken-Schwächen-Analyse* eine sorgfältige Bewertung des jeweiligen Natur- und Kulturraumpotentials voraus. Daraus werden „Räume mit besonderer Eignung für Fremdenverkehr und Erholung" festgestellt und in den Raumordnungsprogrammen der Bundesländer ausgewiesen. In solchen Räumen sollten alle Planungen und Maßnahmen die Vorrangfunktion von Fremdenverkehr und Erholung möglichst nicht beeinträchtigen. Im Bedarfsfalle können Vorhaben auf Beschluß der zuständigen Gebietskörperschaften in Raumordnungsverfahren auf ihre Raum- und Umweltverträglichkeit geprüft werden. Das ist bei allen touristischen Großvorhaben anzustreben.

Für die Fremdenverkehrsplanung spielen ferner die Einrichtungen der Infrastruktur, insbesondere die *Verkehrswege* als die geographischen Pfade der Interaktionen inner- und außerhalb der für Erholungszwecke genutzten Gebiete eine wichtige Rolle. Zur Sicherung der Erreichbarkeit sind „intelligente" Verkehrslösungen in Gestalt von Ganzheitssystemen aller Verkehrsträger notwendig, weil immer noch der motorisierte Individualverkehr (MIV) den größten Teil des touristischen Verkehrsaufkommens ausmacht.

Ein wesentliches Moment ist außerdem der *Landschafts- und Naturschutz*. Langfristig sind die vom Fremdenverkehr hervorgerufenen ökologischen Probleme wohl nur durch die Konzentration des Massentourismus auf belastbare Örtlichkeiten und das Fernhalten der Touristen von allen empfindlichen Punkten zu lösen.

Den Kommunen fällt nach der Erarbeitung eines ganzheitlichen Leitbildes der Fremdenverkehrsentwicklung mit anderen Worten der Formulierung grundsätzlicher Zielvorstellungen als Bausteine einer langfristig angelegten Gemeindeentwicklung, in erster Linie die Aufgabe zu, mittels ihrer Bauleitplanung, d. h. der Flächennutzungs- und Bauplanung, die für die Entwicklung des Tourismus und der Erholung notwendige *Flächenvorsorge* zu treffen. In ländlichen Gebieten gehört der Prozeß der *Dorferneuerung* dazu. Im Ergebnis der Planungsmaßnahmen muß ein Netzwerk öffentlicher und privater Interessen entstehen, das die erfolgreiche Umsetzung der planerischen Absichten erleichtert und schließlich absichert. Dafür steht der Begriff der „public private partnership", der echten Partnerschaft zwischen öffentlicher Hand und privatwirtschaftlichen Unternehmen.

Die kommunale Fremdenverkehrsplanung steht in der Regel bei jeder Entscheidungsvorbereitung in einem Spannungsfeld von Wirtschaft, Umweltschutz und *Bürgerinteressen* (BÜTOW 1993). Ohne Mitwirkung der Bürger ist der Erfolg jeder Planung in Frage gestellt. Wie sich dabei „Werkstätten" („workshops") mit den Beteiligten als eine Methode der Fremdenverkehr*entwicklung*splanung nutzen lassen, beschreibt KUTSCHERA (1992). Im Idealfall tritt bei dieser Methode der externe Experte, der sonst selbständig ein Konzept erarbeitet, in den Hintergrund und übernimmt eine moderierende Funktion. Das führt

| Stärken in/bei/durch | Schwächen in/bei/durch |
|---|---|
| – natürliche Vielfalt/Struktur: Küstenlandschaft, Strand-potential, Bewaldung, Natur- und Landschaftsschutz/Nationalparks/Biosphärenreservat<br>– geographische Lage: Ostseeanrainer/Transit, Wassersport<br>– Image: Deutschlands größte Insel, Historie, Romantik<br>– weitgehend erhaltene und bekannte traditionelle Badeorte (Bäderarchitektur, klassizistische Stadtanlage Putbus)<br>– kulturell-historisches Potential: Grabanlagen u. a. Funde aus Steinzeit/Bronzezeit, Burgwälle der Slawen, Kirchen/Gotik, Schlösser, Herrenhäuser, Parks;<br>– Schutzstatus großer Landscháftsteile (75 % der Fläche)<br>– erhebliche touristische Erfahrungen/Arbeitskräftepotential<br>– Nähe zu Stralsund als Durchgangs- und Zielort<br>– Strelasund als trennendes Gewässer zwischen Insel und Festland<br><br>EG 7 nach GOPA/TACON | – Verkehrsanbindung/-situation (Rügendamm, fließender und ruhender Verkehr in den Badeorten/an tourist. Attraktionen)<br>– ergänzende touristische/Freizeitinfrastruktur (Attraktivität, Saisonverlängerung ...)<br>– starke Saisonorientierung/-abhängigkeit (Natur, Klima ...)<br>– Qualität und Quantität der Angebote (incl. Preisgestaltung)<br>– Schutzgebiete (Nutzungsbeschränkungen)<br>– mangelnde Spezifizierung/Abstimmung der Anbieter bzw. der touristischen Planung<br>– unzureichende Erschließung mit Radwegen, ÖPNV und alternativen Verkehrsmitteln |

| | |
|---|---|
| assoziative Begriffe/ „Highlights" | „Kreidefelsen/Königsstuhl", „Kap Arkona", „Rasender Roland", „Caspar David Friedrich/Romantik", „Königslinie", „Hiddensee/Gerhart Hauptmann", „Größte Insel Deutschlands", „Klaus Störtebeker/Ralswiek", „Schloß Spyker/Schwedenzeit", „Jagdschloß Granitz", „Feuersteinfelder", „KdF-Bad Prora", „Deutsche Alleenstraße" |
| mögliche<br><br>und<br><br>sinnvolle<br><br>Angebote/ Leistungen/ Produkte | – Badeurlaub: exklusiv und familiär<br>– Wassersport: Segeln, Surfen, Tauchen, Hochseeangeln<br>– Naturerlaub: in Verbindung mit Bildung und Sport<br>– Kurwesen und Gesundheitsurlaub<br>– Kulturtourismus: Geschichte/Tradition (Volkskunst), Architektur, Kunst, Feste/Festspiele<br>– Camping/Caravaning<br>– (internationaler) Jugendtourismus<br>– Urlaub auf dem Lande (Inselbinnenland)<br>– Naherholung/Tagestourismus (Stralsund, Greifswald, Urlauber aus dem Binnenland/sonst. Küstenregion)<br>– Kindererholung/Sozialtourismus<br>– Seetourismus (Kreuzfahrten/Rundfahrten, Bäderverkehr) |
| vorrangige Zielgruppen:<br><br>aktivitäts-bezogen | – speziell Sportinteressierte: Segeln, Surfen, Tauchen, Golf, Reiten<br>– allgemein Natur-/ökologisch Orientierte: Camping, Radwandern<br>– Gesundheits„freaks": Sport/Fitneß, Kur<br>– speziell Naturinteressierte: Ornithologie, Botanik<br>– Erlebnisorientierte: Badeurlaub mit Unterhaltung/attraktiven Freizeitangeboten |
| sozio-demo-graphisch<br><br>bzw.<br><br>sozio-ökonomisch | – Senioren/Jungsenioren (Natur, Kultur/Bildung, Gesundheit)<br>– Midlifes (Kultur, Natur, Erlebnis/Unterhaltung, Baden, Sport)<br>– Familien mit Kindern (Baden, Natur, Erlebnis)<br>– Jugendliche (insbes. als Gruppen) (Erlebnis, Baden/Sport)<br>– Junge Erwachsene (Erlebnis, Sport/Baden, Kultur, Natur)<br>– Singles (Kultur, Natur, Gesundheit, Erlebnis)<br>(hier insgesamt deutlich höherer Anteil an Exklusivität denkbar: Intelligenz/Management/Höhere Beamte u. ä.) |
| räumlich (potentielle Quellgebiete) | – Großraum Berlin<br>– Großraum Hamburg/Bremen<br>– NRW/Ruhrgebiet<br>– Ostdeutschland (traditionelle Herkunftsgebiete): Sachsen, Sachsen-Anhalt, Thüringen<br>– sonstige west- und süddeutsche Ballungsgebiete/Großstadtregionen (Frankfurt, München ) |

| | – skandinavische Nachbarländer: Dänemark, Schweden<br>– Mecklenburg-Vorpommern (Nah-/Kurzzeiterholung) |
|---|---|
| Bemerkungen | Rügen könnte vom Potential her nahezu alle in M.-V. sinnvollen Urlaubsformen anbieten, sollte sich aber auf Schwerpunkte konzentrieren:<br>a) um ein spezifisches Profil/Image nach außen zu verkörpern,<br>b) um eine regional sinnvolle Verteilung/Verknüpfung der Urlaubsangebote und der Effekte (positive und negative!) zu sichern; besonderer Wert ist auf die Qualität/Abstimmung des touristischen Gesamtangebots zu legen (Modell für Deutschland?) |
| Quellen | Fremdenverkehrskonzeption für das Land Mecklenburg-Vorpommern (GOPA/TACON, März 1993) Strukturkonzeption Rügen (Nord-West-Plan Oldenburg u. Kreisverwaltung, Mai 1991) Chancen und Risiken der Umstrukturierung ... (Dissertation M. HELFER/Saarbrücken, 1992/1993), Tourismuskonzeption Rügen u. Zwischenberichte (W. FREYER/fit Bonn/Rügen, Mai 1993 + Mai/Nov. 1992), Kommunikationskonzept für Rügen (PENTA Dortmund, Mai 1991) |

*Tabelle 7*
*Spezifik des Tourismusgebietes Rügen/Stärken-Schwächen-Analyse*
*(Tourismuskonzeption Mecklenburg-Vorpommern 1993)*

jedoch dazu, daß Resultate möglicherweise subjektiv – nach der „zufälligen" Zusammensetzung der an der Werkstatt Beteiligten – ausfallen. Für Teile der Fremdenverkehrsplanung sind solche Workshops von Nutzen, insgesamt jedoch ersetzen sie nicht die exakte wissenschaftliche Erarbeitung einer Konzeption.

Tourismusentwicklungskonzeptionen gehen inhaltlich über den Aufgabenbereich des Geographen hinaus, benötigen aber seine Mitwirkung wegen seiner Fähigkeit einer synoptischen Betrachtung räumlicher Verflechtungen und Wechselwirkungen, wie sie sich in Geosystemen ausdrücken. So sind Geographen federführend, mitarbeitend oder koordinierend an einer großen Zahl jener Konzeptionen beteiligt gewesen, die in den Jahren seit 1990 für die Entwicklung des Tourismus in den „neuen" Bundesländern Deutschlands erarbeitet worden sind. Ein Beispiel ist die „Tourismuskonzeption Mecklenburg-Vorpommern" von 1993, die sich in wesentlichen Teilen auf ein „Landesweites Touristisches Marketing-, Organisations- und Kommunikationskonzept" von Mitgliedern des Förderkreises Freizeit- und Tourismusforschung e. V. Greifswald stützt.

Die angesprochenen Interessen von Wirtschaft und Politik lassen sich häufig nur schwer auf einen Nenner bringen. Sie stimmen am ehesten darin überein, daß durch den Betrieb neuer oder die Erweiterung bestehender Fremdenverkehrsbetriebe örtliche und regionale Beschäftigungseffekte ausgelöst werden (Abb. 34). Aber schon bei der Frage, wer diese Unternehmensgründungen in die Hand nehmen soll, gehen die Interessen auseinander. In der Regel werden „Mittelständler" herausgefordert, aber verfügen diese über die notwendige Kapitaldecke? Reicht ihre Vorbildung aus, um sich am Markt behaupten zu können? Besitzen die Politiker, die auf verschiedenen Ebenen als Entscheidungsträger der Legislative wirken, genügend Verständnis für die wirklichen Probleme der Tourismuswirtschaft? Und wieweit darf die Exekutive und speziell die Administrative, die Verwaltung, als „gestaltende Verwaltung" wirksam werden?

Nicht nur Planung, Wirtschaft und Politik können von der angewandten geographischen Forschung auf dem Gebiet von Erholung und Tourismus profitieren, sondern dazu gehört auch die *Ausbildung* von Fachleuten, die in den sog. „Berufen im Tourismus" arbeiten wollen. Nach den von der Bundesanstalt für Arbeit 1991 veröffentlichten diesbezüglichen „Blätter zur Berufskunde" handelt es sich um Berufe in Reisebüros, Verkehrsämtern,

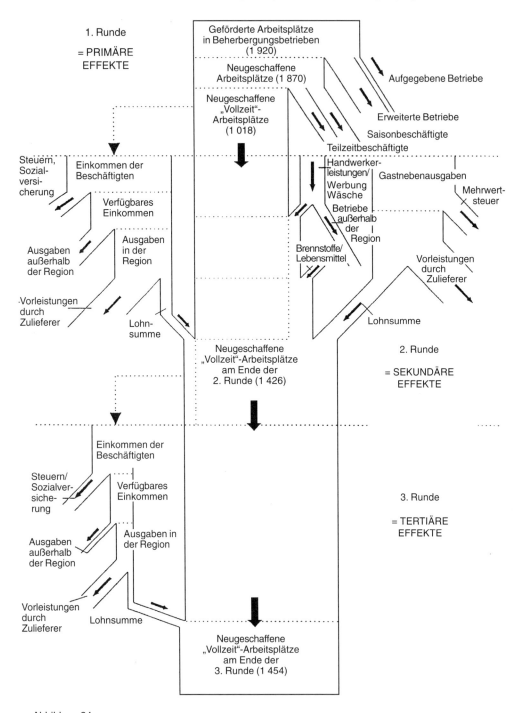

Abbildung 34
Regionale Beschäftigungseffekte durch den Betrieb neuer oder erweiterter Fremdenverkehrsbetriebe mit regionalem Multiplikatoreffekt (Becker 1988 bzw. 1995, S. 345)

Kurverwaltungen und bei Reiseveranstaltern, Berufe im Hotel- und Gaststättengewerbe sowie im touristischen Verkehrswesen und schließlich um pädagogische Berufe im Tourismus. „Tourismusberufe für Hochschulabsolventen" ist der Titel einer Studie von NAHR-STEDT u. a. (1994).

In unterschiedlichem Maße spielt für sie – in erster Linie für diejenigen, die mit dem Verkauf von Reisen zu tun haben – die *Reiseverkehrsgeographie* als Ausbildungsfach eine Rolle. Um deren Ausgestaltung haben sich mit Lehrbüchern besonders RITTER u. FROWEIN (1988) und FÜTH als Herausgeber im Verein mit anderen Fachleuten (1992) bemüht. Diese auf den Ausbildungsberuf „Reiseverkehrskaufmann" bzw. „-kauffrau" ausgerichteten „Reiseverkehrsgeographien" vermitteln geographische Grundkenntnisse über die Erde, ihre klimatische und landschaftliche Gliederung sowie die Kulturerdteile. Sie enthalten eine Gesamtschau der touristischen Entwicklung und der Reiseströme im Weltmaßstab. Exemplarisch werden die Eigenarten und Besonderheiten eines Reiselandes oder Urlaubsgebietes dargestellt. Als „Regionen" bzw. Ländergruppen werden die Alpenregion, der Mittelmeerraum, West-, Nord- und Osteuropa, Mittel- und Südamerika, Nordamerika, Asien und der Pazifik sowie Afrika beschrieben. So entsteht ein Überblick über die regionale Geographie des Tourismus. Diese „Reiseverkehrsgeographien" haben ihre Bedeutung als Informationsmittel und Nachschlagewerke. Wer jedoch – auch als Reiseverkehrskaufmann oder -kauffrau – detailliertere Informationen benötigt, wird den alle Staaten der Erde umfassenden Columbus-Reiseführer (1993/94) zur Hand nehmen müssen.

## 5.3.
## Die touristische Literatur als ein populärwissenschaftliches Informationsmittel

Auch die touristische Literatur sollte im Blickfeld der Arbeit von Geographen auf dem Gebiet von Rekreation und Tourismus stehen und nicht allein das Feld von Reisejournalisten, denen viele interessante Essays zu verdanken sind, Fotografen, die uns prachtvolle Bildbände bescheren, und Heimatenthusiasten sein, denen die eigene Region als der Mittelpunkt der Welt gilt. Diese touristische Literatur ist durch ihre Gestaltung ansprechend und in hohem Grade massenwirksam, sie erscheint in hohen Auflagen und vermittelt in unterschiedlicher Weise „Bildung" (oder auch nur „Halbbildung").

Durch ihren populärwissenschaftlichen Charakter spricht die touristische Literatur breite Kreise von Menschen an. Sie ist ihnen Ratgeber bei der Auswahl von Reisezielen und begleitet sie während des Aufenthaltes an den Zielorten oder in den Erholungsgebieten. Die touristische Literatur verdient als „verständliche Wissenschaft" (NEEF 1981, S. 14) unsere besondere Aufmerksamkeit und auch Mitarbeit, weil es auf diese Weise möglich wird, geographisches Spezialwissen – in Verbindung mit dem Spezialwissen anderer Fachgebiete – zu verbreiten und bei Lesern, die mit der „Fachliteratur" nie erreicht würden, ein Interesse für geographische Sachverhalte zu wecken.

Verfolgt man die Reflektion des Themenkreises „Geographie und Tourismus" in den Medien, so wird u. a. deutlich: Die „Geographie" wird hier als Beschreibung touristisch interessanter Ziele verstanden und mehrheitlich von Journalisten, weniger von Fachgeographen betrieben. Zunehmend nimmt sich das Fernsehen dieser Aufgaben an, wenn durch eine Darstellung des Sensationellen, des Außergewöhnlichen oder Exotischen ein großes Publikum erreicht werden kann. Oft nutzen auch regionale Tourismusträger gezielt Journalisten auf gesponserten Reisen als Multiplikatoren für ihre Werbung (vgl. BENTHIEN 1993).

Wenn hier von „touristischer Literatur" die Rede ist, dann sind damit „die handfesten Begleiter unterwegs, die nützlichen Guide-Books mit den Informationen, Ratschlägen und Tips von handfestem Gebrauchswert" gemeint, von denen WAGNER (1990, S. 13) spricht. In seiner Übersicht über den Reiseführer-Markt nennt STEINECKE unter den Erwartungen der Leser von Reiseführern die Bildungs-, Erlebnis- und Aktivitätsorientierung (1990, S. 41). Der „gut informierte Reisende" wünscht sich meines Erachtens von einem Reiseführer mehr als einen „Literatur- und Informations-Cocktail" (ebenda, S. 44).

Beispielhaft und ein Synonym für die Buchgattung „Reiseführer" wurde der „Baedeker", seitdem KARL BÄDEKER (damalige Schreibweise; 1801–1859) seit 1835 die von ihm bearbeitete „Rheinreise" als 2. Auflage der Klein'schen Rheinreise im eigenen Verlag in Koblenz herausbrachte. Die „Rheinreise" erlebte in dem von ihm gegründeten Verlagshaus 1931 in Leipzig ihre 34. Auflage. Von der 6. Auflage 1849 gibt es eine Reprintausgabe von 1978, in deren Nachwort PETER BAUMGARTEN betont: „Reisen zur Erweiterung des geistigen Horizontes wurde zur bürgerlichen Bildungspflicht ... Mit seinen berühmt gewordenen Reisehandbüchern nach englischem Vorbild gab er seinen noch weithin reiseunerfahrenen Mitmenschen einen exakt auf die Bedürfnisse der Zeit zugeschnittenen Leitfaden und vor allem praktischen Ratgeber in die Hand".

Eine Typisierung der heute in vielen Varianten auf dem Markt angebotenen Reiseführer nahm STEINECKE (1990, S. 50 ff.) vor. Hingewiesen sei auf die von ihm formulierten *Anforderungen*: „Ein guter Reiseführer soll

– von kompetenten Autoren mit umfassender Länderkenntnis verfaßt sein,
– Verständnis für andere Länder und Kulturen wecken,
– sachlich informieren und die Atmosphäre des Landes vermitteln,
– Zusammenhänge aufzeigen und Beobachtungen einordnen helfen,
– in einem einheitlichen Stil geschrieben sein,
– zuverlässig sein,
– eine gute Ausstattung aufweisen (handliches Format, exakte Karten, anschauliche Bilder, weiterführende Literaturhinweise, Register, gute Druckqualität" (a. a. O., S. 71).

Für die zuerst genannten vier Punkte scheinen Geographen gute Voraussetzungen zu haben!

Da die „Schüler von heute die Touristen von morgen" sein werden, bedarf auch die Behandlung der Zusammenhänge zwischen Tourismus, Raum und Gesellschaft im Unterricht der Schulen unserer Aufmerksamkeit. Wer die jüngsten Auflagen der Geographielehrbücher verfolgt, findet dort in der Regel für den Schüler interessante, wissenschaftlich fundierte und didaktisch gut aufbereitete Aussagen.

# 6.
# Abschließende Betrachtung

## 6.1.
## Gesellschaftliche Entwicklungstrends und ihre Auswirkungen auf Erholung und Tourismus

Ein Daseinsgrundbedürfnis wie die Erholung (und deren mobile Form, der Tourismus) unterliegt im Laufe der Zeit – wie bereits die Geschichte des Fremdenverkehrs gezeigt hat – bei seiner Befriedigung mannigfachen Einflüssen. Als wichtigster Einflußfaktor sind die allgemeinen gesellschaftlichen Veränderungen zu nennen, die *„Megatrends"* der Entwicklung. Längst geht es bei der „Erholung" nicht mehr um die bloße „Reproduktion der Arbeitskraft" oder um die „Zeit für die Entwicklung der Persönlichkeit". Erholung und Tourismus sind zu Objekten einer auf Gewinn ausgerichteten Wirtschaft, zu Handelswaren geworden, und ihre humanen Inhalte können nur schwerlich bewahrt werden. Von Soziologen wird darauf aufmerksam gemacht, daß das Industriezeitalter zu Ende geht und wir uns weltweit bereits im Übergang zum Informationszeitalter befinden. Die Einführung global vernetzter Datenübertragungssysteme ist ein Beweis dafür. Damit kommen neue weitreichende Auswirkungen auf unsere Kultur, insbesondere auf Arbeitswelt und Freizeit, zu.

In diesem Prozeß überlagern sich mit vielen Widersprüchen bis in das persönliche Leben hinein Internationalisierung und Regionalisierung, Globalisierung und Individualisierung, Ökologisierung und Ökonomisierung, Harmonisierung und Diversifizierung, Verlangsamung und Beschleunigung, „Zurück zur Natur" und „letzter technischer Erlebniskick". Für Erholung und Tourismus folgt daraus vor allem eine weitere Aufsplitterung der kaufkraftabhängigen Nachfrage auf Fern- und Nahziele, ein Auseinanderdriften ganz großer „all round"-Reiseunternehmen und spezialisierter kleiner Reiseveranstalter, auf der Nachfrageseite die Nutzung und Vermarktung bisher wenig zugänglicher oder kaum erschlossener geographischer Räume (z. B. in der Antarktis) wie auf der Angebotsseite die Abschirmung ökologischer Nischen für daran interessierte Naturfreunde (z. B. in Großschutzgebieten).

OPASCHOWSKI entwickelte 1987 ein „Gedankenszenario" zum Wertewandel und Tourismus für das Jahr 2000 unter dem damals noch gültigen Wohlstandsaspekt der alten Bundesrepublik. „Noch nie hat es eine Urlaubergeneration gegeben, die mit so viel Zeit und Geld, Bildung und Wohlstand aufgewachsen ist. Und noch nie in der Geschichte des Tourismus hat es so gravierende demographische Veränderungen gegeben, die plötzlich die mittlere und ältere Generation in den Vordergrund rücken ... Für die Zukunft gilt: Urlaub wird alltäglicher. Sechs und mehr Wochen Urlaubsanspruch im Jahr rücken den Urlaub näher an den Alltag, regen zu Reisen in jeder Form und Dauer an. Freizeittourismus entwickelt sich zur populärsten Form von Glück, bei dem Freizeit, Urlaub und Reisen eine Erlebniseinheit bilden" (ebenda, S. 20/21).

Zwar sind die von OPASCHOWSKI skizzierten Trends zu spontanen Reiseentscheidungen, zu mehr individueller Urlaubsplanung, zu flexibleren Reisezeiten, zu kürzeren Reisen und Gruppenreisen, zu sonnigen Reisezielen, zu sanften Reiseformen und zum zweiten Zuhause wirksam geblieben, aber viel stärker als erwartet ist in Deutschland angesichts einer kaum mehr abbaubaren Zahl von vier Millionen (statistisch ausgewiesenen) Arbeitslosen die Aufspaltung in eine (von OPASCHOWSKI a. a. O., S. 2, so beschriebene) wohlhabende „Zwei-Drittel-Gesellschaft" der Arbeitsbesitzenden und Besserverdienenden, der Vollbeschäftigten und Anspruchsvollen, und auf der anderen Seite eine „Ein-Drittelgesellschaft" der Renten-, Sozialhilfe- und Arbeitslosengeldempfänger, an denen die Segnungen des Wohlstands wegen ihres geringen Einkommens weitgehend vorbeilaufen, vorangeschritten. Diese Spaltung der Gesellschaft schreitet gegen Ende des 20. Jahrhunderts weiter voran, weil weder Wirtschaft noch Politik einen Ausweg aus der Krise wissen. Wenn jedoch – nach OPASCHOWSKI (a. a. O., S. 3) – „zur Lebensqualität der Zukunft ... immer Arbeit, Geld und Freizeit" gehören, so ist ein optimistisches Szenario kaum mehr angebracht.

Auf diesem Hintergrund müssen die „Rahmenbedingungen" zum Teil A des „Modells Rekreationsgeographie" (S. 30) gesehen werden. Dieser Hintergrund ist auch zu beachten, wenn MERGEN (1995, S. 12) folgende Trends im Freizeitverhalten der Menschen beobachtet hat: der Anteil der Freizeit nimmt zu, die individuelle Mobilität steigt, ebenso der Anteil des Volksvermögens, der in die Freizeitgestaltung fließt, im Rahmen des Massentourismus erfolgt statt Erholung Massenabfertigung, gleichzeitig wächst der Wunsch nach Individualtourismus und Extremsportarten, ein stärkeres Umweltbewußtsein ist häufig nicht identisch mit der individuellen Bereitschaft, zum Schutze der Umwelt Einschränkungen in Kauf zu nehmen, schließlich ist mit den Auswirkungen einer rückläufigen Konjunktur zu rechnen.

Alle diese Trends finden im Erholungsort oder -gebiet ihren Niederschlag. Sie modifizieren über Angebot und Nachfrage den touristischen Markt und prägen das „territoriale Rekreationssystem", das Objekt geographischer Beobachtung, Forschung und Lehre. Sie verlangen Berücksichtigung, wenn es um die Rolle der Tourismuswirtschaft, der „weißen Industrie", und damit um den Beitrag des Tourismus zur regionalen Entwicklung geht. Von vornherein sind nüchterne Einschätzungen angebracht, sobald die Frage nach der „terra turistica" der Zukunft gestellt wird. Bekanntlich sind die Ferienzentren der 1. Generation, die in den 70er Jahren als neue Angebotsform im Freizeitraum aufkamen (vgl. KURZ 1979), nicht mehr aktuell. Ob die Ferienzentren der 2. Generation, die gläsernen „Kathedralen der Freizeitgesellschaft", dem künftigen Ideal langfristig entsprechen werden, wird sich zeigen.

Die Angebotsform „Ferienzentrum" entstand in den USA und in Westeuropa als großräumig geplante Urlaubslandschaft und -architektur und markiert (nach KURZ 1979, S. 16) gleichzeitig den Wandel vom individual- zum massentouristisch geprägten Erholungsverkehr. An der (alt)bundesdeutschen Ostseeküste entstanden zwischen 1969 und 1973 ohne raumplanerische Einflußnahme zwischen Fehmarn, Travemünde und Flensburg 15 touristische Großprojekte mit rd. 12 000 Wohneinheiten. Wegen ihrer boomartigen Ausbreitung, ihrer vielgeschossigen urbanen Architektur, der mit dem Bau einhergehenden Zerstörung der (vorhandenen) Natur und der irreversiblen Veränderung des Landschaftscharakters gerieten sie schnell in die Kritik. Problematischer noch ist indessen ihr Einfluß auf die regionale Wirtschaft gewesen: Statt zu einer ausgewogenen Weiterentwicklung des traditionellen Beherbergungsgewerbes in der Region beizutragen, bildeten sich in Gestalt dieser integrierten Komplexe aus Wohn-, Unterhaltungs- und Versorgungseinrichtungen touristische Monostrukturen in Teilräumen heraus. „Einziger Leitgedanke der Investoren war die Vermögensbildung durch Steuerersparnis bzw. zeitliche Steuerverschiebung. Touristische Motive existierten bei den reinen Kapitalbeteiligungen nicht" (KURZ 1979, S. 72). Es war also „Marktwirtschaft pur", die bestimmte, was dort entstand.

Die Ferienzentren der 2. Generation – als Beispiele werden die Center Parcs genannt – folgen bereits einer anderen Konzeption: Sie konzentrieren in ihren hochwertig eingerichteten einstöckigen Bungalows, den ausgedehnten Sport- und Freizeiteinrichtungen unter Dach und im Freien sowie mit einer Mischung von Restaurants und Einzelhandelsgeschäften, das alles in einer natürlichen Umgebung gelegen, in der Wald und Wasser zu den wichtigsten Elementen gehören, und der Abstimmung der Angebote auf Familien mit Kindern als Kernzielgruppe (RIEMER 1995, S. 66) auf relativ begrenztem Raum eine große Zahl von Urlaubern und Freizeitaktivitäten und tragen auf diese Weise dazu bei, den „Erholungsdruck" von anderen, sensiblen Landschaftsteilen fernzuhalten (STRASDAS 1995, S. 145).

So unwirklich solche „künstlichen Freizeitwelten" mit ihren subtropisch ausgestalteten Badeparadiesen und vielfältigen Erlebnisbereichen auch erscheinen mögen, „aus psychologischer, ökonomischer und ökologischer Sicht gibt es vernünftige Gründe dafür" (OPASCHOWSKI 1995, S. 17). Erlebnispsychologisch treffen sie offensichtlich den Massengeschmack, ökonomisch erreichen sie eine Auslastung, von der andere Branchen nur träumen können, und ökologisch konzentrieren sich die Touristenströme hier, während die natürlichen Landschaften weitgehend unbehelligt bleiben. Strittig, weil bisher ungenügend untersucht, ist die Einbindung dieser Freizeitparks in bestehende regionale oder lokale Wirtschaftskreisläufe.

Alle letztgenannten Entwicklungstrends sind für die „entwickelten Industrieländer" charakteristisch. Was gilt indessen für die „Entwicklungsländer", die „Dritte Welt"? Hier lebt der größte Teil jener vier Fünftel der Weltbevölkerung, die gegenwärtig aus Mangel an finanziellen Mitteln weder am internationalen noch nationalen Tourismus teilnehmen können. Hier gehört die geregelte Arbeitszeit und damit ein Anspruch auf Freizeit und gar bezahlten Urlaub („leaf with pay") zu den „Märchen aus 1001 Nacht". Unser eurozentrischer Blickwinkel auf Erholung und Tourismus darf uns – und schon gar nicht uns Geographen – trotz der schillernden Farben, unter denen sich manche dieser Länder auf der Internationalen Tourismusbörse in Berlin und auf anderen Reisemärkten präsentieren, über die Widersprüche hinwegtäuschen, die den „Dritte-Welt-Tourismus" kennzeichnen.

Ob dieser „Vehikel der Entwicklung oder Weg in die Unterentwicklung" ist, haben 1990 VORLAUFER, RINSCHEDE, HÖFELS, BÜRSKENS, SPEHS und GORMSEN in Beiträgen eines auf den internationalen Tourismus ausgerichteten Heftes der „Geographischen Rundschau" erörtert. Auch der Arbeitskreis „Freizeit- und Fremdenverkehrsgeographie" hat sich 1989 mit dem Tourismus in der Dritten Welt befaßt (Berichte u. Materialien Nr. 6, 1990, darin z. B. GORMSEN mit China). Alle Studien lassen erkennen, daß die Dritte-Welt-Länder gezwungen sind, ihre verfügbaren Ressourcen, soweit es nur irgendwie geht, auszunutzen. „Zu diesen Ressourcen zählen auch für den Fremdenverkehr nutzbare Potentiale wie ein für die „Reichen" aus dem „Norden" angenehmes Klima, „exotische" Landschaften, Kulturen und Völker unterschiedlichster Ausprägung. Viele dieser Ressourcen sind nicht transportier- und substituierbar: Zahlreiche Dritte-Welt-Länder haben so ein „absolut günstiges Angebot", durch das sie auf den Weltmärkten – im Unterschied zu fast allen anderen von ihnen angebotenen Gütern – häufig konkurrenzlos sind" (VORLAUFER 1990, S. 4).

Weil die Nachfrage in den westlichen Industrieländern steigt, wachsen auch die Angebote schnell. Ob der erwartete wirtschaftliche Nutzen eintritt und nachhaltig andauert oder ob negative Auswirkungen im soziokulturellen und ökologischen Bereich letztlich den „Bereisten" zum Schaden gereichen, ist eine Frage, die nicht pauschal beantwortet werden kann. Vorschnelle Urteile in der einen oder anderen Richtung sind fehl am Platze. Es bleibt zu hoffen, daß schließlich endogene und nicht kolonisierende Entwicklungen die Oberhand gewinnen. Möglicherweise stellen die von DENZLER (1995) beschriebenen Ansätze von Schweizer Reiseveranstaltern für einen umweltverträglichen Tourismus in die Dritte Welt einen akzeptablen Weg dar.

## 6.2.
## Der mögliche Beitrag des Tourismus zu einer nachhaltigen Regionalentwicklung

Will die Geographie eine konstruktive Wissenschaft sein – das steht wohl außer Frage –, dann muß sie sich auf dem Hintergrund erkannter Zusammenhänge und Gesetzmäßigkeiten räumlicher Systeme in deren Regelung und Steuerung einschalten. Das gilt auch für räumliche Systeme der Erholung und des Tourismus.

In der aktuellen Diskussion aller Wissenschaften, die mit der Entwicklung räumlicher, aber auch biotischer und gesellschaftlicher Systeme zu tun haben, steht seit einiger Zeit das Problem der „Nachhaltigkeit" stark im Vordergrund. „Sustainable development" ist das Stichwort, das die Forschungen bestimmt. Im Kern geht es darum, wie die Wohlfahrt des einzelnen und die der ganzen Gesellschaft gesichert und verbessert werden können, ohne daß es mit einem bewußten Vorgriff auf die Lebensbedingungen künftiger Generationen verbunden ist.

Der Begriff „Nachhaltigkeit", wie von HABER im Handwörterbuch der Raumordnung (1995, S. 658/659) erläutert, stammt aus der deutschen Forstwirtschaft des frühen 19. Jh. und wurde von ökologisch orientierten Forstleuten – zunächst ohne Erfolg – als allgemeiner Maßstab einer umweltfreundlichen Wirtschaftsweise propagiert. Aber „erst die globale Umweltpolitik verhalf dem Nachhaltigkeitsprinzip seit Ende der achtziger Jahre zu allgemeiner Aufmerksamkeit ... Der 1987 vorgelegte Bericht der Kommission „Our common future" verkündete das Prinzip sustainable development ... Es wurde in die deutsche Sprache zunächst als ‚dauerhafte', dann als ‚nachhaltige Entwicklung' übersetzt".

Bei aller Begeisterung für das Prinzip „Nachhaltigkeit" darf der Begriff nicht überstrapaziert oder leichtfertig verwendet werden, denn: „In letzter Konsequenz würde nachhaltige regionale Wirtschaft, die ja auf die regionalen Ressourcen und ihre Nutzbarkeit abgestimmt sein müßte, den Verzicht auf die Herstellung oder Erhaltung gleichwertiger Lebensbedingungen in allen Regionen bedeuten" (HABER 1995, S. 659). Diesen Hinweis sollte man ernst nehmen, zumal er in Verbindung mit Forderungen nach „Modellregionen", „kleinen Wirtschaftskreisläufen" oder Überlegungen zum „Regionenmarketing" oftmals übersehen wird. Überhaupt muß man sich vergegenwärtigen, daß das geographische Interesse primär stets auf eine nachhaltige Entwicklung von Räumen oder Gebieten gerichtet ist, zu der der Tourismus als Wirtschaftszweig einen Beitrag leistet oder leisten könnte.

Für die Befriedigung heute vorhandener Erholungsbedürfnisse, die Deckung des heutigen Bedarfs, wie er sich als Nachfrage auf dem Markt zeigt, für die Gestaltung der entsprechenden Angebote an touristischen Produkten in ihrer Einheit von Erholung und Erlebnis sowie die Entwicklung von Kapazitäten und infrastrukturellen Einrichtungen ist auf jeden Fall ein schonender Umgang mit allen natürlichen, geschaffenen und menschlichen Ressourcen notwendig, mit anderen Worten und auf den Tourismus bezogen, die ökologische, soziale und kulturelle Verträglichkeit aller touristischen und tourismuswirtschaftlichen Aktivitäten. Der Tourismus darf, wie man richtig sagt, nicht seine eigene Grundlage zerstören.

Dabei kann aber nicht übersehen werden, daß gleichzeitig – in dialektischer Verknüpfung – die wirtschaftliche Effizienz der in der Tourismusbranche für die Erholung und Freizeitgestaltung von Menschen arbeitenden Unternehmen gegeben sein muß. Manchmal ist nämlich nur die erstgenannte Forderung zu hören. Aber ohne diese beiden Seiten ein und derselben Medaille zu beachten, entwickelt sich überhaupt nichts, kommt die „Tourismuswachstumsmaschine" nicht in Gang (wobei durchaus eingeräumt werden soll, daß „Entwicklung" nicht in jedem Falle mit „Wachstum" gleichzusetzen ist). Welche regionalen Beschäftigungseffekte durch den Betrieb neuer oder erweiterter Fremdenverkehrsbetriebe mit ihrem Multiplikatoreffekt ausgelöst werden können, wurde bereits gezeigt (Abb. 34). Dort ergibt sich auch der Zusammenhang mit der regionalen Wirtschafts- und Tourismuspolitik.

Nur wenn alle vier genannten Aspekte (wirtschaftliche Effizienz, ökologische, soziale und kulturelle Verträglichkeit) *gleichwertig und in ihrer Einheit* Berücksichtigung finden, in der Wissenschaft, in der Wirtschaft, in der Planung und in der Politik, kann der Tourismus auch in Regionen, für deren Bevölkerung er als Existenzgrundlage von Bedeutung ist oder sein könnte, nachhaltig entwickelt werden. Das gilt sowohl für die peripheren Regionen entwickelter Industrieländer als auch für die Dritte-Welt-Länder. Und unter der Vorstellung eines „geschlossenen" System ohne Inputs von außen und Outputs nach außen läßt sich keine Region entwickeln.

Im einzelnen gehören dazu Anstrengungen der Planer wie der Bauherren, die Landschaft möglichst nicht weiter zu zersiedeln, sondern eher die vorhandene Bebauung in den Erholungsorten zu verdichten. Es gehören dazu Bemühungen der Kommunen, die Flächennutzung vielfältig und nicht einseitig zu gestalten, regionstypische Bauweisen und nicht eine landesweit einheitliche „Bausparkassenarchitektur" zu fördern, durch modernste Technologien den Energieaufwand zu senken. In den Erholungsgebieten sollten getaktete ÖPNV-Systeme betrieben und gleichzeitig die Erreichbarkeit der Gebiete durch die Bahn bei bezahlbaren Tarifen *und* auf der Straße mittels des eigenen Pkw bei ebenfalls vertretbaren Kosten verbessert werden. In erster Linie muß die ansässige Bevölkerung in alle Bereiche und Ränge der Tourismuswirtschaft einbezogen und darf keine einseitige „kolonisierende" Entwicklung durch kapitalkräftige Gebietsfremde zugelassen werden.

Beispiele für regionale Initiativen gibt es in den östlichen deutschen Bundesländern in größerer Zahl. So hat z. B. eine „Bürgerinitiative für Rügen" im Rahmen eines Deutschen Umweltschutzprojektes Vorschläge zur wirtschaftlichen Entwicklung der Insel Rügen als Modellregion entwickelt und ist dafür mit dem Europäischen Umweltpreis 1992 ausgezeichnet worden. Günstige Voraussetzungen für eine Modellregion bestehen insofern, als die Grenzen von Naturraum, Kulturraum, Wirtschaftsraum und Landkreis in diesem Falle identisch sind und somit günstige Vorbedingungen für regionale, in diesem Falle inselbezogene Wirtschaftskreisläufe existieren. So wird die Kommunalpolitik von einer Verantwortungsgemeinschaft aller Rügener für die ganze Insel getragen.

Entwicklung als Modellregion bedeutet für Rügen u. a.: Wahrung und Entwicklung seiner regionalen und kulturellen Identität, Schutz der Natur als Sicherung des eigentlichen Kapitals und der Existenzgrundlage der Insel, Vermeidung eines Verkehrschaos durch attraktive öffentliche Verkehrsmittel und eine verantwortungsbewußte Abwägung im Straßenbau, die den Tod der Alleen aufhält, eine landschaftspflegende Landwirtschaft, die Boden und Wasser schont, gesunde Nahrungsmittel produziert und sichere Arbeitsplätze schafft, Verarbeitung alles dessen, was auf Rügen produziert, geerntet und gefangen wird, auf der Insel und seine Vermarktung unter dem Gütesiegel „Rügen", Einzelhandel statt großer Supermärkte, Förderung kleiner und mittlerer Unternehmen, lebendige Siedlungen und ein Tourismus mit Strukturen, die Rügen auch in Zukunft noch eine Reise wert sein lassen. Dafür liegt eine wissenschaftlich fundierte und politisch abgesicherte Konzeption vor.

Eine weitere interessante Initiative hat sich im Ostharz entwickelt. Während sich im niedersächsischen Westteil des Harzes, dessen Kurverkehr durch BRANDT (1967) nach POSERschen Prinzipien untersucht und der von UTHOFF (1980, S. 73) als „nahezu monofunktional orientiertes Fremdenverkehrsgebiet" bezeichnet wurde, infolge der deutschen Wiedervereinigung nach einer Zeit besonderer „Zonenrandförderung" eine Konkurrenzsituation bemerkbar macht, befindet sich der Ostharz in einer Aufbruchstimmung. Hier handelt es sich – wie vor einigen Jahrzehnten im Westharz – um die Entwicklung marktwirtschaftlich tragfähiger Angebotsstrukturen. Den Weg sollen auch hier Modellprojekte bahnen, die an vorhandene Potentiale und Kapazitäten anknüpfen.

Im Nationalpark „Hochharz" geht es wie im gesamten (künftigen) Naturpark Harz um die Herrichtung erlebnisreicher Wanderwege. Die Harzer Kulturlandschaft mit ihren regional- und ortstypischen Traditionen soll erlebbar dargestellt, der Charme der kleinen Dörfer auf der Harzhochfläche durch Maßnahmen der Dorferneuerung erhalten werden. Die Kurorte müssen in ihr touristisches Umland eingebunden und die touristische Infrastruktur durch eine integrierte Verkehrsplanung verbessert werden. Im Gastgewerbe will man sich um eine Erhöhung des Einsatzes von Waren aus der Region und um regionstypische Speisenangebote bemühen. Architektonisch und industriegeschichtlich wertvolle Bauten sollen einer touristischen Nutzung zugeführt werden. Auch hier gilt: Die Entwicklung des Tourismus kann nur im Rahmen eines ganzheitlichen Regionalplanes Ostharz erfolgversprechend sein. Mit einer Bündelung der Kräfte steht oder fällt das ganze Vorhaben.

Diese Aufzählung enthält bereits eine ganze Reihe von Problemen, zu deren Lösung die Geographen beitragen könnten und müßten, so sie denn wollen und sich das dafür nötige Wissen angeeignet haben, auch wegen erforderlicher Synergieeffekte den Kontakt zu den Nachbardisziplinen nicht scheuen und sich zu gemeinsamer Arbeit vor allem mit den jeweils Betroffenen bereitfinden. Dazu müssen sie auch das Feld der Tourismuspolitik betreten, denn nur mit der Hilfe politischer Entscheidungsträger sind die wissenschaftlich als richtig erkannten Ziele umzusetzen. Ein Beispiel dafür sind die „Ziele der Tourismuspolitik im Überblick" aus der Tourismuskonzeption des Landes Mecklenburg-Vorpommern von 1993 (Tab. 8).

Vor besonders schwierige Probleme sah sich die Tourismuspolitik in Deutschland nach der politischen Wende in der DDR 1989, während der Vorbereitung der Währungs-, Wirtschafts- und Sozialunion zwischen der BRD und der DDR zum 1. Juli 1990 und in der Phase der Vorbereitung des Vertrages zwischen der DDR und der BRD über die Herstellung der Einheit Deutschlands zum 3. Oktober 1990 gestellt (vgl. STADTFELD 1990, mit Beiträgen von BENTHIEN, WOLFF, GODAU u. a.). Die Einzelheiten dieser Entwicklung sind bisher

**Leitziele**

A 1  Tourismus als Wirtschaftszweig weiterentwickeln, Beschäftigung und Einkommen schaffen
A 2  den Besuchern attraktive Erlebnis- und Erholungsmöglichkeiten bieten
A 3  Landschaft als Erholungslandschaft schützen, pflegen und entwickeln
A 4  ortsansässige Bevölkerung nicht unzulässig belasten, kulturelle Identität der Region nicht gefährden

**Gesamtstrategie**

B 1  landschaftsorientierten Urlaubs- und Wochenendtourismus als Schwerpunktbereich weiterentwickeln
B 2  daneben alle Chancen für nicht landschafts- und weniger saisongebundene Tourismusformen nutzen
B 3  Verknüpfungen zwischen Tourismusformen entwickeln
B 4  Umstrukturierung vom Erholungswesen zur marktorientierten Tourismuswirtschaft vollenden
B 5  Tourismus in MV unter gemeinsamer Leitlinie entwickeln und vermarkten: Zusammenhang von Ökonomie und Ökologie

**... und ihre Konkretisierung**

| | | | |
|---|---|---|---|
| C 1 Verkauf von Gütern und Diensten steigern<br>C 2 Übernachtungszahlen steigern<br>C 3 Kapazität schaffen/ wiederherstellen<br>C 4 Saison verlängern, Wetterabhängigkeit mindern<br>C 5 durchschnittliche Tagesausgaben steigern | D1 Vorrang in Räumen mit bes. nat. Eignung<br>D2 Kapazität an Außenküste u. Inseln behutsam steigern<br>D 3 Küstenrandgebiete als Ergänzung zu Hauptferienorten entwickeln<br>D 4 Kapazität im Binnenland wesentlich steigern<br>D 5 kulturhistorisch bedeutsame Städte für Städtetourismus nutzen<br>D 6 vorliegende regionale Konzepte weiter aufbereiten | E 1 Badeurlaub an der Küste als zentrale Tourismusform sichern<br>E 2 andere landschafts- u. sportorientierte Urlaubsformen entwickeln<br>E 3 wenig saisongebundene Urlaubsformen entw. (Kultur-, Kreuzfahrt-, Tagungs-, Gesundheitstourismus, Geschäftsreisen)<br>E 4 Naherholung und Ausflugverkehr als wichtige Bestandteile des Tourismus beachten | F 1 Jugendtourismus gezielt fördern<br>F 2 Bedürfnisse von Familien mit Kindern, älteren Menschen und Behinderten besonders beachten |

**Handlungsziele**

| **Abgeleitetes Angebot entwickeln** | **Wichtige Rahmenbedingungen sichern** | **Leistungskraft der Unternehmen und Organisationen stärken** |
|---|---|---|
| G 1 Beherbergungsangebot anpassen und ausweiten<br>G 2 Infrastruktur der Tourismusorte verbessern<br>G 3 nötige Infrastruktur in der Landschaft schaffen<br>G 4 wo nötig, große Beherbergungskapazität mit Infrastruktur kombinieren<br>G 5 Campingplätze modernisieren<br>G 6 Information/Reservierung bieten | H 1 attraktive Landschaften schützen, pflegen, entwickeln<br>H 2 Struktur und bauliche Substanz der Städte und Dörfer sichern, wiederherstellen<br>H 3 mit Kultur, Kunst und Sport für ein lebendiges Umfeld sorgen<br>H 4 die Umwelt rein halten<br>H 5 Verkehrswege und -bedienung tourismusgerecht gestalten<br>H 6 Sicherheit und Rettungsdienste gewährleisten | I 1 einheitliche Philosophie und positives Image sichern<br>I 2 gute Möglichkeiten der Aus- und Weiterbildung bieten<br>I 3 Zugang zu Innovationen ermöglichen<br>I 4 aktuelle Information verfügbar machen<br>I 5 Verbände und kommunale Stellen stärken<br>I 6 nötiges Bauland und andere Flächen bereitstellen<br>I 7 Finanzierungsquellen sichern |

*Tabelle 8*
*Ziele der Tourismuspolitik im Überblick (Tourismuskonzeption Mecklenburg-Vorpommern 1993)*

noch nicht dokumentiert, die Geschichte des von November 1989 bis April 1990 bestehenden Ministeriums für Tourismus der DDR und des sich daran bis Oktober 1990 anschließenden Staatssekretärsbereichs Tourismus im Ministerium für Handel und Tourismus der DDR ist noch nicht geschrieben.

In dieser Zeit konnte sich auch die Tourismuspolitik der Bundesregierung nicht auf ihre traditionelle Arbeitsweise beschränken, etwa auf die „Raumwirksamen Instrumente des Bundes im Bereich der Freizeit" (BECKER u. a., 1978), sondern mußte in vielfältiger Weise aktiv werden, insbesondere im Rahmen der Fachgruppe „Tourismus" der deutsch-deutschen Wirtschaftskommission, die bereits Anfang Januar 1990 unter der Leitung des Autors, damals Minister für Tourismus der DDR, und des Parlamentarischen Staatssekretärs im Bundeswirtschaftsministerium, KLAUS BECKMANN, ihre Arbeit aufnahm. Von den Beamten der Bundesregierung verdienen vor allem ULRICH GEISENDÖRFER und PETER LHOTZKY wegen ihres großen Einsatzes genannt zu werden.

Der am 2. Dezember 1990 gewählte 13. Deutsche Bundestag richtete einen „Ausschuß für Fremdenverkehr und Tourismus" ein, in dem Tourismuspolitiker wie CARL EWEN, OLAF FELDMANN und ROLF OLDEROG eine besonders aktive Rolle spielten. Über die Entwicklung des Tourismus in Deutschland, vor allem auch in den neuen Bundesländern, legte die Bundesregierung dem Bundestag 1994 einen ausführlichen Bericht vor. Nach der Bundestagswahl 1994 übernahm HALO SAIBOLD den Vorsitz dieses Ausschusses. Die Diskussion um den wirtschaftlichen und, davon abhängig, politischen Stellenwert des Tourismus in Deutschland geht indessen weiter. Es steht erneut – wie bereits einmal im Sommer 1990 – mit dem Hinweis darauf, daß andere EU-Mitgliedsländer, zuletzt Frankreich, selbständige Tourismusministerien eingerichtet hätten, die Anhebung der Stellung des Tourismus in der Administration (zumindest auf das Niveau einer Unterabteilung) zur Debatte.

Zur nachhaltigen Regionalentwicklung mit Hilfe des Tourismus gehört – so KRÜGER auf dem Deutschen Geographentag 1995 – auch, die endogenen Potentiale, die vorhanden sind, mit Hilfe der Wissenschaft „zu entdecken", bei der Zielbestimmung nach innen die regionale Identität und nach außen das vermarktungsfähige Image einer Region zur Wirkung zu bringen, vor allem die Kreativität der örtlichen und regionalen Träger des Tourismus herauszufordern und in Form einer Kooperation aller Beteiligten zu nutzen. Denn zum Potential müssen auch die Menschen gerechnet werden, die in einer Region leben und dort weiterhin leben wollen.

Die Ziele einer nachhaltigen Regionalentwicklung, zu der der Tourismus beitragen kann, lassen sich nach den Erfahrungen von HAIMAYER (ebenfalls auf dem Deutschen Geographentag 1995) so zusammenfassen: An erster Stelle steht eine schonende Nutzung der Ressourcen, die auf die Erhaltung der Kulturlandschaft, die Schaffung kleiner Wirtschaftskreisläufe und eine umweltfreundliche Gestaltung des Verkehrs ausgerichtet ist. An zweiter Stelle rangiert das Bemühen um eine stabile wirtschaftliche Entwicklung durch Vernetzung der Angebote sowie eine Vielseitigkeit des Arbeitsmarktes durch Förderung von Klein- und Mittelbetrieben. Drittens geht es um eine gerechte Verteilung der Lebenschancen, die die Entwicklungsperspektiven für kommende Generationen offen hält, allen die Partizipation an den Wohlfahrtswirkungen des Tourismus ermöglicht und für die Einbindung von Erholung und Tourismus in allgemeine und fachplanerische Entwicklungskonzeptionen sorgt.

Beachtet man schließlich noch, daß der Zeithorizont bei allen Fragen einer nachhaltigen Entwicklung 20 bis 30 Jahre beträgt, was von den Menschen oft als zu lang empfunden wird, dann schließt sich der eingangs skizzierte Gedankenkreis durch die Forderung, die rekreationsgeographische Forschung auf Standorte zu richten, in denen mit dem Blick auf die Zukunft funktionsfähige räumliche Rekreationssysteme zu gestalten sind. In erster Linie wird es sich dabei um periphere, dünn besiedelte ländliche Regionen handeln, für die in Deutschland der „Raumordnungspolitische Orientierungsrahmen" mit seinem Leitbild „Umwelt und Raumnutzung", Karte C, den Schutz und die Vernetzung von Natur- und Landschaftspotentialen und die Erhaltung und Schwerpunktbildung für überregionale Erholungsfunktionen vorsieht. Daran mitzuwirken sollte eine echte Aufgabe konstruktiver Geographie sein!

Dabei können die in den einzelnen peripheren Räumen einzuschlagenden Wege durchaus unterschiedlichen Charakter haben. Eine im Ansatz interessante, sicher noch auszubauende „systematisch angelegte Zukunftsaussage über unterschiedliche regionale Optionen der touristischen Entwicklung" bei der Inwertsetzung von Peripherien oder ländlichen Räumen in Deutschland wagte KRÜGER (1995, Abb. 1). Er stellt eine zunehmende funktionale Differenzierung und disparitäre Entwicklung zwischen ländlichen Räumen fest und erläutert als Beispiele genauer Ostfriesland und das Emsland (ebenda, S. 60). Auf dem Hintergrund ihrer Untersuchungen in Oberfranken empfahl TROEGER-WEISS (1987) peripheren Fremdenverkehrsgemeinden, bei der Umsetzung der Markttrends im Rahmen ihrer Fremdenverkehrspolitik verstärkt Möglichkeiten der aggressiven Markterschließung durch zielgruppenspezifische Schwerpunktsetzung und vor allem durch ideenreiche Angebotsformen zu nutzen.

In der Alpenregion, deren Raumstrukturen in den letzten Jahrzehnten durch den „gesamtgesellschaftlichen Wandel von der flächenbezogenen Agrargesellschaft zur standortgebundenen Industrie- und schließlich zur zentrenorientierten Dienstleistungsgesellschaft" und insbesondere durch die Raumwirksamkeit der Grundfunktion „Freizeitverhalten" bestimmt wurden (vgl. RUPPERT 1977), wo mit kapitalintensiven touristischen Einrichtungen im peripheren Raum – wie etwa im Gletscherskigebiet Rettenbach-Tifenbachferner im Tiroler Ötztal (HUPKE 1990) – Wachstumsgrenzen überschritten wurden, werden heute die durch den Tourismus geschaffenen Monostrukturen – zumindest in der Schweiz – zunehmend kritisch beurteilt (ELSASSER 1995). Hier geht es im Rahmen einer innovationsorientierten Regionalpolitik in Gebieten, in denen der Tourismus für die Bevölkerung von existentieller Bedeutung (geworden) ist, um landschaftspflegende Landwirtschaft, biologischen Anbau und die Ansiedlung stiller Gewerbe. Nicht-touristische Entwicklungsmöglichkeiten müssen voll ausgeschöpft werden, um eine nachhaltige Regionalentwicklung zu sichern.

# 6.3.
# Die Stellung der Geographie der Rekreation und des Tourismus an einer Schnittstelle im System der geographischen Wissenschaft

In einem der einleitenden Abschnitte ist gezeigt worden, wie sich Geographen im Laufe der Zeit mit den räumlichen Phänomenen des Fremdenverkehrs, der Freizeit, des Freizeitverhaltens und des Freizeitverkehrs, der Erholung oder Rekreation und des Tourismus, wie immer man den Sammelbegriff auch wählen mag, beschäftigt haben und wie sie sich dabei nach und nach dem Systemcharakter von Wirtschaftsräumen, also auch dem System-charakter der für die Erholung genutzten Räume, angenähert haben. Sie erkannten schritt-weise, daß „jede der geographischen Wissenschaften ... ihr eigenes materielles Forschungs-objekt in Gestalt eines räumlichen (territorialen) Systems" hat (SAUSCHKIN 1978, S. 204). In unserm Falle ist es das territoriale Rekreationssystem (TRS).

Es liegt somit in der Natur der Sache, daß die Geographie der Erholung und des Tourismus, die Rekreationsgeographie, nicht einseitig nur der Anthropo-, Kultur-, Human-oder Wirtschafts- und Sozialgeographie zugeordnet werden kann, sondern mit zahlreichen

*Tabelle 9*
*System der geographischen Wissenschaften (SAUSCHKIN 1978, S. 205)*

| Wissenschaften | physisch-geographische | sozial-ökonomische | gesamtgeographische |
|---|---|---|---|
| 1. mit einer Kompo-<br>nente | Geomorphologie<br>Hydrologie des<br>  Festlandes<br>Klimatologie<br>Bodengeographie<br>Glaziologie<br>Tiergeographie<br>Pflanzengeographie | Industriegeographie<br>Landschaftsgeographie<br>Verkehrsgeographie<br>Geographie des<br>  Bauwesens<br>Geographie des<br>  Großhandels<br>Geographie der Wis-<br>  senschaft und Kultur | |
| 2. mit mehreren<br>Komponenten | Ozeanographie<br>Biogeographie<br>Kryogeographie | Bevölkerungs-<br>  geographie<br>Siedlungsgeographie<br>Geographie der<br>  Dienstleistungs-<br>  sphäre<br>Politische Geographie | Geographie der Natur-<br>ressourcen (Bewer-<br>tung von Grund und<br>Boden, Lehre von den<br>wasserwirtschaftli-<br>chen Problemen u. ä.)<br>Medizinische Geogra-<br>phie<br>**Geographie des Frem-<br>denverkehrs und der<br>Erholung** |
| 3. synthetische | Landschaftskunde<br>  (Lehre von TNK)<br>Physisch-geographi-<br>  sche Länderkunde<br>Allgemeine Erdkunde<br>  (planetarische phy-<br>  sische Geographie)<br>Paläogeographie | Lehre von TPK<br>Ökonomisch-geogra-<br>  phische Länderkunde<br>Planetarische ökono-<br>  mische Geographie<br>Historische Geogra-<br>phie | Kartographie<br>Geokybernetik<br>Geschichte und<br>  Methodologie der<br>  Geographie<br>Theoretische<br>  Geographie<br>Metageographie<br>Länderkunde Histo-<br>rische<br>  Landschaftskunde |
| 4. angewandte | Ingenieurgeographie<br>Erosionistik<br>Landschaftsarchitektur | Regionalplanung | Geoprognostik |

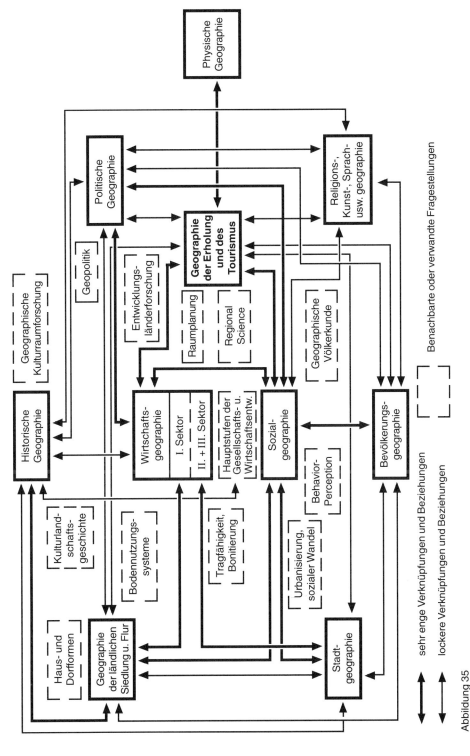

Abbildung 35
Die Geographie der Erholung und des Tourismus im System der kulturgeographischen Teildisziplinen (nach WIRTH 1979, S. 79 und KULINAT u. STEINECKE 1984, Abb. 31, verändert von BENTHIEN)

Beziehungen auch in die Naturgeographie hineinreicht. Ihr ist in analoger Weise genau das eigen, was die Geographie als Ganzes so interessant macht: eine Schnittstelle zwischen Mensch und Natur, zwischen Wirtschafts-, Sozial- und Naturwissenschaften zu bilden, wobei die Wirtschaft das Aktionsfeld ausmacht. Eine prozeßbedingte, auf Kommunikation beruhende Verflechtung und Durchdringung räumlicher Strukturen ist ihr Charakteristikum. Auf diesem Hintergrund ist auch die Einordnung der „Geographie des Fremdenverkehrs und der Erholung" in das von SAUSCHKIN (1978) aufgestellte System der geographischen Wissenschaften als eine „gesamtgeographische Wissenschaft mit mehreren Komponenten" zu verstehen (Tab. 9).

Man kann in dieser Hinsicht KULINAT u. STEINECKE (1984, S. 214ff.) nur voll zustimmen, daß „bei dem Versuch, den Standort der Geographie des Freizeit- und Fremdenverkehrs im Gesamtsystem der Geographie zu bestimmen,... man sich allerdings nicht damit begnügen (sollte), das Schema der Geographie ... einfach nur um eine neue Teildisziplin ... zu erweitern. Es kommt vielmehr darauf an, die Beziehungen und Problemkreise der Geographie des Freizeit- und Fremdenverkehrs innerhalb des Gesamtbeziehungsgefüges der Geographie aufzuzeigen". Andererseits ist die von den genannten Autoren (1984, S. 218) getroffene Aussage, der „derzeitige Wissensstand erlaubt es jedoch noch nicht, den Freizeit- und Fremdenverkehr als integriertes räumliches System darzustellen", heute eindeutig überholt (und war es genau genommen schon zum damaligen Zeitpunkt).

Die Abbildung dieser Verknüpfungen, die WIRTH (1979) vornahm, trifft den Kern der Sache (Abb. 35). Sie belegt zugleich, wie ähnlich die Resultate in ihrem Wesen sind, die in der Wissenschaft etwa gleichzeitig, aber unabhängig voneinander erreicht werden. Im geteilten Deutschland und zwischen dem „östlichen" und „westlichen" Lager war das vielfach und vielerorts der Fall. Und es ist sicher nicht anmaßend, heute zu sagen: Wir müssen bei dem international erreichten Forschungsstand Erholung und Tourismus, Freizeit- und Fremdenverkehr in geographischen Betrachtungen von Anfang an als integriertes räumliches System begreifen und darstellen.

So steht in der Abbildung 35 statt „Geographie des Freizeit- und Fremdenverkehrs" entsprechend unserer Definition „Geographie der Erholung und des Tourismus". Es ändert sich in der Sache wenig, nur der Blickwinkel und die Herangehensweise verschieben sich. Im Wesentlichen herrscht Übereinstimmung. Das sollte mit den vorausgegangenen Ausführungen noch einmal belegt werden. Wir gehen dabei in einer Hinsicht über die 1980 am Geographischen Institut der Universität Zürich im Konsens erreichte Definition „Die Geographie untersucht Natur und Gesellschaft mit dem Ziel, räumliche Systeme und Prozesse zu erklären" (ITTEN 1982, S. 37), hinaus, wenn wir als das Ziel der Geographie der Rekreation und des Tourismus die Steuerung erholungsräumlicher Systeme ansehen.

Das „Modell Rekreationsgeographie" (Abb. 1) als einfacher gedanklicher Leitfaden für das Studium der räumlichen Probleme von Erholung und Tourismus mündet somit am Ende in das komplizierte vielschichtige Modell der Stellung dieser Teildisziplin im Gesamtgefüge der Geographie ein. Durch die Überlagerung vieler Relationen aus natürlichen, wirtschaftlichen, kulturellen, sozialen, medizinischen und anderen Bereichen befindet sie sich an einer besonders interessanten Schnittstelle im System nicht nur der geographischen, sondern auch der Wissenschaften überhaupt. Es darf nämlich nicht übersehen werden, daß auch die Geographie nur eine der Wissenschaften ist, die sich mit den Phänomenen von Erholung und Tourismus beschäftigen. Vor diesem Hintergrund lassen sich für die Lösung praktischer Probleme zahlreiche Synergieeffekte nutzen.

# Literaturverzeichnis

ALBRECHT, G. u. W. ALBRECHT:
Naherholung in Wirtschaftsräumen
unterer Ordnung im Nordosten des
Bezirkes Neubrandenburg. -
In: Wiss. Abh. d. Geogr. Ges.
d. DDR, **15**, 1981, S. 229–243.

ALBRECHT, G., ALBRECHT, W., BENTHIEN,
B., BREUSTE, I. u. M. BÜTOW:
Erholungswesen und Tourismus in der
DDR. -
In: Geogr. Rundschau, **43**,
Braunschweig 1991, S. 606–613.

AMK Berlin (Hrsg.):
Reisen und Tourismus – ein historischer
Überblick. Berlin 1987.

Atlas Deutsche Demokratische Republik.
Karte 47: Erholungswesen = Recreation
and Tourism.
Gotha/Leipzig, 1981.

Atlas, Historischer und geographischer ...
von Mecklenburg und Pommern. Band I:
Mecklenburg-Vorpommern. Das Land
im Überblick. Landeszentrale für politische Bildung: Schwerin 1995.

BADE, F.-J.:
Sektorale Entwicklungszusammenhän-
ge. - In: H.-J. EWERS et al. (Hrsg.): Be-
schäftigungsdynamik und Regionalentwicklung. Berlin (in Vorbereitung,
1995)

BAČVAROV, M.:
The Geography of Tourism and Recrea-
tion in Bulgaria. - In: GeoJournal, **9**,
Dordrecht 1984, S. 71–73.

BAČVAROV, M. u. N. S. MIRONENKO:
Geographical aspects of international
tourist integration. -
In: XXII. Int. Geogr. Congress,
„Geography of tourism and recreation",
Moscow 1976, S. 146–148.

BARBIER, B.:
Pour une géographie du tourisme. -
In: Acta Univ. Lodziensis, 1980,
S. 113–121.

BARBIER, B. u. D. PEARCE:
The Geography of Tourism in France:
Definition, Scopes and Themes. -
In: GeoJournal, **9**, Dordrecht 1984,
S. 47–53.

BARSCH, H. u. G. SAUPE:
Bewertung und Gestaltung der natur-
nahen Landschaft in Schutzgebieten,
Erholungs- und Freizeitgebieten. -
Potsdamer Geogr. Forsch., **8**,
Potsdam 1994.

BARTH, W.-E.:
Praxis der Besucherlenkung in Waldgebieten. - In: Umweltschonender Tourismus. Material zur Angewandten Geographie (MAG), **24**, Bonn 1995,
S. 141–151.

BARTKOWSKI, T.:
Attractivité du milieu géographique
concernant la zone de récréation et la
méthodologie de son évaluation en
rélation de la planification spatiale. -
In: Abstracts of papers, IGU European
Regional Conference,
Budapest 1971, S. 157.

BARTL, H., ECK, H., HEINZLER, W. u.
H.-R. LANG:
GeoLex: Kurzlehrbuch und Lexikon
einer angewandten Geographie für den
Tourismus.
Darmstadt 1994.

BAUMGARTEN, P.:
Nachwort zu K. BÄDEKER, Rheinreise
von Basel bis Düsseldorf,
Koblenz 1849,
Reprintausgabe 1978,
„Die bibliophilen Taschenbücher".

BECKER, CH.:
Die strukturelle Eignung des Landes
Hessen für den Erholungsreiseverkehr.
Ein Modell zur Bewertung von Räumen
für die Erholung. -
Abh. d. Geogr. Inst., Anthropogeogr.,
**23**, Berlin 1976.

BECKER, CH.:
Die Anwendung verschiedener Land-
schaftsbewertungsverfahren auf sechs
deutsche Fremdenverkehrsgebiete – ein
Vergleich. -
In: Veröff. d. Akad. f. Raumforschung u.
Landesplanung, Forschungs- u. Sit-
zungsberichte, **132**, Hannover 1980.

BECKER, CH., MAIER, J., RUPPERT, K.,
WEBER, P. u. K. WOLF:
Geographical Tourism Research in the
Federal Republic of Germany. - In: Geo-
Journal, **9**, Dordrecht 1984, S. 37–40.

BECKER, CH.:
Fachplanungen für Erholung und Frem-
denverkehr. -
In: Daten zur Raumplanung/Teil C.
Hannover: ARL, 1989, S. 477–501.

BECKER, CH.:
Instrumente der Raumordnung und der
regionalen Fremdenverkehrsplanung. -
In: HAEDRICH u. a. (Hrsg.): Tourismus-
Management ... 1993, S. 387–397.

BECKER, CH.:
Fremdenverkehr. - In: Handwörterbuch
der Raumordnung, Hannover: ARL,
1995, S. 337–346.

BECKER, CH.:
Geographische Wanderführer – Ein
Instrument der Besucherlenkung? -
In: Umweltschonender Tourismus.
Material zur Angewandten Geographie
(MAG), **24**, Bonn: 1955,
S. 161–164.

BECKER, CH. u. P. MOLL (Hrsg.):
Geographischer Wanderführer für den
Saar-Mosel-Raum. Saarbrücken
1990.

BENTHIEN, B.:
Der Landverlust am Hohen Ufer des
Fischlandes von 1903 bis 1952. -
In: Arch. d. Freunde d. Nat. in Meckl.,
**3**, Rostock 1957, S. 11–31.

BENTHIEN, B.:
Das Erholungsgebiet Ostseeküste: ein
Schwerpunkt ökonomisch-geographi-
scher Regionalforschung in den nördli-
chen Bezirken der DDR. -
In: Wiss. Veröff. d. Dt. Inst. f. Länder-
kunde, N. F. **23/24**, Leipzig 1966,
S. 41–66.

BENTHIEN, B.:
Siedlungsgeographische Auswirkungen
des Fremdenverkehrs an der Ostseeküste
der DDR. - In: Wiss. Abh. d. Geogr.
Ges. d. DDR, 8, 1967, S. 73–89.

BENTHIEN, B.:
Zum Begriff „Attraktivität".
- In: Terminological problems in geography of tourism. Cracow/Zakopane
1974, S. 38–39.

BENTHIEN, B.:
Zu einigen erholungsgeographischen
Fragestellungen, besonders zum Problem
der Regionierung unter dem Aspekt der
Erholung. -
Peterm. Geogr. Mitt., **120**,
Gotha/Leipzig, 1976, S. 125–129.

BENTHIEN, B.:
Territoriale Probleme der Rekreation als
Forschungsgegenstand der Geographie. -
In: Greifsw. Geogr. Arb., **1**, Greifswald
1980, S. 11–32.

BENTHIEN, B.:
Theorie und Praxis der Rekreationsgeographie, dargestellt in einem Modell. - In: Wiss. Zt. d. EMAU, Math.-nat. Reihe, **30**, Greifswald 1981, S. 43–48.

BENTHIEN, B.:
Recreational Geography in the German Democratic Republic. - In: GeoJournal, **9**, Dordrecht 1984, S. 59–63.

BENTHIEN, B.:
Entwicklung, gegenwärtiger Stand und Perspektiven der Rekreationsgeographie. - In: Peterm. Geogr. Mitt., Erg.-H. **284**, Gotha 1985, S. 88–98.

BENTHIEN, B.:
Rekreationsgeographie. - In:Wirtschaftsgeogr. Studien, **14**, Wien 1986, S.33–38.

BENTHIEN, B.:
Naturräumliche Erläuterungen zu den Erholungsgebieten in der DDR. - In: Reiseland DDR, Übersichtskarte für Touristik, Urlaub und Erholung 1 : 600 000, 16. Aufl., Berlin 1989.

BENTHIEN, B.:
Geographische Aspekte der Tourismuspolitik der DDR. - In: Tourismus in einem neuen Europa–Zusammenarbeit von Ost und West. Schriftenreihe zur Touristik, **3**, Worms 1990, S. 83–91.

BENTHIEN, B.:
Cultural tourism in the new German federal states. - In: Conference Cultural Tourism & Regional Development. Leeuwarden/The Netherlands, 1991, S. 65–67.

BENTHIEN, B.:
Tourismusentwicklung, Infrastrukturausbau und Raumordnung: einige Verallgemeinerungen aus der Situation in Mecklenburg-Vorpommern. - In: Materialien zu den räumlichen Entwicklungen in Europa aus polnischer und deutscher Sicht. Arbeitsmaterial ARL, 201, Hannover 1994, S. 169–179.

BENTHIEN, B.:
Entwicklungskonzepte für dünn besiedelte ländlich-periphere Räume: Probleme und Lösungsansätze in Mecklenburg-Vorpommern. - In: Raumordnung und Raumforschung im Ostseeraum. Arbeitsmaterial ARL, **215**, Hannover 1995, S. 45–51.

BENTHIEN, B.:
Touristische Entwicklungsmöglichkeiten der neuen Bundesländer. - In: Umweltschonender Tourismus. Material zur Angewandten Geographie (MAG), **24**, Bonn 1995, S. 105–115.

BENTHIEN, B.:
Fremdenverkehrsplanung. - In: Handwörterbuch der Raumordnung. Hannover: ARL, 1995, S. 346–349.

BENTHIEN, B. u. BÜTOW, M.:
Erholung und Tourismus. - In: Historischer und geographischer Atlas von Mecklenburg und Pommern. 1, Mecklenburg-Vorpommern: Das Land im Überblick. Schwerin: Landeszentrale für politische Bildung, 1995, S. 82–90.

Bericht der Bundesregierung über die Entwicklung des Tourismus. Bundesministerium für Wirtschaft, Dokumentation Nr. 349, 1994.

BERNATECK, F.:
Ostseeküstenklima und Herzkreislaufkrankheiten. - In: XVII. Int. Kongreß f. Thalassotherapie, Varna 1979, S. 62–67.

BRAND, H. D.:
Die Bäder am Oberharz. Eine fremdenverkehrsgeographische Untersuchung. - In: Veröff. d. Niedersächs. Inst. f. Landeskunde u. Landesentwicklung, A, **84**, Göttingen u. Hannover 1957.

Bürgerinitiative für Rügen: Vorschläge zur wirtschaftlichen Entwicklung der Insel Rügen – Eine Aufforderung zum Handeln. 1993.

BÜRSKENS, H.:
Der Tourismus auf Barbados: Entwicklung und Auswirkungen in einem kleinen Inselstaat. -
In: Geogr. Rundschau, **42**, 1990, S. 26–32.

BÜTOW, M.:
Untersuchungen zur Flächennutzung durch langfristige Erholung und zum Einsatz von Fernerkundungsmethoden für ihre Erfassung und Analyse. Diss. A, Univ. Greifswald 1988.

BÜTOW, M.:
Kommunale Fremdenverkehrsplanung im Spannungsfeld von Wirtschaft, Umweltschutz und Bürgerinteressen. -
In: Greifswalder Beiträge, **3**, 1992, S. 48–57
(2. Aufl.1993, S. 40–46).

BÜTOW, M.:
Tourismus. -
In: Seydlitz. Erdkunde 4, Gymnasium. Hannover 1995, S. 74–85.

BURGHOFF, CH. u. E. KRESTA.:
Schöne Ferien. Tourismus zwischen Biotop und künstlichen Paradiesen. München 1995.

CASSON, L.:
Reisen in der Alten Welt. München 1978.

CHRISTALLER, W.:
Beiträge zu einer Geographie des Fremdenverkehrs. -
In: Zt. Erdkunde, **9**, Bonn 1955, S. 1–19.

Columbus Reiseführer. 2. Ausgabe. Das Nachschlagewerk für die deutsche Touristikindustrie. London 1993.

CSORDÁS, L.:
Freizeitwohnungen in der Großen Ungarischen Tiefebene. Thesen der Kandidatenarbeit. Kecskemét 1994.

CZINKI, L.:
Landschaft und Erholung: Eignung und Belastung der Landschaft. - In: Berichte über die Landwirtschaft. N.F. **52**, Hamburg/Berlin 1974, 4, S. 591–619.

DAHLMANN, H.:
Alpinistische Stützpunkte in den deutschen und österreichischen Alpen. Diss., Univ. München 1983.

DEGENHARDT, B.:
Das Freizeitpotential des ländlichen Raumes. Eine Untersuchung zur Attraktivität ländlicher Räume im Hinblick auf Freizeitansprüche in der modernen Industriegesellschaft am Beispiel des Landkreises Holzminden/Niedersachsen. -
In: Neues Archiv f. Niedersachsen, **26**, Göttingen 1977, S. 23–47.

DENZLER, S.:
Ansätze von Schweizer Reiseveranstaltern für einen umweltverträglichen Tourismus in die Dritte Welt. -
In: Wirtschaftsgeographie u. Raumplanung, **22**, Zürich: Geogr. Inst., 1995.

DIEKMANN, S.:
Die Ferienhaussiedlungen Schleswig-Holsteins. Eine siedlungs- und sozialgeographische Studie. -
In: Schriften d. Geogr. Inst. Univ. Kiel, **XXI**, 7, Kiel 1963.

DINEV, L.:
Gegenstand, Wesen und Probleme der Geographie des Tourismus. -
In: Frankf. Wirtschafts- u. Sozialgeogr. Schriften, **17**, Frankfurt/M.: 1974, S. 13–17.

DINEV, L.:
Eine Gliederung Bulgariens in touristische Regionen (bulg.). Sofia 1975.

DINEV, L.:
Die Entwicklung und Besonderheiten des Tourismus in Bulgarien. -
In: Wirtschaftsgeogr. Studien, **2**, Wien 1978, S. 83–91.

DUFFIELD, B. S.:
   The Study of Tourism in Britain – A geographical Perspective. - In: GeoJournal, **9**, Dordrecht 1984, S. 27–35.

EHLERS, E. u. G. HEINRITZ.:
   Stop the Flood – ein polemisches Plädoyer für weniger Publikationen ... und für eine bessere Geographie! - In: Rundbrief Geographie, **131**, 1995, S. 1–6.

EICH, M.:
   Die Raumwirksamkeit der Fremdenverkehrspolitik in Spanien am Beispiel von La Manga del Mar Menor. Eine politisch-geographische Studie. - In: Beiträge zu Wirtschafts- u. Sozialwiss., **9**, Witterschlick/Bonn 1989.

ELSASSER, H.:
   Nicht-touristische Entwicklungsmöglichkeiten des ländlichen Raumes: Beispiele aus den Alpen. - In: Umweltschonender Tourismus. Material zur Angewandten Geographie (MAG), 24, Bonn 1995, S. 41–47.

ENGELMANN, R.:
   Zur Geographie des Fremdenverkehrs in Österreich. - In: Mitt. d. Geogr. Gesellsch., **67**, Wien 1924, S. 49–56.

Erstes Landesraumordnungsprogramm Mecklenburg-Vorpommern. Der Wirtschaftsminister des Landes Mecklenburg-Vorpommern, Landesplanungsbehörde, Schwerin, 1993.

Exkursionsführer Mecklenburg-Vorpommern. Braunschweig: 1991.

FESTERSEN, O.:
   Probleme der Erschließung von Landschaftsschutz- und Erholungsgebieten im Bezirk Neubrandenburg. - In: Zt. Naturschutzarbeit in Mecklenburg, **8**, Putbus 1965, S. 52–61.

FINGERHUT, C.:
   Arbeitsmethoden zur Bewertung der Erholungseignung eines landschaftlichen Angebots für verschiedene Typen von Erholungsuchenden. - In: Landschaft u. Stadt, **3**, 1973, S. 162–171.

Freizeit in Deutschland 1993: Aktuelle Daten–Fakten–Aussagen. Freizeit in Deutschland 1994/95: Aktuelle Daten–Fakten–Aufsätze. Deutsche Gesellschaft für Freizeit, DGF. Erkrath 1993, 1995.

FREYER, W.:
   „Tourismus", „Touristik" oder „Fremdenverkehr"? - In: FVW International, **16**, 1991, S. 6–9.

FREYER, W.:
   Tourismus: Einführung in die Fremdenverkehrsökonomie. 4. Aufl., München; Wien 1993.

FREYER, W.:
   Tourismus-Konzeption Rügen. FIT, Forschungsinst. f. Tourismus, Heilbronn, Rügen 1993.

FRIDGEN, J. D.:
   Dimensions of Tourism. Michigan 1991.

FRÖBEL, F.:
   Fortgesetzte Nachrichten der allgemeinen deutschen Erziehungsanstalt in Keilhau. Rudolstadt 1823.

FÜTH, G. (Hrsg.):
   Reiseverkehrsgeographie: ein Handbuch für Reiseverkehrskaufleute in Ausbildung und Praxis mit Projektstudien für den fachkundlichen Unterricht. Melsungen 1992.

FÜTH, G. u. F. G. BLASBERG:
   Volkswirtschaftslehre für die Höhere Berufsfachschule Wirtschaft. Darmstadt 1992.

GALKIN, I.:
   Der Wald als Heilfaktor. - In: Sputnik, **9**, Moskau 1978, S. 153–156.

GEHRKE, H.:
Das Fremdenverkehrsgebiet Südost-Rügen. Diss., Univ. Greifswald 1966.

GEHRKE, H.:
Das Fremdeneinzugsgebiet des Badeortes Binz. -
In: Wiss. Abh. d. Geogr. Ges. d. DDR, **6**, 1968, S. 103–113.

GEYER, M.:
Eine Methode zur Bewertung der Landschaft als Informationsgegenstand. -
In: Dt. Gartenarchitektur, **11**, Berlin 1970.

GEYER, M.:
Eine Methode zur Gestaltdifferenzierung von Landschaften. -
In: Peterm. Geogr. Mitt., **127**, Gotha 1983, S. 261–271.

GODAU, A.:
Der DDR-Tourismus nach der Umgestaltung–Strukturen. Produkte, Visionen. - In: Schriftenreihe zur Touristik, **3**, Worms 1990, S. 101–110.

GORMSEN, E.:
Kunsthandwerk in der Dritten Welt unter dem Einfluß des Tourismus. -
In: Geogr. Rundschau, **42**, 1990, S. 42–47.

GORMSEN, E.:
Tourismus in China–Entwicklung, Probleme und Perspektiven. -
In: FU Berlin, Inst. f. Tourismus, Berichte u. Materialien, **8**, 1990, S. 143–156.

GRAF, D.:
Vernünftige Naturnutzung als ökonomisches Problem. -
In: Wiss. Mitt. d. Inst. f. Geogr. u. Geoökol. d. AdW d. DDR, **3**, Leipzig 1980, S. 23–28.

GRAHNEIS, H., HAASE, H. H., LEKSZAS, G. u. R. WALKER:
Therapeutic swimming–preservation of health-hygiene. -
In: XVII. Internat. Kongreß f. Thalassotherapie, Varna 1979, S. 283–286.

GRÖTZBACH, E.:
Binnenfreizeit- und Binnenerholungsverkehr als Problem der vergleichenden Kulturgeographie. -
In: Eichstätter Beiträge, **1**, Regensburg 1981, S. 9–37.

GRÜNTHAL, A.:
Probleme der Fremdenverkehrsgeographie. Berlin 1934.

GYORKO-GYORKOS, A. C. de:
Helio-, Thalasso- und Klimatherapie der Psoriasis vulgaris auf den Kanarischen Inseln. -
In: XVII. Internat. Kongreß f. Thalassotherapie, Varna 1979, S. 640–644.


HAASE, G., HÖNSCH, F. u. D. GRAF:
Theoretisch-methodische Ansätze zur Einbeziehung des Umweltfaktors in die Analyse und Bewertung territorialer Strukturen – dargestellt an Ergebnissen geographischer Arbeiten im Rahmen des RGW-Umweltprogramms. -
In: Zt. f. d. Erdkundeunterr., **35**, Berlin 1983, S. 74–86.

HABER, W.:
Nachhaltigkeit. - In: Handwörterbuch der Raumordnung. Hannover: ARL, 1995, S. 658–659.

HAEDRICH, G., KASPAR, C., KLEMM, K. u. E. KREILBERG (Hrsg.):
Tourismus-Management, Tourismus-Marketing und Fremdenverkehrsplanung.
Berlin, New York 1993.

HAHN, H.:
Die Erholungsgebiete der Bundesrepublik. Erläuterungen zu einer Karte der Fremdenverkehrsorte in der deutschen Bundesrepublik. - In: Bonner Geogr. Abh., **23**, Bonn 1958.

HAHN, H. U. KAGELMANN, J. (Hrsg.):
Tourismuspsychologie und Tourismussoziologie: ein Handbuch zur Tourismuswissenschaft.
München 1993.

HAIMAYER, P.:
Überlagerungen des Freizeitverkehrs in Österreich. -
In: Wiener Geogr. Schriften. Wien 1984, 59/60, S. 168–176.

Handwörterbuch der Raumordnung/ Akademie für Raumforschung und Landesplanung.
Hannover: ARL 1995.

HARFST, W.:
Landschaftsbewertung auf regionaler Ebene. -
In: Zt. Landschaft und Stadt, **7**, Stuttgart 1975, S. 103–113.

HARTMANN, R.:
Freizeit-Reisen und Tourismus in Deutschland und in den Vereinigten Staaten von Amerika.
Eine interkulturelle Untersuchung. -
In: Materialien zur Fremdenverkehrsgeographie, **12**,
Trier: Geogr. Ges., 1984.

HARTSCH, E.:
Zu Fragen der Erholungsgebietsplanung in der Deutschen Demokratischen Republik. -
In: Wiss. Abhandl. d. Geogr. Ges. d. DDR, **6**, Leipzig 1968, S. 33–45.

HARTSCH, E.:
Versuch zur Bestimmung des ökonomischen Wertes von Erholungsgebieten. -
In: Wiss. Zt. d. TU Dresden, **19**, Dresden 1970, S. 499–501.

HELFER, M.:
Tourismus auf Rügen: Chancen und Risiken der Umstrukturierung infolge der deutschen Einigung. -
Arbeiten aus d. Geogr. Inst. d. Univ. d. Saarlandes, **40**, Saarbrücken 1993.

HELLPACH, W.:
Geopsyche. Stuttgart 1950.

HITTMAIR, A.M.:
Das Neurovegetativum vom Standpunkt des Internisten aus gesehen. -
In: Zt. Internist, **12**, Berlin 1971, S. 290–299.

HÖFELS, TH.:
Fremdenverkehr und regionale Beschäftigungseffekte in der Türkei. -
In: Geogr. Rundschau, **42**, Braunschweig 1990, S. 21–26.

HOFMEISTER, B. u. A. STEINECKE (Hrsg.):
Geographie des Freizeit- und Fremdenverkehrs. Erträge der Forschung, **592**, Darmstadt 1984.

HOPFENBECK, W. u. P. ZIMMER:
Umweltorientiertes Tourismusmanagement-Strategien, Checklisten, Fallstudien. Landsberg/Lech 1993.

HUPFER, P.:
Das Strandklima unserer Ostseeküste. -
In: Zt. Wiss. u. Fortschritt, **31**, Berlin 1981, S. 276–279.

HUPKE, K.-D.:
Das Gletscherskigebiet Rettenbach-Tiefenbachferner (Sölden im Ötztal/ Tirol). Ein Beitrag zur Wirksamkeit kapitalintensiver touristischer Einrichtungen im peripheren Raum. -
In: Stuttg. Geogr. Studien, **114**. Stuttgart: Geogr. Inst., 1990.

IANCU, M. u. P. BARON:
Directions of Romanian Tourism and Tourist Research. - In: GeoJournal, **9**, Dordrecht 1984, S. 75–76.

ITTEN, K.:
Beitrag zu einer Neu-Definition der Geographie. - In: Geografia Helvetica, **37**, Zürich 1982, S. 35–37.

JACOB, G.:
Modell zur regionalen Geographie des Fremdenverkehrs. - In: Geogr. Berichte, **13**, Gotha/Leipzig 1968, S. 51–57.

JÄGER, H.-U.:
Die Veränderungen der Erholungsbedingungen in der Stadt-Umland-Region Leipzig: methodischer Ansatz und Schlußfolgerungen. -
In: Greifswalder Geogr. Arbeiten, **4**, Greifswald 1987, S. 75–78.

JAHN, G. (Hrsg.):
Seydlitz Erdkunde, Gymnasium, 4,
Hannover 1995, S. 82–87.

JESCHKE, L.:
Vegetationsveränderungen in den Kü-
stenlandschaften durch Massentourismus und Nutzungsintensivierung. -
In: Archiv f. Naturschutz u. Landschaftsforschung, **25**, Berlin 1985,
S. 223–236.

JOB, H.:
Besucherlenkung in Großschutzgebie-
ten. - In: Umweltschonender Tourismus.
Material zur Angewandten Geographie
(MAG), **24**, Bonn 1995,
S. 153–160.

JÜLG, F.:
Praktische Hinweise für wissenschaftli-
che Arbeiten in der Fremdenverkehrs-
geographie. -
In: Wiener Geogr. Schriften, **18–23**,
Wien 1965, S. 56–67.

JÜLG, F.:
Geographie des Tourismus.
- In: Terminological problems in geography of tourism. Cracow/Zakopane
1974, S. 19–20.

JÜLG, F.:
Die österreichischen Wintersportorte:
Versuch einer Analyse. -
In: Wirtschaftsgeogr. Studien, **10/11**,
Wien 1983, S. 61–83.

JÜLG, F.:
Neuere Tendenzen der Fremdenverkehrsgeographie in Österreich. -
In: Greifswalder Geogr. Arbeiten, **4**,
1987, S. 18–23.

Jugendherbergen – Nutzungs- und Standortanalyse unter Aspekten von Jugend-
und Freizeitpolitik. -
In: Schriftenreihe des Bundesministers
für Jugend, Familie und Gesundheit,
**150**, 1980.

Jugendherbergskarte 1 : 600 000 – Einrichtungen der Jugendtouristik der DDR.
Berlin/Leipzig 1986.

Jugendherbergen in den neuen Bundesländern – Konzept 2000: Netzentwicklung
und Bestandsnutzung–Grundlagen für
die Förderungspolitik. Dt. Jugend-
herbergswerk, o. J. (1994).

JURCZEK, P.:
Der Rand des Verdichtungsraumes als
Überlagerungsgebiet von Naherholung
und Urlaubsverkehr, erläutert am
Beispiel des östlichen Rhein-Main-
Gebietes. -
In: Münstersche Geogr. Arbeiten, **7**,
1980, S. 101–107.

JURCZEK, P.:
Freizeit, Fremdenverkehr und Naher-
holung: Stand der Erforschung. -
In: Praxis Geographie, **11**,
Braunschweig 1982, S. 45–49.

JURCZEK, P.:
Fremdenverkehrsplanung in der Bundes-
republik Deutschland: Beispiel Franken-
wald. - Europ. Hochschulschriften:
Reihe 10, Fremdenverkehr, **6**,
Frankfurt/M. 1983.

JURCZEK, P.:
Städtetourismus in Oberfranken: Stand
und Entwicklungsmöglichkeiten des
Fremdenverkehrs in Bamberg, Bayreuth,
Coburg und Hof. - Beiträge z.
Kommunalwiss., **21**, München 1987.

KAISER, TH. O. H.:
Freizeit in Freiheit. - In: Zt. „liberal",
Vierteljahreshefte f. Politik u. Kultur,
**37**, 1995, S. 88/89.

KÄNEL, A.V.:
Karte „Gemeindetypen nach der berufs-
tätigen Wohnbevölkerung". - In: Atlas
DDR, Blatt 21, Gotha/Leipzig 1975.

KEMPER, F. J.:
Probleme der Geographie der Freizeit:
ein Literaturbericht über raumorientierte
Arbeiten aus den Bereichen Freizeit, Er-
holung und Fremdenverkehr.
Bonner Geogr. Abhandl., **59**,
Bonn 1978.

KIEMSTEDT, H.:
Zur Bewertung der Landschaft für die Erholung. -
In: Beiträge zur Landschaftspflege, Sonderheft 1, Stuttgart 1967.

KLEMM, K. u. A. STEINECKE:
Berufe im Tourismus. Blätter zur Berufskunde,
Bielefeld 1991.

KOCH, T. P.:
Zielvorstellungen der Raumordnung für Erholung und Fremdenverkehr. -
In: Daten zur Raumplanung, Teil C. Hannover: ARL, 1989, S. 469–476.

KOSTROWICKI, A. S.:
Podejscie systemowe w badanich nad rekreacja. -
In: Przegląd geogr., 47, Warszawa 1975, S. 263–278.

KRAMER, D.:
Tourismus-Politik. Aufsätze aus 12 Jahren Tourismus-Diskussion.
Münster 1990.

KRIPPENDORF, J.:
Freizeit und Tourismus: eine Einführung in Theorie und Politik. -
Berner Studien zum Fremdenverkehr, 22, 2. Aufl., 1987.

KRÜGER, R.:
Peripherie 2005: Tourismus und ländlicher Raum? -
In: Umweltschonender Tourismus. Material zur Angewandten Geographie (MAG), 24, Bonn 1995, S. 55–64.

KRZYMOWSKA-KOSTROWICKA, A.:
Terytorialny system rekreacyjny: analize struktury i charakteru powiazan. -
In: Prace geogr., 138, Wrocław 1980.

KULINAT, K.:
Die operationale Bestimmung von Gäste-Sozialgruppen und ihrer Raumwirksamkeit im Fremdenverkehrsgebiet am Beispiel der niedersächsischen Küste. -
In: 40. Dt. Geographentag Innsbruck. Wiesbaden 1975, S. 596–611.

KULINAT, K. u. A. STEINECKE:
Geographie des Freizeit- und Fremdenverkehrs. - Erträge der Forschung, 212, Darmstadt 1984.

KURZ, R.:
Ferienzentren an der Ostsee. Geographische Untersuchungen zu einer neuen Angebotsform im Fremdenverkehrsraum. -
In: Forsch. z. dt. Landeskunde, 212, Trier 1979.

KUTSCHERA, I.:
Neue Methoden der Fremdenverkehrsentwicklungsplanung. -
In: Jb. f. Fremdenverkehr, 37, München 1992, S. 91–130.

Landesweites Touristisches Marketing-, Organisations- und Kommunikationskonzept für Mecklenburg-Vorpommern (Abschlußbericht). - Förderkreis Freizeit- und Tourismusforschung e. V., Greifswald, 1994.

LEIMBURGER, W.:
Leisure, recreation and tourism: a model of leisure activity. Fennia, 136, Helsinki 1975.

LESZCZYCKI, S.:
Zagadnienia geografii turysm. -
In: Wiad. Geogr., 15, Kraków 1937, S. 82–89.

LICHTENBERGER, E.:
Die Sukzession von der Agrar- zur Freizeitgesellschaft in den Hochgebirgen Europas. -
In: Innsbrucker Geogr. Studien, 5, Innsbruck 1979, S. 401–436.

LICHTENBERGER, E.:
Geography of Tourism and the Leisure Society in Austria. -
In: GeoJournal, 9, Dordrecht 1984, S. 41–46.

LICHTNAU, B.:
Prora auf Rügen, das unvollendete Projekt des 1. KdF-Seebades in Deutschland. Prora 1992.

LIJEWSKI, T.:
Fremdenverkehrsgebiete in Polen. -
In: Wirtschaftsgeogr. Studien, **2**, Wien
1978, S. 126–140.

LIJEWSKI, T.:
Erholung und Fremdenverkehr in Polen.
- In: ARL-Arbeitsmaterial, **201**, 1994,
S. 160–168.

LOHMANN, M.:
Langfristige Erholung. - In: HAHN/KA-
GELMANN (Hrsg.), Tourismuspsycho-
logie ..., 1993, S. 253–258.

LOTZMANN, E. U. M. WALSER:
Anmerkungen zum Gutachterunwesen
in den neuen Bundesländern:
dargestellt am Beispiel der Region
Lausitz-Spreewald. -
In: Raumforschung u. Raumordnung,
**53**, Bonn/Hannover 1995, S. 34–42.

LOZATO-GIOTART, J.-P.:
Géographie du tourisme: de l'espace
regardé à l'espace consommé.
Paris 1993.

LUNDGREN, J.:
Geographic Concepts and the Devel-
opment of Tourism Research in Canada.
- In: GeoJournal, **9**, Dordrecht 1984,
S. 17–25.


MAIER, J.:
Geographie der Freizeitstandorte und
des Freizeitverhaltens. -
In: Harms Handbuch d. Geogr., 2,
Sozial- u. Wirtschaftsgeogr.,
München 1982, S. 160–273.

MAIER, J.:
Tourismus als Objekt der Geographie,
oder: von der regionalen Strukturbeschreibung zur praxisnahen Regionalforschung. -
In: Zt. f. Wirtschaftsgeogr., **31**,
Frankfurt/M. 1987, S. 129–132.

MARIOT, P.:
Ein Beitrag zur Regionierung des Fremdenverkehrs. - In: Peterm. Geogr. Mitt.,
**120**, Gotha/Leipzig 1976, S. 285–294.

MARIOT, P.:
Geografia cestovného ruchu.
Bratislava 1983.

MARIOT, P.:
Geography of Tourism in
Czechoslovakia. -
In: GeoJournal, **9**, Dordrecht 1984,
S. 65–68.

MAROLD, K.:
Methode zur Bewertung von Erholungsmöglichkeiten an der Küste. Forschungsbericht d. Entwurfsbüros f. Ge-
biets-, Stadt- und Dorfplanung Rostock,
1963 (unveröff.).

MAROLD, K.:
Methoden der Planung von Erholungs-
orten an der Küste. -
In: Wiss. Zt. EMAU Greifswald,
math.-nat. Reihe, **14**, Greifswald 1965,
S. 161–166.

MARQUARDT-KURON, A. u. TH. J. MAGER
(Hrsg.):
Geographen-Report: ein Beruf im
Spiegel der Presse.
Bonn 1993.

MATZNETTER, J.:
Differenzen in der Auffassung einer
Geographie des Tourismus und
der Erholung. -
In: Verhandl. d. Dt. Geographentages,
**40**, Wiesbaden 1975, S. 661–672.

MATZNETTER, J.:
Zusammenfassung des Symposiums
„Der Tourismus als Entwicklungsfaktor
in Tropenländern". -
In: Frankf. Wirtschafts- u. Sozialgeogr.
Schriften, **30**, Frankfurt/Main:
Geogr. Inst., 1979, S. 325–332.

MAY, M.:
Städtetourismus als Teil der kommu-
nalen Imageplanung, dargestellt am
Beispiel der kreisfreien Städte im
Ruhrgebiet. -
In: Materialien zur Fremdenverkehrs-
geographie, 14, Trier: Geogr. Ges.,
1986.

MERGEN, M.:
Geleitwort zu „Umweltschonender Tourismus". - In: Material zur Angewandten Geographie (MAG), **24**, Bonn 1995, S. 11–13.

MITCHELL, L.S.:
Tourism Research in the United States: A Geographic Perspective.
- In: GeoJournal, **9**, Dordrecht 1984, S. 5–15.

MONHEIM, R.:
Die Stadt als Fremdenverkehrs- und Freizeitraum. -
In: Freizeitverhalten in verschiedenen Raumkategorien. Materialien zur Fremdenverkehrsgeographie, **3**, Trier 1979, S. 7–43.

NAHRSTEDT, W.:
Die Entstehung der Freizeit: dargestellt am Beispiel Hamburgs.
IFKA-Faksimile, Bielefeld 1988.

NAHRSTEDT, W., STEHR, I., SCHMIDT, M. u. D. BRÜCKMANN:
Tourismusberufe für Hochschulabsolventen.
IFKA-Dokumentation, 14, Bielefeld 1994.

NEEF, E.:
Die Interferenzanalyse als Grundlage territorialer Entscheidungen. -
In: Wiss. Abh. d. Geogr. Ges. d. DDR, **9**, Gotha/Leipzig 1972, S. 171–182.

NEEF, E.:
Der Verlust der Anschaulichkeit in der Geographie und das Problem der Kulturlandschaft. -
In: Sitzungsberichte d. Sächs. Akad. d. Wiss. zu Leipzig, Math.- nat. Klasse, **6**, Leipzig 1983.

NEWIG, J.:
Die Entwicklung von Fremdenverkehr und Freizeitwohnwesen in ihren Auswirkungen auf Bad und Stadt Westerland auf Sylt. - Schriften d. Geogr. Inst. d. Univ. Kiel, **42**, Kiel 1974.

NEWIG, J.:
Fragen zur Bildung von Begriffen und ihrer Verwendung. -
In: Geogr. Rundschau, **27**, Braunschweig 1975, S. 518–519.

NEWIG, J.:
Vorschläge zur Terminologie der Fremdenverkehrsgeographie. -
In: Geogr. Taschenbuch 1975/1976, S. 260–271.

NEWIG, J.:
Als der Apotheker Keitum verließ. Strukturwandel im Fremdenverkehr an der Westküste: das Beispiel Sylt. -
In: Norddeutsche Rundschau, 20.02.1993, Itzehoe.

NOACK, S. u. G. JACOB:
Karte „Erholungswesen und Tourismus".
- In: Atlas der DDR, Blatt 47, Gotha/Leipzig, 1981.

OBENAUS, H. u. E. WAGNER.:
Zum Erholungswesen an der Ostseeküste der DDR aus der Sicht der Rekreationsgeographie. -
In: Ber. z. dt. Landeskunde, **64**, Trier 1990, S. 67–75.

ODÖRFER, K. (Hrsg.):
Freizeitpark-Atlas. Röthenbach: Odörfer, 1991.

OEHLER, E. (Hrsg.):
Erholungswesen: Leitung, Organisation, Rechtsfragen. Berlin 1989.

OPASCHOWSKI, H. W.:
Freizeit: eine wortgeschichtliche Studie.
- In: Zt. f.d.deutsche Sprache, **26**, Berlin 1970, S. 147.

OPASCHOWSKI, H. W.:
Wertewandel und Tourismus. -
In: Wettbewerb und Innovation im Tourismus. Schriftenreihe zur Touristik, 1, Worms 1987, S. 1–20.

OPASCHOWSKI, H. W.:
Ökologie von Freizeit und Tourismus. Freizeit- und Tourismusstudien, **4**, Opladen 1991.

OPASCHOWSKI, H. W.:
„Wir schaffen Glückseligkeit!" – Anspruch und Wirklichkeit künstlicher Freizeit- und Ferienwelten. -
In: Kathedralen der Freizeitgesellschaft. Bensberger Protokolle, **83**, Thomas-Morus-Akademie, 1995, S. 11–34.

OTREMBA, E.:
Gedanken zur geographischen Beobachtung. -
In: Moderne Geographie in Forschung und Unterricht, Hannover 1970, S. 59–68.

PEARCE, D. G. u. R. C. MINGS:
Geography, Tourism and Recreation in the Antipodes. -
In: GeoJournal, **9**, Dordrecht 1984, S. 91–95.

PEDRINI, L.:
The Geography of Tourism and Leisure in Italy. -
In: GeoJournal, **9**, Dordrecht 1984, S. 55–57.

PILLEWIZER, W.:
Die Wanderkarte, Wertung und Perspektive einer wichtigen Kartenarbeit. -
In: Wiss. Zt. TH Dresden, **1**, 1961, S. 95–104.

POLLAK, E.:
Zielvorstellungen der Raumordnung für Spiel, Sport und Tageserholung. -
In: Daten zur Raumplanung, Teil C. Hannover: ARL, 1989, S. 503–547.

POSER, H.:
Geographische Studien über den Fremdenverkehr im Riesengebirge: ein Beitrag zur geographischen Betrachtung des Fremdenverkehrs. -
Abh. d. Ges. d. Wiss. zu Göttingen, Math.-physikal. Klasse, Dritte Klasse, **20**, 1939.

PREOBRAŽENSKIJ, V. S. u. JU. A. VEDENIN:
География и отдых.
Moskva 1971.

PREOBRAŽENSKIJ, V. S.:
Recreational Needs and the Environment. -
In: IGU-Regional Conference, Budapest 1971, S. 157–158.

PREOBRAŽENSKIJ, V .S. (Hrsg.):
Теоретические основы рекреационной географии. Moskva 1975.

PREOBRAŽENSKIJ, V. S. (Hrsg.):
Current Problems of Recreational Geography. - XXIII. Int. Geogr. Congr., Moscow 1976.

PREOBRAŽENSKIJ, V. S.:
Formen von Integrationsprozessen in der Geographie. -
In: Peterm. Geogr. Mitt., **121**, Gotha/Leipzig 1977, S. 174–177.

PREOBRAŽENSKIJ, V. S. (Hrsg.):
География рекреационных систем СССР. Moskva 1980.

PREOBRAŽENSKIJ, V. S. u. JU. A. VEDENIN:
Zu gegenwärtigem Stand und Perspektiven der Entwicklung der Rekreationsgeographie in der UdSSR. -
In: Greifswalder Geogr. Arbeiten, **1**, Greifswald 1980, S. 32–38.

PREOBRAŽENSKIJ, V .S., VEDENIN, JU. A. u. N. M. STUPINA:
Development of Recreational Geography in the USSR. -
In: GeoJournal, **9**, Dordrecht 1984, S. 77–82.

RASMUSSON, G.:
Sverige ur social naturvardssynpunkt. Ett försök till regional differentierung. -
In: Medd. fran Lunds Univ. Geogr. Inst., **41**, 1965, S. 96–110.

Raumordnungspolitischer Orientierungsrahmen. - Bundesministerium für Raumordnung, Bauwesen und Städtebau, Bonn 1993.

Raumwirksame Instrumente des Bundes im Bereich der Freizeit. - Schriftenreihe des Bundesministers für Raumordnung, Bauwesen und Städtebau, 06.028, 1978.

RIEMER, K.:
Center Parcs. -
In: Kathedralen der Freizeitgesellschaft.
Bensberger Protokolle, 83,
Thomas-Morus-Akademie, 1995,
S. 65–68.

RINSCHEDE, G.:
Religionstourismus. -
In: Geogr. Rundschau, **42**, 1990,
S. 14–20.

RITTER, W.:
Fremdenverkehrsgebiete in Europa. -
In: Wiener Geogr. Schriften, **18–23**,
Wien 1965, S. 288–306.

RITTER, W.:
Fremdenverkehr in Europa.
Eine wirtschafts- und sozialgeographische Untersuchung über Reisen und
Urlaubsaufenthalte der Bewohner Europas.
Leiden 1966.

RITTER, W. u. M. FROWEIN:
Reiseverkehrsgeographie.
Bad Homburg 1988.

RITTER, W.:
Allgemeine Wirtschaftsgeographie: eine
systemtheoretisch orientierte Einführung.
München, Wien 1991.

ROGALEWSKI, O.:
Zagospodarowanie turystyczne.
Warszawa 1974.

ROMEIß-STRACKE, F.:
Was haben Sie gegen künstliche Paradiese? – Zur Inszenierung von Erlebnisräumen. -
In: Kathedralen der Freizeitgesellschaft.
Bensberger Protokolle, **83**,
Thomas-Morus-Akademie 1995,
S. 175–182.

ROUBITSCHEK, W.:
Tendenzen und Probleme der Darstellung geographischer Sachverhalte in
Karten. -
In: Leopoldina, Reihe 3, **22**, Halle 1976,
S. 107–115.

RUMPF, H. u. A. ZIMM:
Zum Problem der Optimierung
territorialer Beziehungen zwischen
den Funktionen der Reproduktionslinie Arbeiten - Wohnen - Naherholung in Agglomerationen (am
Beispiel der Hauptstadt der DDR,
Berlin).
- In: Wiss. Abh. d. Geogr. Ges. d. DDR.,
**9**, Gotha 1972, S. 55–67.

RUPPERT, K. u. J. MAIER:
Geographie und Fremdenverkehr: Skizze eines fremdenverkehrsgeographischen Konzepts.
- In: Veröff. d. Akad. f. Raumforschung
u. Landesplanung: Forschungs- u. Sitzungsberichte, **53**, Hannover 1969,
S. 89–101.

RUPPERT, K. u. J. MAIER:
Zum Standort der Fremdenverkehrsgeographie: Versuch eines Konzepts.
- In: Münchener Studien z. Sozial- u.
Wirtschaftsgeogr., **6**, München 1970,
S. 9–36.

RUPPERT, K.:
Zur Stellung und Gliederung einer Allgemeinen Geographie des Freizeitverhaltens. - In: Geogr. Rundschau, **27**,
Braunschweig 1975, S. 1–5.

RUPPERT, K.:
Thesen zur Siedlungs- und Bevölkerungsentwicklung im Alpenraum.
- In: Probleme der Alpenregion–Beiträge
aus Wissenschaft, Politik und Verwaltung.
Hanns-Seidel-Stiftung: München 1978,
S. 33–42.

RUPPERT, K.:
Auf dem Wege zu einer Allgemeinen
Freizeitgeographie.
- In: Mitt. d. Geogr. Ges. München, **79**,
1994, S. 359–371.


SAMOLEWITZ, R.:
Fremdenverkehr und Geographie.
Diss., Univ. München 1957.

SAMOLEWITZ, R.:
Fremdenverkehr in Westfalen –
wissenschaftlich betrachtet. -
In: Westfalenspiegel, **8**, 1959.

SAMOLEWITZ, R.:
Hinweise auf die Behandlung des Fremdenverkehrs in der wissenschaftlichen,
insbesondere geographischen Literatur.
- In: Zt.f. Wirtschaftsgeogr., **4**, Hagen
1960, S. 112–116 u. 144–148.

SANDNER, E. u. W. GÖSCH:
Inhalt und Gestaltung einer Planungs-
karte „Erholungswesen". -
In: Vermessungstechnik, **30**, Berlin
1982, S. 240–243.

SAUSCHKIN, JU. G.:
Studien zur Geschichte und Methodolo-
gie der geographischen Wissenschaft.
Gotha 1978.

SCHARPF, H.:
Umweltschonender Tourismus – Von der
Programmatik zur Praxis. - In: Umwelt-
schonender Tourismus. Material zur An-
gewandten Geographie (MAG), **24**,
Bonn 1995, S. 67–75.

SCHEMEL, H.-J..:
Touristisch motivierte Landschaftser-
haltung: Beispiele und Folgerungen. -
In: Zt. Natur u. Landschaft, **62**,
Stuttgart 1987, S. 139–143.

SCHILLER, F.:
Über naive und sentimentalische Dich-
tung (1795).. - In: Bibliothek deutscher
Klassiker, Schillers Werke in 5 Bd.,
Bd. 1, Weimar 1958.

SCHLENKE, U. u. R. STEWIG:
Endogener Tourismus als Gradmesser
des Industrialisierungsprozesses in Indu-
strie- und Entwicklungsländern. -
In: Zt. Erdkunde, **37**, Bonn 1983,
S. 137–158.

SCHÖNEICH, R.:
Untersuchungen zur Bewertung von Erholungsmöglichkeiten in der Schweriner
Seenlandschaft. - In: Geogr. Berichte,
**17**, Gotha 1972, S. 243–256.

SCHÖNEICH, R.:
Die Bewertung der geographischen
Bedingungen für die Erholung in der
Schweriner Seenlandschaft: ein
methodischer Beitrag zur Typisierung
räumlicher Einheiten und zur
Geographie der Erholung.
Diss. A., Univ. Greifswald 1975.

SCHÖNEICH, R.:
Geographische Untersuchungen zur Er-
schließung von Erholungsmöglichkeiten
im Kreis Hagenow. -
In: Zt. f. d. Erdkundeunterricht, **32**,
Berlin 1980, S. 319–328.

SCHOLZ, E., TANNER, G. u. R. JÄNCKEL:
Einführung in die Kartographie und
Luftbildinterpretation. Studienbücherei
Geographie, **16**,
Gotha 1983.

SCHRAND, A.:
Urlaubertypologien. -
In: Hahn/Kagelmann (Hrsg.), Tourismuspsychologie ...,
1993, S. 547–553.

SCHROEDER, G.:
Lexikon der Tourismuswirtschaft.
2. Aufl., Hamburg 1995.

SCHWARZ, G.:
Allgemeine Siedlungsgeographie.
Berlin 1959.

SPEHS, P.:
Neue staatlich geplante Badeorte in Me-
xiko. - In: Geogr. Rundschau, **42**, 1990.
S. 34–41.

SPERL, W.:
Die Wiener Donauinsel als Freizeit- und
Erholungsgebiet der Stadtbevölkerung.
Wien 1985 (unveröff.)

ŠPRINCOVA, ST.:
Die thematische Entwicklung der
Erholungsgeographie im Spiegel der in-
ternationalen Geographenkongresse
1956–1976. -
In: Acta Univ. Palack. Olomouc, fac.
rer. nat. **66**, geographica-geologica 19,
Olomouc 1980, S. 101–123.

ŠPRINCOVA, ST.:
25 Jahre fremdenverkehrsgeographische Untersuchungen an der Universität in Olomouc. - In: Acta Univ. Palack. Olomuc., fac. rer. nat. **80**, geographica-geologica 23, Olomouc 1984, S. 109–119.

STACHOWSKI, J.:
Modele lokalizacji turystyki. - In: Acta Univ. Nicolai Copernici, geografia XVII, 54, Toruń 1982, S. 117–133.

STAUSKAS, V.P.:
Градостроительная организация районов и центров отдыха. Leningrad 1977.

STEFFENS, R. u. F. PAUL:
Die Einbeziehung der landeskulturellen und sozialen Leistungen des Waldes in die ökonomische Bewertung natürlicher Ressourcen. - In: Archiv f. Naturschutz u. Landschaftsforschung, **16**, Berlin 1976, S. 89–104.

STEINECKE, A.:
Naherholung – Menschliches Grund(daseins)bedürfnis oder Produkt funktionalistischer Stadtplanung? Thesen zur Notwendigkeit einer problemorientierten geographischen Freizeitforschung. - In: Münstersche Geogr. Arbeiten, **7**, 1980, S. 21–28.

STEINECKE, A.:
Die Urlaubswelt im Buch: eine Übersicht über den Reiseführer-Markt. - In: Bensberger Protokolle, **57**, 1990, S. 33–80.

STEINECKE, A.:
Geographie des Freizeit- und Fremdenverkehrs. - In: HAHN/KAGELMANN (Hrsg.), Tourismuspsychologie ..., 1993, S. 51–55.

STEINECKE, A. u. B. BENTHIEN:
Geographie des Fremdenverkehrs. WBI Weiterbildungsges. f. Informationstechnik, Akad.. f. Fernstudium, Bad Harzburg 1993.

STENGLIN, V. v.:
Zur Entwicklung des Erholungswesens im Bezirk Rostock. - In: Dt. Architektur, **21**, Berlin 1972, S. 276–279.

STERR, H., ZAKRZEWSKI, R. u. U.-H. SCHAUSER:
Freizeitraum Küste: eine landschaftsökologische Analyse ausgewählter Küstenzonen in Schleswig-Holstein. - In: Geogr. Rundschau, **42**, Braunschweig 1990, S. 272–279.

STRADNER, J.:
Der Fremdenverkehr. Graz 1905.

STRASDAS, W.:
Ferienzentren der zweiten Generation. Ökologische, soziale und ökonomische Auswirkungen. - In: Kathedralen der Freizeitgesellschaft. Bensberger Protokolle, **83**, Thomas-Morus-Akademie, 1995, S. 139–152.

STREHZ, J.-R.:
Möglichkeiten und Probleme der Anwendung von Methoden der Systemanalyse bei der Untersuchung territorialer Zusammenhänge der Naherholung und ihrer Entwicklung am Beispiel der Hauptstadt der DDR, Berlin, und ihres Umlandes. Diss A, Humboldt-Univ. Berlin 1984.

TAKEUCHI, K.:
Some Remarks on the Geography of Tourism in Japan. - In: GeoJournal, **9**, Dordrecht 1984, S. 85–90.

TAYLOR, G. D.:
An approach to the inventory of recreational lands. - In: The Canadian Geographer, **9**, Montreal 1965, S. 84–91.

THÜRMER, R.:
Typ–Inhalt und Erkenntnis. - In: Kongreß- u. Sitzungsberichte d. MLU Halle-Wittenberg, Wiss. Beiträge 1985, **1**; Q 12, S. 11–22.

TIETZE, W.:
Fremdenverkehrsgeographie: quo vadis?
- In: Mitt. d. Geogr. Gesellschaft, **67**,
München 1982, S. 173–178.

TIMMEL, K.:
Rekreationsgeographische Typisierung
am Beispiel des Erholungsgebietes Ostseeküste der DDR.
Diss. A, Univ. Greifswald 1985.

Tourismuskonzeption Mecklenburg-
Vorpommern: Ziele und
Aktionsprogramm.
Der Wirtschaftsminister des Landes
Mecklenburg-Vorpommern, Schwerin
1993.

TROEGER-WEIß, G.:
Regionale und kommunale Fremden-
verkehrspolitik in peripheren Räumen.
Traditionelle versus neuere Ansätze und
Entwicklungen, dargestellt am Beispiel
Oberfranken. -
In: Zt. f. Wirtschaftsgeogr., **31**,
Frankfurt/Main: 1987, S. 133–148.

ULBERT, H.J.:
Die Freizeitkarte als erholungsorientiertes Kommunikations- und Informationsmittel, dargestellt am Beispiel
der Biggetalsperre. -
In: Materialien zur Fremdenverkehrsgeographie, **13**,
Trier: Geogr. Ges., 1985.

UTHOFF, D.:
Empirische Untersuchungen zur äußeren
Abgrenzung und inneren Strukturierung
von Freizeiträumen. -
In: Veröff. d. Akad. f. Raumforschung u.
Landesplanung, Forschungs- u. Sit-
zungsberichte, **132**,
Hannover 1980, S. 73–102.

UTHOFF, D.:
Tourismus und Raum: Entwicklung,
Stand und Aufgaben geographischer
Tourismus-forschung. -
In: Zt. Geogr. u. Schule, **53**, 1988,
S. 2–12.

VASOVIĆ, M.:
Some Views on the Geography of
Tourism and Recreation in Yugoslavia.
- In: GeoJournal, **9**, Dordrecht 1984,
S. 83–84.

VOLKART, H.-R.:
Die Erholungsgebiete im Kanton
Zürich: geographischer Beitrag zur
Bestimmung und Auswahl standort-
günstiger Räume für die Naherholung.
Phil. Diss., Zürich 1979.

VORLAUFER, K.:
Dritte-Welt-Tourismus – Vehikel der
Entwicklung oder Weg in die Unterentwicklung? - In: Geogr. Rundschau, **42**,
1990, S. 4–13.

WAGNER, F. A.:
Anleitungen zur Kunst des Reisens: zur
Kulturgeschichte des Reiseführers. -
In: Bensberger Protokolle, **57**, 1990,
S. 9–31.

WARZYŃSKA, J. u. A. JASKOWSKI:
Podstawy geografii turyzmu.
Warszawa 1978.

WARZYŃSKA, J.:
Geography of Tourism in Poland. -
In: GeoJournal, **9**, 1984, S. 69–70.

WEBER, E.:
Die Entwicklung des Ostseebades Saßnitz bis zum ersten Weltkrieg. - In:
Greifswald-Stralsunder Jahrbuch, **4**,
1964, S. 117–180, u. **5**, 1965, S. 45–92.

WEHNER, W.:
Zur Bestimmung von Eignungsräumen
für die Naherholung. -
In: Geogr. Berichte, **17**, Gotha/Leipzig
1972, S. 232–242.

WERNER, E.:
Die Fremdenverkehrsgebiete des westlichen Hampshire-Beckens: Prozeßanalyse
einer Kulturlandschaft unter dem Einfluß der Fremdenverkehrsentwicklung
an der Küste Südenglands. Regens-
burger Geogr. Schriften, **5**, Regensburg
1974.

WIEK, K.:
Die städtischen Erholungsflächen. Eine Untersuchung ihrer gesellschaftlichen Bewertung und ihrer geographischen Standorteigenschaften – dargestellt an Beispielen aus Westeuropa und den USA. -
In: Bonner Geogr. Abh., **57**, Bonn 1977.

WIEMANN, A.:
Eine erholungsart- und aktivitätsspezifische Freiraumbewertung Südhessens. Beispiel für eine EDV-gestützte Landschaftsbewertung mittels mathematisch-logischer Nutzwertanalyse. -
In: Rhein-Mainische Forsch., **102**, Frankfurt am Main: Geogr. Inst., 1985.

WILMES, R.:
Medizinische Aspekte von Freizeit und Urlaub. Diss., Univ. Bonn 1979.

WIRTH, E.:
Theoretische Geographie: Grundzüge einer Theoretischen Kulturgeographie. Stuttgart 1979.

WOLF, K. u. P. JURCZEK:
Geographie der Freizeit und des Tourismus. Stuttgart 1986.

WOLF, K.:
Kriterien zur Bewertung von Räumen für Freizeit- und Erholungszwecke. -
In: Veröff. d. Akad. f. Raumforschung u. Landesplanung, Forschungs- u. Sitzungsberichte, **132**, Hannover 1980, S. 214–217.

WOLF, K.:
Aufgaben der Geographie der Freizeit und des Tourismus in der „Freizeitgesellschaft". -
In: ELSASSER, H. (Hrsg.): Beiträge zur Freizeit-, Erholungs- und Tourismusforschung, Zürich 1989, S. 7–25.

WOLFF, J.:
Aktuelle Aspekte der staatlichen Tourismuspolitik der DDR. -
In: Schriften zur Touristik, **3**, Worms 1990, S. 93–99.

WOLLKOPF, H.-F.:
Der Typbegriff in der Geographie: eine disziplingeschichtliche Studie. Europ. Hochschulschriften, **659**, Frankfurt/M. 1995 (zugl. Diss. B, Univ. Greifswald 1988).

ZIMMERMANN, F.:
Probleme und Perspektiven des Fremdenverkehrs in Kärnten. -
In: Österreich in Geschichte u. Literatur mit Geographie, **28**, Wien 1984, S. 113–139.

ZSCHECH, F.:
Geographische Bedingungen des großstädtischen Wochenenderholungsverkehrs unter besonderer Berücksichtigung der Einheit von Ortsveränderungs- und Aufenthaltsphase, dargestellt an den Großstädten Berlin, Hauptstadt der DDR, Karl-Marx-Stadt und Rostock. Diss. A, Univ. Greifswald 1975.

ZSCHECH, F.:
Der Verkehr als ein Faktor im Problemkreis Rekreation – Territorium. -
In: Greifswalder Geogr. Arbeiten, **1**, 1980, S. 49–59.

ZUNDEL, R.:
Zur Problematik von Nationalparks und Biosphärenreservaten unter besonderer Berücksichtigung des Harzes. -
In: Zt. Raumforschung und Raumordnung, **51**, Bonn/Hannover 1993, S. 370–376.

# Abbildungsverzeichnis

# Tabellenverzeichnis

# Sachregister

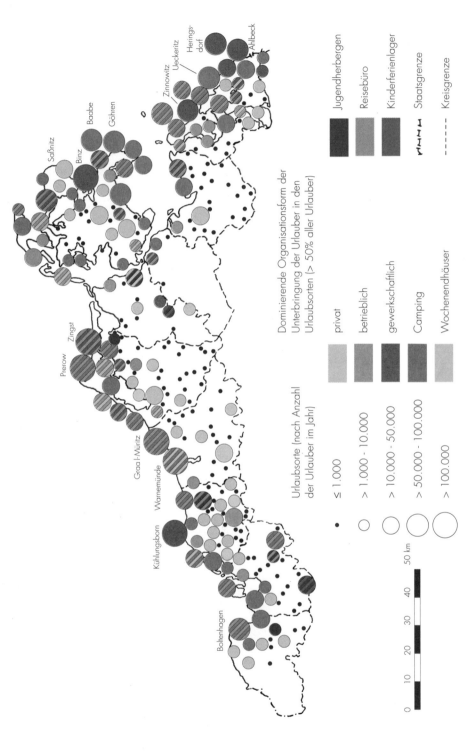

Urlaubsorte und Unterbringung der Urlauber in der Küstenregion Mecklenburg-Vorpommerns 1988
I. BREUSTE, verändert, aus „Historischer und geographischer Atlas von Mecklenburg und Pommern" 1995)